그림책
학급운영

그림책 학급운영 ❷

초판 1쇄 발행 2021년 2월 19일
초판 2쇄 발행 2022년 10월 14일

지은이 | 그림책사랑교사모임

발행인 | 최윤서
편집장 | 최형임
디자인 | 김수경
마케팅 | 최수정
펴낸 곳 | ㈜교육과실천
도서문의 | 02-2264-7775
인쇄 | 031-945-6554 두성 P&L
일원화 구입처 | 031-407-6368 ㈜태양서적
등록 | 2020년 2월 3일 제2020-000024호
주소 | 서울특별시 중구 창경궁로 18-1 동림비즈센터 505호
ISBN 979-11-969682-7-4 (13370)

값은 표지에 있습니다.
저작권법에 따라 한국 내에서 보호를 받는 저작물이므로 무단 전재 및 복제를 금합니다.

따뜻하고 안전하고
건강한 교실을 위한

그림책
학급운영

2

그림책사랑교사모임 지음

교육과실천

아이들에게 다가가는 선생님의 손에 그림책이 있습니다. 그 그림책에는 아이들과 함께 나누고 싶은 이야기와 마음이 담겨있습니다. 거침없는 성장과 변화의 시기, 아이들은 때때로 자신의 생각과 이야기를 표현하는 것을 어려워합니다. 그러기에 타인 혹은 자신과의 소통의 경험은 매우 특별한 기억으로 남게 되는 것이죠. 교실로 들어온 그림책은 참으로 많은 생각과 이야기를 이끌어냅니다. 그림책을 읽고 정답을 찾을 필요는 없습니다. 선생님과 아이들이 함께 느끼고, 질문하고, 자신의 생각을 이야기했던 시간으로 충분하니까요. 그림책이 교실 안으로 들어왔습니다. 서로에게 닿고 싶은 마음으로요.

조미자, 그림책 작가

가족, 학교, 사회로부터 우리는 얼마나 많은 문제로 아파하고 상처를 받았던가. 프로이트의 결정론을 부인하고픈 욕구는 아마도 여기서 시작이리라. 그럼에도 희망을 가져보는 것은 의미 있는 타자로서 상처받은 아이들을 포기하지 않고 수업 참여도를 높이며 다독이는 선생님들이 계시기 때문이다. 그분들이 함께 고민하고 연구하고 적용하며 만들어낸 책! 너무나 알찬 내용으로 가득하다. 우선, 그림책을 학급운영에 적용하는 세세하고 다양한 방법들을 소개하고 있어 활용도가 높다. 무엇보다 그림책을 통해 아이들 스스로 감정을 들여다볼 수 있도록 상담에 활용한 것과 중독, 우울, 불안 등 다루는 주제가 선명한 것도 심리학자로서 귀하게 평가하고 싶다. 그림책을 사랑하는 누구에게나 진심으로 읽기를 추천드린다.

김영아, 치유심리학자

1부에서는 학급운영에 관해서, 2부에서는 아이 한 명 한 명과 상담을 한 것들을 정리하였다. 1부에서는 첫 만남, 학급 규칙 만들기, 평화로운 관계 만들기 등 다양한 학급 세우기 활동을 통해 질서 있는 학급으로 이끈다. 2부에서도 아이들과 주제별로 상담한 내용이 풍부하다. 특히 그 주제에 맞는 그림책을 제시하면서 문제해결로 초대하는 것이 매우 인상적이다. 질서 있는 교실과 따뜻한 관계를 꿈꾸는 교사에게 강추한다.

김성환, PD-KOREA 대표, 〈학급긍정훈육법〉, 〈격려 수업〉 역자

어떻게 하면 아이들과 따뜻하고 평화로운 학급을 만들 수 있을지 늘 고민해 왔습니다. 그 어떤 방법도 아이들이 마음을 열지 않으면 소용이 없었습니다. 이 책에는 그림책을 통해 아이들의 마음 깊숙이 들어가, 어려움과 아픔에 공감하며 소통하는 과정이 담겨 있습니다. 그림책을 활용한 다양한 상담 사례에서 선생님들의 진심 어린 노력이 느껴졌습니다. 그 노력의 바탕은 아이들에 대한 사랑이겠죠. 저도 이제 새로운 아이들을 만나 그림책으로 함께 할 생각을 하니 마음이 설렙니다. 이 책을 통해 여러분도 이 행복한 여정에 함께할 수 있게 되길 바랍니다.

황보배, 서울난우초등학교 교사

차례

서문 8

1장. 학급 연간 활동

그림책으로 여는 아침 18
선생님 소개하기 32
학급 비전 세우기 47
이상적인 학급 만들기 60
생일파티 73
성폭력 예방하기 86
뒷담화로 학급 분열이 엿보일 때 103
전입생 맞이하기, 전출생 보내기 117

2장. 학생 상담

자존감이 낮은 아이	130
욕설을 자주 하는 아이	147
불안이 많은 아이	160
친구들과 잘 지내고 싶지만 혼자 외톨이인 아이	176
친구와 다툰 아이	191
공부를 포기하려는 아이	205
성적 스트레스로 힘들어하는 아이	221
부모와 소통이 안 되는 아이	237
꿈을 이루기 위해 좋은 습관 형성이 필요한 아이	250
스마트폰에 빠진 아이들	264
마음 들여다보기가 필요한 아이들	278
마음 회복이 필요한 아이들	294
소집단 진로 상담	305
관계 고민 상담	318

서문

그림책으로 아이들의 닫힌
마음의 문을 열어봐요

어른들은 요즘 아이들이 힘들어하는 점을 잘 이해하지 못합니다. 부모로부터 많은 사랑과 물질적으로 풍요로운 혜택을 받으며 뭐 하나 부족한 점 없이 살고 있다고 생각합니다. 아이들이 힘들다고 하면 "이렇게 약해 빠져서 무슨 일을 할 수 있겠어", "고생을 모르고 살아서 자기밖에 모른다니까", "우리 때는 말이야 먹고 살기 힘든 상황에서도 꿈을 잃지 않고 열심히 살았어"라고 말하며 요즘 아이들이 연약하고 나태하다고 말하곤 합니다. 그런데 과연 어른들의 생각처럼 요즘 아이들이 힘들지 않을까요?

펭귄들이 긴 막대기를 들고 무리 지어 어디론가 가고 있습니다. 마을에서 목소리가 가장 큰 펭귄이 "밀어내라! 밀어내라!"라고 외치고 다른 펭귄들이 따라 외칩니다. 정말이지 큰일이 생긴 것 같습니다. 부릅뜬 빨간 눈, 빨간 긴 막대기를 꽉 쥔 손이 마치 전쟁에서 적을 향하는 군인들처럼 어른 펭귄들의 표정은 결연해 보이기까지 합니다.

이상옥 글, 조원희 그림,
한솔수북, 2019

펭귄들은 누구를 밀어내고 싶은 걸까요? 진짜 적이라도 나타난 것일까요? 펭귄들의 막대기를 따라 시선을 옮긴 곳에는 또 다른 펭귄들이 있습니다. 아빠 펭귄, 엄마 펭귄, 아기 펭귄. 한 가족이 지낼 곳을 찾아왔습니다. 그런데 펭귄들은 자신들과 다른 모습을 한 펭귄들은 오지 말라며 긴 막대기로 밀어내고 있습니다. 펭귄 가족은 다른 펭귄들처럼 빨간 눈을 가지고 있지 않습니다. 펭귄들은 그 외에도 물개와 곰들을 밀어냅니다. 역시나 자신들과 다르다는 이유로 말입니다.

『밀어내라』의 펭귄 마을과 우리 사회의 모습은 별반 다르지 않습니다. 아이들이 살아가는 지금 사회는 어른들이 지나온 과거 사회와 현저히 다릅니다. 힘들고 어려울 때 위로와 위안을 주는 공동체가 붕괴된 사회입니다. 나와 다른 사람을 포용하지 않고 자신만의 이익을 추구하며 살아가는 사람들 속에서 아이들은 서로 경쟁합니다. 경쟁 사회에서 낙오되어 패배자가 되지 않기 위해 갖은 노력을 합니다. 그런데 더욱더 안타까운 건 자신들이 원해서 경쟁하는 삶을 선택하지 않는다는 점입니다. 경쟁에서 승리하지 않으면 제대로 살아갈 수 없어 어쩔 수 없이 경쟁의 대열에 합류합니다. 『슈퍼 거북』의 꾸물이처럼.

꾸물이는 토끼와의 달리기 시합에서 승리한 후에 스타가 됩니다. 온 동네 동물들이 꾸물이 흉내를 냅니다. 그러던 어느 날 꾸물이는 평소처럼 느리게 걷고 있는데, 동물들이 꾸물이가 저렇게 느릴 리가 없다며 한 마디씩 합니다. 꾸물이는 다른 동물들을 실망시키기 싫어 진짜로 빨라지기로 합니다. 그 후 열심히 노력한 결과 실제로 빨라집니다. 하지만 자신의 본성과 달리 살아가느라 너무나도 힘이 듭니다. 자신의 모습 그대로 살고 싶은데 그렇지 못하기 때문입니다.

유설화 글·그림, 책읽는곰, 2014

달리기 시합에서 진 토끼는 어떻게 되었을까요? 한 번의 실수로 경주에서 진 토끼는 패배자가 됩니다. 아무도 토끼에게 관심을 두지 않습니다. 모든 영광은 승리한 꾸물이의 몫입니다. 토끼는 좌절하고 맙니다. 경쟁에서 승리한 꾸물이도, 경쟁에서 패배한 토끼도 모두 불행한 삶을 살게 됩니다.

꾸물이와 토끼의 모습에서 아이들이 보이지 않나요? 아이들은 경쟁에서 패배자가 되지 않으려고 아등바등하며 살아갑니다. 여유롭게 살 틈이 없습니다. 주위 사람들의 기대에 맞춰 자신의 본성과 맞지 않게 살아가고 있습니다. 그러다 보니 경쟁에서 패배한 아이들뿐만 아니라 승리한 아이들 모두 불행합니다. 특히 경쟁에서 패배한 아이들은 자존감을 잃곤 합니다. 자존감은 아이들이 세상을 살아가는 데 가장 중요한 요소 중 하나입니다. 자신의 가능성에 대한 믿음이 없다면 삶의 의미를 찾기 힘듭니다. 자기 스스로 존중하고 사랑해주지 않으면 다른 사람을 사랑하지도, 존중받지도 못합니다. 다른 사람들과 더불어 살아가려면 나를 먼저 아끼고 사랑하는 것이 필요합니다.

자존감을 잃고 살아가는 아이들의 모습은 어떨까요?

선생님은 수업 시간에 '내가 잘하는 것'을 적게 합니다. 소타는 아무리 생각해도 자신이 잘하는 것을 발견하지 못합니다. 소타는 아침에 늦게 일어난다고, 안내장을 잘 챙기지 못한다고 엄마에게 자주 혼납니다. 친구들을 보니 자기와는 달리 모두 잘하는 게 있어 보입니다. 달리기

구스노키 시게노리 글,
이시이 기요타카 그림, 김보나 옮김,
북뱅크, 2020

를 잘하는 친구, 노래를 잘 부르는 친구, 꽃 이름을 잘 아는 친구 등 모두 한가지씩은 잘하는 것이 있습니다. 소타는 스스로 부족하고 못났다고 여깁니다.

소타의 마음으로 살다 보면 『줄무늬가 생겼어요』의 주인공 카밀라처럼 되기 쉽습니다. 카밀라는 아욱콩을 좋아하지만, 친구들이 모두 아욱콩을 싫어해서 먹지 않습니다. 아침에 옷을 고르지도 못합니다. 친구들한테 잘 보여야 하는데 어떤 옷을 입어야 친구들이 좋아할지 정하지 못

데이빗 섀논 글·그림, 조세현 옮김,
비룡소, 2006

해 옷을 마흔두 번이나 갈아입습니다. 그러다 온몸에 줄무늬가 생기는 병이 생깁니다.

우리 아이들은 지금 소타처럼, 카밀라처럼 살고 있습니다. 경쟁에서 자주 패배하다 보니 무력감이 생깁니다. 자신이 잘하는 게 없다고 여깁니다. 주변 사람들 눈치 보기 바쁩니다. 주위 사람들의 기대대로 세상을 살아갑니다. 그러다 결국 몸과 마음이 지쳐 버립니다.

문제는 또 있습니다. 자존감을 잃은 채 살아가는 아이들끼리 마음으로 연결되는 관계를 맺지 못한다는 점입니다. 아이들은 친구보다 자신이 앞서가야 승리할 수 있다고 생각합니다. 친구를 경쟁 상대로 여기다 보니 격려하고 서로에게 힘이 되어주는 관계를 맺지 못합니다. 마음을 내어주지 못한 채 서로 미워하고 비난하는 경우가 많습니다.

주인공 아이는 친구에게 이런 말을 듣습니다.

"너 같은 거 꼴도 보기 싫어!"

아무런 이유도 없이 말입니다.

조원희 글·그림, 만만한책방, 2020

이 말을 들은 아이의 마음은 어땠을까요? 아이는 똑같이 친구를 미워하기로 합니다. 밥을 먹으면서도, 숙제하면서도, 신나게 놀면서도 아이를 미워합니다. 그러다 결국 미움이라는 감옥에 갇히고 맙니다. 아이에게 "너 같은 거 꼴도 보기 싫다"는 말을 들었을 때 그 아이에게 다가가 왜 그런 말을 했는지, 자신이 어떤 잘못을 했는지에 관해 물을 수는 없었을까요?

아이들의 삶이 녹록하지 않다 보니 마음의 여유가 없습니다. 상대의 마음을 이해하려거나 배려하려고 하지 않습니다. 자신의 필요에 따라서만 친구 관계를 맺습니다. 친구 아니면 적이라는 마음으로 자신이 속한 부류가 아닌 친구들을 멀리하기도 합니다. 나와 생각과 취향, 성격 등이 다르다는 이유로 함께하지 못합니다.

우리 아이들은 지금 경쟁 사회에서 패배자로 자존감을 잃은 채로, 친구를 미워하면서 힘들게 살고 있습니다. 하루하루 간신히 견뎌내며 살고 있습니다. 뚜렷한 목표도 없이 세상에 태어났으니 살아갈 수밖에 없다는 심정으로 말입니다. 교사인 우리는 이런 아이들을 매일 교실에서 마주합니다. 우리는 이런 아이들을 위해 무엇을 해야 할까요? 무엇을 할 수 있을까요?

2년 전 이맘때쯤 『그림책 학급운영』을 세상에 내놓았습니다. 그림책으로 아이들을 만나 마음을 열어주고 관계를 꽃피우는 학급운영 사례를 책으로 엮었습니다. 그림책사랑교사모임 선생님들은 그림책으로 아이들을 만났습니다. 아이들의 마음의 문을 열려고 노력했습니다. 그 결과 많은 선생님에게 사랑받는 책이 되었습니다.

부끄러운 고백입니다만 『그림책 학급운영』을 펴낼 당시 우리는 아이들의 힘듦을 제대로 이해하지 못하고 있었습니다. 아이들의 힘듦보다는 교사들의 힘듦을 우선시했습니다. 버릇없고 자기만 생각하는 아이들을 매일 만나며 고생하는 교사들 위주로 생각했습니다. 그래서 그림책으로 이런 아이들을 만날 때 상처받지 않고 조금은 쉽게 다가가는 방법을 소개했습니다.

2년이 지난 지금은 달라졌습니다. 교사의 힘듦보다 아이들의 힘듦이 먼저 보입니다. 그림책으로 아이들을 만나다 보니 아이들의 마음이 온통 상처투성이라는 것을 알았습니다. 어디 한 군데 의지할 곳 없는 아이가 참 많습니다. 버릇없고 자기만 생각하는 못된 아이들이 아니었습니다. 아이들에게서 가끔 보이는 부정적인 말과 행동은 지금 자신의 마음이 아프다고 교사인 우리를 향해 외치는 소리였습니다.

아이들을 바라보는 달라진 시선으로 만든 책이 바로 『그림책 학급운영 2』입니다. 1부에는 『그림책 학급운영』에서 미처 다루지 못한 그림책으로 여는 조회, 선생님 소개, 생일파티, 전입생 맞이하기 및 전출생 보내기 등 연간 학급 활동이 들어 있습니다. 2부에는 그림책으로 아이들을 상담한 사례가 들어 있습니다. 자존감이 낮은 아이, 욕설을 자주 하는 아이, 혼자 외톨이인 아이, 친구와 다툰 아이 등 아이들과 상담한 사례를 실었습니다. 상담 전공자가 아니더라도 쉽게 적용할 수 있도록 상세하게 안내했습니다.

"여러분, 이 세상에서 우리는 '핑'만 할 수 있어요. '퐁'은 친구의 몫이에요. 우리가 '핑'을 하면 친구가 '퐁'을 해요."

아니 카스티요 글·그림,
박소연 옮김, 달리, 2020

그렇습니다. 우리는 핑만 할 수 있고 퐁은 친구의 몫입니다. 여기서 우리를 교사, 친구를 학생으로 본다면 교사인 우리가 핑을 하면 학생은 퐁을 한다고 할 수 있습니다. 그런데 학생의 퐁이 교사의 퐁과 다를 때가 많습니다. 교사가 다정하게 핑을 하더라도 학생들의 퐁은 그렇지 않을 때가 생깁니다. 모두가 같은 마음일 수 없습니다. 교사인 우리의 마음이 늘 학생들에게 전달되는 것도 아닙니다. 그럴 땐 어떻게 해야 할까요?

"우리가 살면서 다양한 '퐁'을 원한다면…… 먼저 많은 '핑'을 해야 한다는 것을 기억하세요!"

교사인 우리는 학생들에게 끊임없이 '핑'을 해야 합니다. 학생들에게 수많은 '핑'을 보내면 언젠가 교사의 마음을 알지 않을까요? '퐁'은 온전히 학생의 몫입니다. 학생의 '퐁'이 교사인 우리가 원하는 답이 아닐 수 있습니다. 하지만 우리가 보내는 '핑'이 학생들에게 더 많이 다가간다면 그것으로 충분하지 않을까요?

학생들에게 더 많은, 더 다정한 '핑'을 보내 학생들의 마음에 위로와 위안을 주고 싶은 선생님이라면 그림책을 활용하여 '핑'을 보내길 바랍니다. 아이들의 닫힌 마음의 문을 여는 비밀은 바로 그림책에 있습니다. 이 책을 읽는 선생님들이 앞으로 그림책으로 아이들을 만나면 좋겠습니다. 아이들이 마음이 아프다고 외칠 때 그림책으로 작은 위로와 위안을 주는 교사가 되기를 진심으로 바랍니다.

그림책을 사랑하는 마음을 담아
그림책사랑교사모임

1장
학급 연간 활동

그림책으로 여는 아침

요즘 그림책으로 아이들을 만나는 선생님이 참 많습니다. 몇 년 전만 해도 그림책은 어린아이들 책이라는 인식이 강했는데, 그림책 읽기에 관한 다양한 연구로 그 효과가 입증되면서 그림책을 읽는 교실이 늘어가고 있습니다. 그림책은 어린아이부터 노인까지 모든 연령대의 독자를 아우르는 힘이 있으며, 특히 아이들에게는 생각하는 힘과 상상력을 길러줍니다. 또한 그림책을 매개로 아이들의 마음을 살필 수도 있습니다.

교실에서 그림책으로 아이들과 만나는 일은 누구나 마음만 먹으면 할 수 있습니다. 1교시 수업이 시작하기 전 조회 시간을 활용하면 됩니다. 그림책을 읽어주는 데 걸리는 시간은 책마다 다르지만, 10분 내외면 충분합니다. 그림책을 읽어주면 아이들은 너나 할 거 없이 두 눈이 초롱초롱해집니다. 아이들의 뇌를 깨우고 집중력이 있으면서도 차분하게 하루를 시작할 수 있습니다. 이것이 조회 시간에 그림책을 아이들과 함께 읽는 가장 큰 이유입니다.

하지만 초등학교 고학년만 되어도 스스로 그림책을 찾아 읽는 경우가 매우 드뭅니다. 그림책은 어린아이들의 책이라고 생각하여 유치하다고 여기는 경우가 대부분이며, 긴 텍스트의 책을 읽기에도 시간이 부족하다고 느끼기 때문입니다. 그래서 학기 초에 아이들이 그림책을 어떻게 생각하는지 알아보기 위해 간단한 설문을 합니다. 평소 그림책을 즐겨 읽는지와 그 이유, 좋아하는 그림책과 그림책 작가, 읽고 싶은 그림책에 관한 설문을 통해 그림책에 대한 아이들의 관심 정도를 파악합니다. 관심 정도와 선호도에 따라 함께 읽을 그림책을 선정하며, 학기 말에 다시 한 번 설문을 통해 그림책에 관한 인식과 그림책 읽기가 가져온 변화 등을 살펴봅니다.

　한 해 동안 그림책을 읽어주면 그림책에 대한 선호도와 인식이 많이 변하는 것을 볼 수 있습니다. 처음에는 그림책에 대한 관심도 적고, 아는 그림책 작가 한 명 없었던 아이들이 작가의 이름을 기억하고 스스로 도서관에서 그림책을 찾아 읽기도 합니다. 무엇보다도 교사가 그림책 읽어주는 시간을 행복한 시간으로 여기며, 우리 학급만의 특별함으로 손꼽는 아이가 많습니다.

　이제 학급에서 그림책 읽어주기를 하고 싶은 마음이 조금 생기셨나요? 그림책으로 아침을 열고 싶다면, 아이들이 자연스레 그림책을 가까이하고 싶은 마음이 들도록 『이 작은 책을 펼쳐봐』를 아이들과 함께 읽어보시기를 추천합니다. 이 책은 독특한 형태의 그림책으로 아이들에게 읽어주면 탄성을 자아낼 정도로 아이들을 그림책의 매력에 푹 빠지게 하는 힘을 가지고 있습니다. 아이들의 흥미를 자아내고, 그림책에 관심이 생기게 한다면 선생님의 첫 그림책 읽어주기는 성공이라고 할 수 있습니다. 또한 학기 말 마무리 활동으로 나만의 그림책 만들기와 연계하기 위해 '책 속의 작은 책' 형태의 판형을 보여주는 데도 좋습니다.

『이 작은 책을 펼쳐봐』 열어보기

이 책은 여러 판형의 속지가 있는 독특한 형태의 그림책입니다. 미국의 작가 제시 클라우스마이어의 첫 작품으로 그의 글에 우리나라 이수지 작가의 아이디어와 그림이 더해져 빛을 발한 작품이라 더욱 애정이 가는 책이기도 합니다.

크기가 점점 작아지는, 책 속에 작은 책이 들어 있는 책으로 주인공들이 책 속 작은 책을 넘겨 가며 이야기가 진행됩니다. 첫 장을 넘기면 무당벌레 무늬의 빨간 그림책이 나타나고, 빨간 그림책이라고 씌여진 책장을 넘기면 무당벌레가 책을 들고 있는 장면이 나옵니다. 이어 무당벌레가 초록색 연잎 무늬가 그려진 책장을 넘기면 개구리가 나오는 방식으로 앞장의 그림이 다음에 나올 주인공을 예측하게 합니다. 또한 무당벌레, 개구리, 토끼, 곰, 거인으로 책 속 주인공의 몸집이 커질수록 주인공들이 넘겨야 하는 책장의 크기는 작아집니다. 이런 식으로 촘촘히 연계된 이야기가 독자에게 계속 책장을 넘기고 싶은 마음이 들게 합니다.

마지막에 등장하는 거인이 더 이상 책을 넘기기 어려울만큼 책장이 작아지면 몸집이 작은 친구들이 도와 책장을 넘겨주며 책을 읽습니다. 그리고 마지막 책장을 덮으며, '너의 책을 펼쳐봐' 라는 글과 함께 동물 친구들이 함께 책을 읽는 장면으로 마무리가 됩니다.

이 그림책을 읽어줄 때는 제목을 가리고 읽어줍니다. 제목을 처음부터 보여줄 수도 있지만, 판형이나 마지막 메시지가 제목을 예측 가능하게 하기에 제목을 가리고 읽어준 후 나중에 제목을 상상해보게 하면 이야기에 좀 더 집중하게 할 수 있습니다. 또한 앞 면지는 모노톤인데 반해 뒤 면지는 다양한 색으로 화려하게 되어 있어서 면지를 눈여겨보고 그림책

제시 클라우스마이어 글,
이수지 그림, 이상희 옮김,
비룡소, 2013

을 다 읽은 후 그 이유를 생각하게 보게 합니다.

한 장씩 넘겨 가며, 작은 그림책의 표지 색과 단서로 다음에 나올 주인공을 맞춰보는 재미도 뛰어나므로 이 책을 읽을 때는 꼭 이 부분을 놓치지 말고 아이들에게 상상할 기회를 줍니다. 책을 읽고, '너의 그림책을 펼쳐봐'라고 쓰인 마지막 장면을 보여주며, 아이들에게 '너의 그림책을 펼쳐봐'라고 이야기해줍니다. 이제 우리 아이들이 그림책을 펼칠 차례입니다.

나의 그림책 펼쳐보기

읽고 싶은 그림책 선택하고 서로 읽어주기

책을 읽고 난 후 자신이 읽고 싶은 그림책을 선택하게 합니다. 그림책의 마지막 메시지처럼 진짜 나의 그림책을 펼쳐보고 읽는 것입니다. 학급 문고에 그림책이 많다면 교실에서도 가능하지만, 다양한 그림책을 만날 기회를 주기 위해 학교 도서관으로 이동합니다. 표지와 작가의 이름만 보고 읽어보고 싶은 그림책을 선택합니다. 아이들은 내용을 살필 수 없기 때문에 표지와 제목을 더욱 유심히 보며, 자신이 알고 있는 그림책 작가의 정보를 동원하기도 합니다.

책을 선정했으면 내가 고른 책을 읽습니다. 그림에 숨겨진 작가의 의도를 살펴보고, 그림을 그린 재료, 전체적인 색감 등도 눈여겨보라고 말해줍니다. 혼자 그림책을 읽고 나서 자신이 고른 그림책을 소리 내어 짝에게 읽어줍니다. 짝이 잘 볼 수 있게 그림책을 펼치고, 책장을 넘겨 가며 읽어줍니다. 다른 사람의 목소리로 이야기를 들으면 스스로 책을 읽을 때보다 그림에 더 집중하는 효과가 있습니다.

이렇게 그림책을 읽은 후 그림책에 관해 서로 이야기해봅니다. 정해진 틀은 없지만 몇 가지 질문을 제시해주면, 질문에 서로 답하며 자연스럽게 그림책에 관한 이야기를 나눌 수 있습니다.

이 그림책을 고른 이유는 무엇인가요?
그림책에서 느껴지는 전체적인 분위기는 어떠한가요?
내 마음에 다가온 한 장면과 그 이유는 무엇인가요?
그림책을 읽고 드는 생각이나 느낌은 무엇인가요?
작가가 말하고 싶은 이 그림책의 주제는 무엇인 거 같나요?

그림책에 관한 이야기가 오가며 그림책에 대한 이해가 깊어지고 궁금증이 생기기도 합니다.

'내가 고른 그림책' 분류하기

짝과 나눈 이야기를 전체와 공유하는 시간입니다. 한 명씩 돌아가며 자신이 고른 그림책의 표지를 보여주며 제목과 작가를 소개합니다. 이 과정에서 아이들은 다양한 판형의 그림책을 자연스럽게 접하게 됩니다. 더불어 자신이 고른 그림책이 가로로 긴 직사각형인지, 세로로 긴 직사각형인지, 정사각형인지, 크기가 큰지 작은지, 옆으로 넘기는지, 위에서 아래로 넘기는지 등을 눈여겨보고 그 이유를 생각해보기도 합니다.

이어 그림책의 작가를 나라별로 나누어봅니다. 작가의 이름에서 국적을 짐작할 수 있으며, 판권 페이지에서 작가 정보를 확인할 수도 있습니다. 여기서 아이들에게 간단히 그림책의 역사를 이야기해주어도 좋습니다. 1900년대 인쇄술이 발달하면서 시작된 유럽의 그림책이나 1960년에 이미 전성기를 맞이한 일본의 그림책에 비해 우리나라 그림책의 역사는 매우 짧습니다. 1980년대에 전집의 형태로 출판이 시작되었으며, 1990년대로 들어서면서 본격적으로 발전했습니다. 하지만 짧은 역사에 비해 비약적인 발전을 했으며, 이수지, 백희나 등 세계적으로 인정받는 작가도 있습니다.

그림책 중에는 글이 없거나 팝업북 형태의 그림책도 있습니다. 이런 특별한 그림책은 미리 한두 권 준비해두고 소개합니다. 글 없는 그림책에는 류재수의 『노란 우산』, 팝업북에는 아누크 부아로베르, 루이 리고의 『나무늘보가 사는 숲에서』 등이 있습니다.

마지막으로 포스트잇을 한 장씩 나눠주고 내가 고른 그림책의 제목과 작가, 주제, 한 줄 감상평을 적게 하여 한곳에 모읍니다. 이로써 다양한 판형, 작가, 주제 등으로 그림책을 보는 다양한 감상법을 알게 됩니다. 그리고 그림책 읽어주기의 효과를 소개하며, 일 년 동안 그림책을 꾸준히

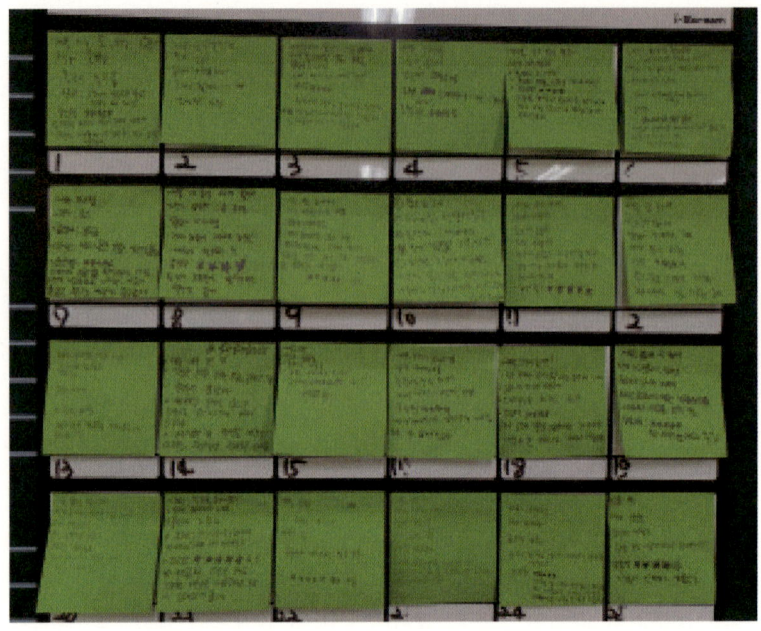

읽어줄 예정임을 안내합니다. 이는 아이들에게 하는 약속으로 일 년 동안 그림책을 꾸준하게 읽을 힘을 줍니다.

그리고 일 년 또는 한 학기에 한 번 나만의 그림책을 만들어보는 '나도 작가' 시간을 가집니다. 『이 작은 책을 펼쳐봐』처럼 속지가 점점 작아지는 책 속의 작은 책을 만들 예정임을 안내합니다.

그림책 읽어주기

일 년 동안 조회 시간에 그림책을 읽어주려면 꾸준함이 필요합니다. 꾸준함이 유지되려면 계획을 세워야 합니다. 일주일에 몇 회를 읽을 것인지, 어떤 책을 읽을 것인지, 읽은 후 독후 활동을 할 것인지 등을 정합니다. 계획은 거창하기보다 자신이 할 수 있는 만큼 세웁니다.

아침 시간에 그림책을 읽어주려면 먼저 차분한 분위기가 유지되어야 합니다. 그래서 등교 시간에는 잔잔한 음악을 틀어둡니다. 아이들이 등교하면 수업 시작 10~15분 전에 그림책을 읽어줍니다. 그림책을 읽어주는 요일과 시간을 미리 안내하여 아이들이 들을 준비를 하게 합니다. 일주일에 1회만 읽을 수도 있고, 매일 읽을 수도 있습니다.

그림책을 읽으면서 하루를 시작하면 차분하면서도 수업을 들을 수 있는 경청의 자세가 갖춰지는 효과도 볼 수 있습니다. 그림책으로 아침을 여는 날과 그렇지 않은 날의 분위기가 다르다는 것을 느낄 수 있습니다. 함께 읽은 그림책은 교실의 잘 보이는 곳에 전시해두면 아이들이 다시 읽고 싶을 때 꺼내 읽기 좋습니다.

학교 도서관을 활용하여 아이들과 읽고 싶은 그림책을 주 단위로 미리 대출해두고 조회 시간을 활용하여 읽어줍니다. 초등학교의 경우, 칠판 앞쪽으로 아이들을 모여 앉게 하고 읽어주는 것이 가장 좋습니다. 가까이서 그림을 볼 수 있을 뿐만 아니라 교사와 함께 호흡하며 읽을 수 있기 때문입니다.

그림책을 읽을 때는 동화 구연하듯 실감 나게 읽는 것도 좋지만, 교사의 자연스러운 목소리로 읽는 것만으로도 충분합니다. 아이들이 잘 볼 수 있도록 가슴 높이로 그림책을 들고 읽으며, 표지와 면지까지 살핍니다. 표지와 면지에도 그림책에 관한 많은 정보가 담겨 있으므로 그냥 넘기지 않습니다.

그림책을 읽어주면서 아이들의 반응을 살핍니다. 중간중간 중요한 순간에 멈추기도 하고, 반복되는 문장은 아이들이 읽게 하기도 합니다. 그리고 읽은 장면을 통해 다음 장면을 예상해보는 질문을 하는 것이 집중에 도움이 됩니다. 또한 제목과 작가 정도는 칠판에 판서해주면 아이들이 그림책을 오래 기억하는 데 도움이 됩니다.

  읽어줄 그림책을 선정할 때는 다양한 방법이 있지만, 3월 한 달은 작가별 책 읽기를 합니다. 존 버닝햄이나 윌리엄 스타이그, 앤서니 브라운 등 세계적으로 유명한 그림책 작가 중 한두 명을 정해 그 작가의 그림책을 읽어줍니다. 예를 들어, 존 버닝햄의 경우 『지각대장 존』, 『내 친구 커트니』, 『장바구니』 등 몇 권만 봐도 작가의 그림체가 눈에 보입니다. 아이들 역시 신기하게도 작가 특유의 그림체를 발견하고, 그림만 보고도 어떤 작가의 책인지를 짐작하기도 합니다. 그러면서 아이들은 그림에 집중하여 그림책을 읽는 법을 알게 됩니다.

  이후에는 다양한 책을 읽습니다. 재미있는 책, 감동을 주는 책, 생각거리를 던져주는 책 등을 다양하게 읽습니다. 한 달에 한두 번은 아이들이 읽어달라고 들고 온 책을 읽어주기도 합니다. 이 외에도 월별 계기 교육과 관련하여 꼭 읽어주면 좋을 책을 미리 선정해두어 계기 교육을 대신합니다. 장애인의 날에는 정진호의 『위를 봐요』, 6·25 전쟁일에는 이억배의 『비무장지대에 봄이 오면』 등을 읽어줍니다.

  독후 활동은 가급적 하지 않습니다. 자칫하면 아이들에게 그림책 읽기의 즐거움을 반감시킬 우려가 있기 때문입니다. 하지만 함께 읽은 그림책의 목록을 기억하고 싶거나 계기 교육과 연계한 경우 그림책 제목과 작가, 감상평 정도를 간단하게 기록하게 하기도 합니다.

나도 작가 되어보기

    일 년 동안 읽은 다양한 그림책을 토대로 나만의 그림책을 만들어볼 시간입니다. 하루에 2시간씩 8~10차시 정도의 수업을 계획합니다. 이때 참고할만한 그림책을 옆에 두고 활동을 하면 훨씬 더 수월합니다. 그래도 어려워하는 친구가 있다면 원작의 내용 중 일부분만 바꿔보는 패러디 형태의 그림책을 만들어보라고 권합니다.

차시	수업 주제	활동 방법
1~2	그림책의 주제 정하기	내가 만들고 싶은 이야기의 주제 및 주인공, 대략적인 스토리 정하기
3~4	스토리보드 만들기	표지와 장면의 구성, 장면 설명, 연결 화면 등을 기록하기
5~6	스케치하기	그림책의 형태로 엮은 종이에 글과 그림 넣기
7~8	채색하여 완성하기	다양한 채색 도구로 채색하기 (오려 붙이기 등의 콜라주 기법도 가능)

    여러 차시에 걸쳐 완성한 그림책을 모으고 작은 출판 기념회를 하며 마무리를 합니다. 자기가 만든 그림책을 다른 친구들에게 소개하며 작가의 말도 들어봅니다. "내가 쓰고 내가 그린 그림책이라 너무 애정이 가요", "그림책을 만들 때는 힘들기도 했지만 하고 나니 작가의 마음을 알 수 있었어요." 이 시간을 통해 아이들은 나만의 이야기를 글과 그림으로 표현해보는 경험을 하게 되며, 그림책 작가라는 진로 체험의 기회가 되기도 합니다.

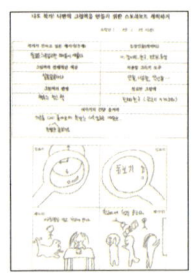  

더 나은 활동을 위한 도움말

그림책을 꾸준히 읽어주다 보면 자신만의 노하우가 생깁니다. 그림책을 보는 안목도 조금 생깁니다. 일 년 동안 읽어준 그림책 목록을 꼭 기록해두세요. 해마다 만나는 아이들이 다르듯이 그림책도 아이들에 따라 반응이 조금씩 다릅니다. 아이들이 준 평점을 기록해두는 것도 좋습니다. 월별 최고의 그림책을 뽑고, 선정한 그림책으로 다시 학기별로 최고의 그림책을 선정해보는 것도 좋습니다. 나만의 그림책 목록이 생기면 다음 해에는 그림책으로 아이들을 만나는 것이 더 쉽고 든든할 것입니다.

 함께 읽으면 좋은 그림책

『책 속의 책 속의 책』, 요르크 뮐러 글·그림, 김라합 옮김, 비룡소, 2005
『빨강 책』, 바바라 라만 글·그림, 북극곰, 2019
『아름다운 책』, 클로드 부종 글·그림, 최윤정 옮김, 비룡소, 2002
『책장 넘어 돼지 삼 형제』, 안경미 글·그림, 웅진주니어, 2018

아이들과 함께 읽은 그림책 중 아이들에게 반응이 좋았던 그림책 목록을 소개합니다.

월	제목	작가	출판사
3	지각대장 존	존 버닝햄	비룡소
	달라질 거야	앤서니 브라운	아이세움
	너는 특별하단다	맥스 루케이도 글 세르지오 마르티네즈 그림	고슴도치
	느끼는 대로	피터 레이놀즈	문학동네
	선생님은 몬스터	피터 브라운	사계절
	나는 개다	백희나	책읽는곰
	나는요,	김희경	여유당
	멋진 뼈다귀	윌리엄 스타이그	비룡소
4	위를 봐요	정진호	은나팔
	문제가 생겼어요	이보나 흐미엘레프스카	논장
	3초 다이빙	정진호	위즈덤하우스
	연필의 고향	김규아	샘터
	다다다 다른 별 학교	윤진현	천개의바람
	나무 도장	권윤덕	평화를 품은책
	그 소문 들었어?	하야시 기린 글 쇼노 나오코 그림	천개의바람
	눈물바다	서현	사계절
5	고함쟁이 엄마	유타 바우어	비룡소
	불곰에게 잡혀간 우리 아빠	허은미 글, 김진화 그림	여유당
	우리 여기 있어요, 동물원	허정윤 글, 고정순 그림	킨더랜드
	파란 의자	클로드 부종	비룡소
	호랑이를 탄 우리 엄마	서선연 글, 오승민 그림	느림보
	우리 집엔 할머니 한 마리가 산다	송정영 글, 전미화 그림	상상의집
	나, 비뚤어질 거야!	허은실 글, 조원희 그림	한솔수북
	내 모자가 아니야	존 클라센	시공주니어

6	아기 늑대 세 마리와 못된 돼지	유진 트리비자스 글 헬린 옥슨버리 그림	시공주니어
	아기 돼지 세 자매	프레데릭 스테르	주니어파랑새
	999마리 개구리 형제의 이사 대소동	키무라 켄 글 무라카미 야스나리 그림	노란우산
	꽃을 선물할게	강경수	창비
	안 돼!	마르타 알테스	북극곰
	엄마 까투리	권정생	낮은산
	비무장 지대에 봄이 오면	이억배	사계절
	궁딩 팡팡	이덕화	길벗어린이
7	대단한 무엇	다비드 칼리 글 미겔 탕코 그림	문학동네
	돌 씹어 먹는 아이	송미경 글 세르주 블로크 그림	문학동네
	파리의 휴가	구스티	바람의 아이들
	펭귄 365	장뤼크 프로망탈 글 조엘 졸리베 그림	보림
	플라스틱 섬	이명애	상출판사
	팥빙수의 전설	이지은	웅진주니어
	나도 학교 가기 싫어	송하완	리틀씨앤톡
	마법의 여름	하타 고시로, 후지와라 카즈에	아이세움
9	안녕, 가을	케나드 박	국민서관
	꽃할머니	권윤덕	길벗어린이
	슈퍼 거북	유설화	책읽는곰
	100만 번 산 고양이	사노 요코	비룡소
	상자 세상	윤여림 글, 이명화 그림	천개의바람
	내 멋대로 공주	배빗 콜	비룡소
	으리으리한 개집	유설화	책읽는곰
	솔이네 추석 이야기	이억배	길벗어린이
10	낱말 공장 나라	아녜스 구 레스트라드 굴 발레리아 도캄포 그림	세용출판
	단어 수집가	피터 레이놀즈	문학동네
	대추 한 알	장석주 글, 유리 그림	이야기꽃

10	뛰어라 메뚜기	다이마 세이조	보림
	판다 목욕탕	투페라 투페라	노란우산
	똥벼락	김회경 글, 조혜란 그림	사계절
	가을에게 봄에게	사이토 린·우키마루 글 요시다 히사노리 그림	창비
	나뭇잎 손님과 애벌레 미용사	이수애	한울림어린이
11	이럴 때 너라면?	고미 타로	천개의바람
	기묘한 여행	앤 조나스	아이세움
	나는 오, 너는 아!	존 케인	북극곰
	바삭 바삭 갈매기	전민설	한림출판사
	돼지 이야기	유리	이야기꽃
	똥자루 굴러간다	김윤정	국민서관
	발자국을 따라가 볼까요?	제르다 뮐러	파랑새
	두더지의 고민	김상근	사계절
12	눈사람 아저씨	레이먼드 브리그스	마루벌
	무릎 딱지	샤를로트 문드리크 글 올리비에 탈레크 그림	한울림어린이
	커다란 크리스마스 트리가 있었는데	로버트 베리	길벗어린이
	애너벨과 신기한 털실	맥 바넷 글, 존 클라센 그림	길벗어린이
	까만 코다	이루리 글 엠마누엘레 베르토시 그림	북극곰
	지옥탕	손지희	책읽는곰
	완두	다비드 칼리 세바스티앙 무랭 그림	진선아이
	요셉의 작고 낡은 오버코트가	심스 태백	베틀북
1	나는 기다립니다	다비드 칼리 글 세르주 블로크 그림	문학동네
	가드를 올리고	고정순	만만한책방
	설빔	배현주	사계절
	빛을 비추면	김윤정 최덕규	윤에디션

선생님 소개하기

　새로운 학년이 시작되면 가슴이 콩닥콩닥하는 것은 교사도 학생들도 마찬가지입니다. 새로운 인연을 만난다는 것은 실로 가슴 벅차지만 두려움과 불안함도 함께 오기 마련입니다. 교직 생활을 20년 동안 하고도 매년 새로운 아이들과 만나는 것이 녹록지 않습니다.
　아이들이 교사의 삶으로 들어옵니다. 아이들의 현재와 미래를 함께 만들어간다고 생각하니 교사로서 책임감이 느껴집니다. 나에게 다가오는 그 마음을 따뜻한 바람처럼 어루만져줄 수 있는 그런 교사가 되기를 바라며 아이들과의 만남을 기다립니다.
　초임 시절 선배 교사들에게 "3월 한 달이 일 년 갑니다. 편하게 일 년을 보내시려면 3월 한 달은 절대 웃지 마세요"라는 조언을 들었습니다. 그래서 정말 긴장감을 높이며 무표정한 얼굴로 일관했던 적이 있습니다. 잠시는 편했지만, 아이들과의 친밀감과 유대감을 형성하기에는 어려움이 있었습니다. 좋은 관계 맺기가 아닌 관리와 통제를 위한 기선제압처럼 느껴져서 불편했습니다. 아이들과 좋은 관계를 맺고 소통하는 교사가 되고 싶다면 이런 방법은 아니라는 생각이 들었습니다. 그래서 다음 해부터는 학기 초에 친밀감을 형성하고 소통할 수 있는 활동을 공들여 진행했습니다. 서로 알아가는 다양한 활동을 함으로써 두려움과 긴장으로 통제하는 것이 아니라 신뢰와 소통으로 학급을 운영할 수 있었습니다.

그중에 선생님 소개하기는 일 년간 함께할 교사에 관한 정보를 제공하고 신뢰를 형성할 수 있는 중요한 활동입니다. 교사가 일방적으로 자신을 소개하는 것이 아닙니다. 퍼즐을 맞춰가듯 이야기를 만들어가는 재미있는 활동입니다. 선생님 소개하기를 통해 교사의 유년 시절 이야기, 중요하게 생각하는 가치, 인생의 중요한 사건, 학급운영 방향 등 다양한 이야기를 학생들과 자연스럽게 나눌 수 있습니다. 또 교사가 기대하는 학생상과 학생들에게 하지 말아야 할 말과 행동 등에 관해서도 이야기할 수 있습니다. 재미있는 선생님 소개 활동을 통해 친밀감을 형성하고 소통하는 관계를 만들어봅니다.

『선생님은 몬스터』 열어보기

"선생님은 몬스터!"라고 눈을 동그랗게 뜨고 말하는 작은 아이가 보입니다. 옆에서 어딘가 불만스럽고 뾰로통한 표정을 지으며 "아니라니까"라고 외치는 선생님은 이미 초록색 몬스터가 되었습니다. 바비는 종이비행기를 좋아합니다. 주말이면 공원에서 혼자만의 시간을 즐기는 즐겁니다. 그런 바비를 괴롭히는 문제가 하나 있었으니… 쿵쿵쿵 발소리로 아이들을 놀라게 하고 교실이 쩌렁쩌렁 울리도록 소리를 지르는 몬스터, 바로 '커비' 선생님입니다. 커비 선생님은 학생들 사정을 봐주는 법이

피터 브라운 지음,
서애경 옮김,
사계절, 2015

없습니다. 바비가 수업 시간에 종이비행기를 날렸다고 쉬는 시간에도 자리를 지키라는 벌을 줍니다. 작고 예민한 바비에게 커비 선생님은 무섭고 불편하기만 한 존재입니다.

그러던 어느 토요일 아침, 바비는 공원에서 커비 선생님과 딱 마주칩니다. 도망가고 싶지만 그랬다가는 더 큰 일이 날 것 같습니다. 이 우연한 만남이 어색한 것은 커비 선생님도 마찬가지입니다.

한동안 두 사람은 어색해서 어쩔 줄 몰라 합니다. 두 사람이 나란히 벤치에 앉아 어색해하는 장면에서 바비의 똥그란 눈과 커비 선생님의 층층이 내려온 다크서클의 모습은 웃음이 새어 나오게 합니다. 그때 바람이 불어 커비 선생님이 아끼는 모자가 날아가고, 바비가 달려가 모자를 찾아오면서 조금씩 마음의 거리를 좁히게 됩니다. 마음의 문을 점점 연 바비는 자신의 비밀장소를 선생님에게 보여주기로 결심합니다. 비밀장소에 도착했을 때 선생님은 바비에게 종이 한 장을 건네주고 바비는 종이비행기를 접어 날립니다. 처음으로 바비의 종이비행기를 칭찬하는 커비 선생님은 더 이상 초록의 몬스터가 아닌 발그레한 살구색의 상냥한 모습으로 변합니다. 바비는 선생님이 몬스터가 아닐 수도 있다는 것, 학교에서 보여 준 모습이 선생님의 전부가 아니라는 사실을 깨닫게 됩니다. 월요일 학교에서 만난 커비 선생님은 여전히 쿵쿵쿵 걷고 쩌렁쩌렁 말합니다. 하지만 그런 선생님을 바라보는 바비의 표정은 예전과는 사뭇 다릅니다.

아이들이 새로운 선생님을 만났을 때 느끼는 긴장감이 바비의 모습에서 잘 나타났다는 생각이 듭니다. 새로운 만남에 대한 긴장, 어색, 불안, 두려움 등이 선생님을 초록 몬스터로 만듭니다. 새 학년 선생님과 아이들이 서로 알아가기 위해서는 시간이 필요합니다. 재미있는 선생님 소개 활동으로 아이들과 가까워지는 시간을 가져보면 좋겠습니다.

내가 만드는 선생님 이야기

3월 초 첫 만남, 교사는 아이들에 관해 전혀 알지 못합니다. 아이들도 어떤 선생님일까 궁금해합니다. 아이들에게 선생님 자신을 소개하는 것은 조금 쑥스러울 수도 있지만, 아는 만큼 가까워지고 사랑하게 됩니다. 서로 진짜 모습을 조금씩 알아갈 때 비로소 진정한 만남이 될 수 있습니다. 서로를 알아가기 위해서는 정보가 필요하겠지요? 선생님이 자신의 소개를 직접 하지 않고, 선생님의 유년 시절, 교직 생활, 취미, 좋아하는 것, 싫어하는 것, 학급경영 가치, 과목 등 자신을 표현할 수 있는 키워드를 학생들에게 보여줍니다. 학생들은 그 키워드를 가지고 선생님의 모습을 상상하는 스토리를 만들어봅니다.

먼저 선생님이 제시한 키워드 중에 4가지를 선택해서 활동지 '키워드' 란에 적습니다. 그런 다음 자신이 선택한 키워드가 선생님에게 어떤 의미일지 작성합니다. '상상하여 표현하기'에서는 키워드를 중심으로 선생님과 관련된 이야기를 상상하여 만듭니다.

교사	선생님이 제시한 키워드 중에 4개를 골라서 키워드 란에

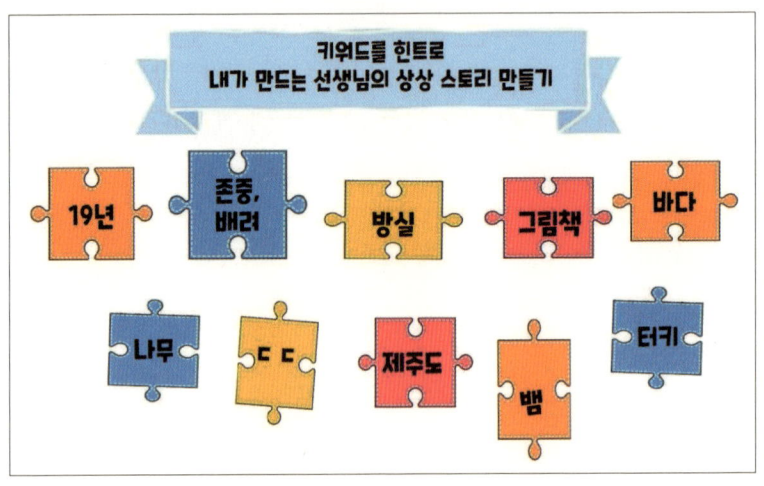

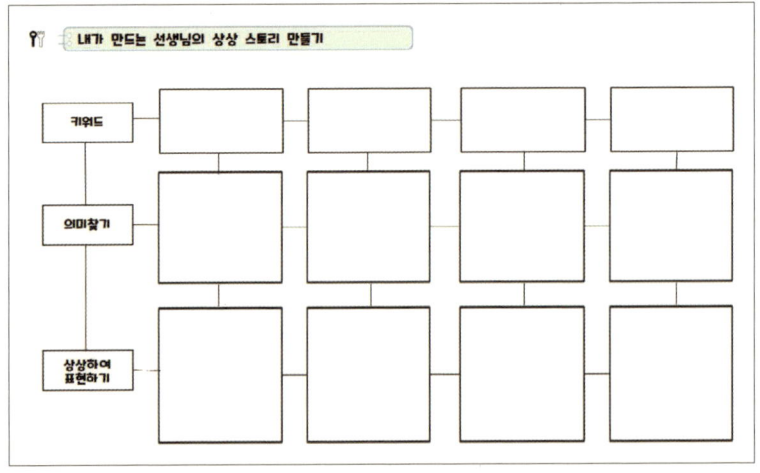

적어봅시다. 그리고 그 키워드가 선생님과 어떤 관련이 있는지 상상하며 의미 찾기에 적어보세요.

학생 A   저는 바다, 나무, 그림책, 방실을 선택했어요.

학생 B   저는 나무, 그림책, 존중과 배려, 바다를 골랐어요.

교사   그 키워드는 선생님과 어떤 관련이 있을까요?

학생 A   '바다'는 선생님이 가장 좋아하는 장소이고 '방실'은 선생님의 별명일 것 같아요. '나무'는 선생님이 키우는 특별한 나무의 이야기일 것 같고, '그림책'은 선생님이 그림책 작가가 꿈이었던 것 같아요.

학생 B   '그림책'은 선생님이 수업 시간에 많이 읽어주시는 책, '존중'과 '배려'는 선생님이 학생을 대하는 태도일 것 같아요. '바다'는 선생님이 힘들 때 즐겨 찾는 힐링 장소, '나무'는 선생님이 좋아하는 것일 것 같아요.

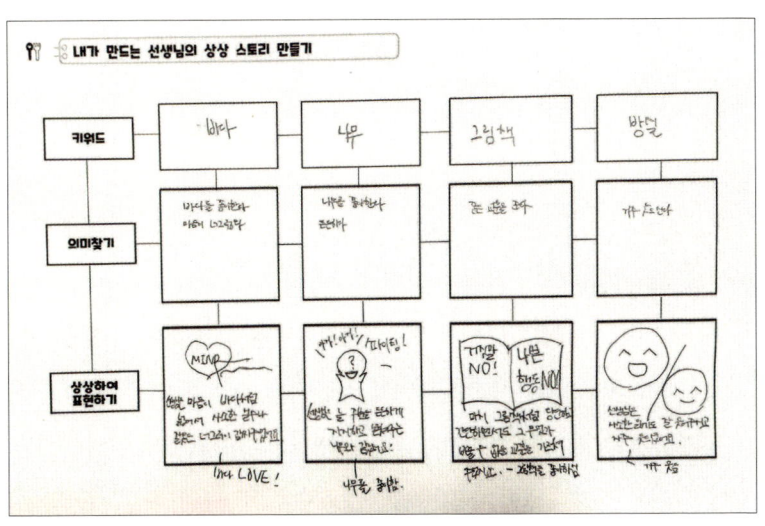

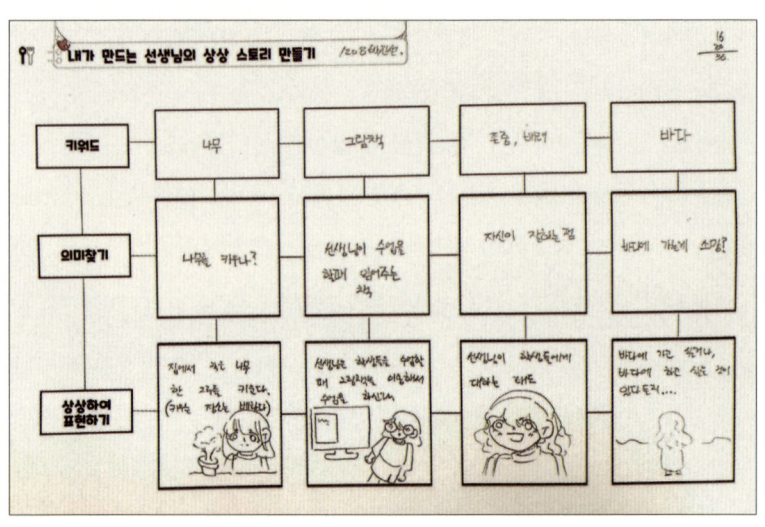

| 교사 | 그럼, 각자가 선택한 키워드와 의미를 연결해서 선생님의 이야기를 상상하여 만들어봅시다. 여러분이 생각나는 대로 자유롭게 선생님의 가상 이야기를 짧은 글로 만들어보세요. |

학생들은 제시된 키워드를 연결해서 각자 선생님에 대한 이야기를 만듭니다. 그중에서 엉뚱하지만 재미있었던 상상 스토리를 소개합니다. '19년, 그림책, 나무, 터키'로 이야기를 만든 학생의 글입니다.

"벌써 19년 전 일입니다. 인생의 반환점이 된 그림책만의 매력에 빠져 인생의 그림책을 만들고 싶어 여러 장소를 다녔습니다. 그림책 제작을 위해 유년 시절 놀았던 나무가 있던 숲에 여행을 갔습니다. 그 나무에서 '터키로 떠나라. 그곳에 너의 운명이 있다'라는 메시지를 보게 되고 선생님은 터키로 여행을 가게 되었습니다. 그리고 그곳에서 운명의 상대를 만나 결혼을 하게 되었답니다."

실제와는 거리가 먼 이야기이지만, 아이들이 만든 이야기를 발표하고 나누는 과정에서의 즐거운 웃음 소리에 긴장감이 어느 정도 풀립니다. 아이들의 발표가 끝나면 그때 진짜 선생님의 이야기를 해줍니다.

"선생님은 어린 시절 작은 시골 마을에서 자랐습니다. 들판을 뛰어다니고 뱀, 개구리, 메뚜기, 잠자리를 잡으며 유년 시절을 보냈습니다. 그리고 선생님은 유년 시절 마을 뒷산에 있는 커다란 나무 위에 올라가 노는 것을 좋아했어요. 나무 위에 올라앉아 있으면 살랑살랑 부는 바람과 나무 냄새가 너무 좋았습니다. 나무 위에 올라가는 것은 혼자 시간을 보내며 생각에 잠기기 딱 좋았습니다. 요즘도 힘든 일이 있을 때 산에 올라 나무를 한참을 꼬옥 끌어안고 생각에 잠기는 것을 좋아합니다. 선생님이 된 지 벌써 19년이 되었습니다. 도덕이라는 과목을 가르치고 있습니다. 선생님은 그림책을 좋아하고, 수업 시간에 함께 학생들과 읽으며 이야기 나누는 것을 무척 좋아합니다. 선생님은 평소 방실방실 잘 웃는 편이라 별명이 방실이랍니다. 올 한해도 여러분과 많이 웃고 행복할 수 있기를 바랍니다."

자신들이 만든 이야기와 선생님이 해준 이야기가 얼마나 비슷한지 또 얼마나 엉뚱한지를 생각하며 귀를 쫑긋하는 아이들의 모습이 너무 유쾌하고 즐겁습니다. 이 활동을 통해 선생님에 대해 더 알아가고 가까워지는 것을 경험할 수 있습니다.

선생님이 몬스터가 되는 상황 알아보기

그림책 속 커비 선생님처럼 선생님이 학생들과의 관계에서 몬스터가 되는 상황을 찾아보는 활동입니다. 커비 선생님처럼 가끔 선생님은 몬스터가 되기도 합니다. 누구도 완벽한 사람은 없으니까요. 선생님이 몬스터가 되는 경우를 잘 알고 있다면 선생님이 몬스터가 되는 일을 최대한 막을 수 있을 것입니다. 먼저 학생들은 자신의 경험을 토대로 지금까지 만난 선생님들이 몬스터가 되었던 경우를 포스트잇에 적어 칠판에 붙여 공유합니다.

아이들은 자신들의 다양한 경험을 바탕으로 선생님이 몬스터가 될 수 있는 상황들을 제시합니다. 아이들이 쓴 것들을 보면 정말 선생님이 몬스터가 될 수 있는 상황을 너무도 잘 알고 있는 것 같습니다.

이제는 선생님 차례입니다. 선생님은 학생들이 적어낸 포스트잇 속 '선생님이 몬스터가 되는 상황'을 살펴봅니다. 그리고 자신이 몬스터가 되는 상황과 유사한 포스트잇을 선정합니다. 선생님이 왜 그런 상황에

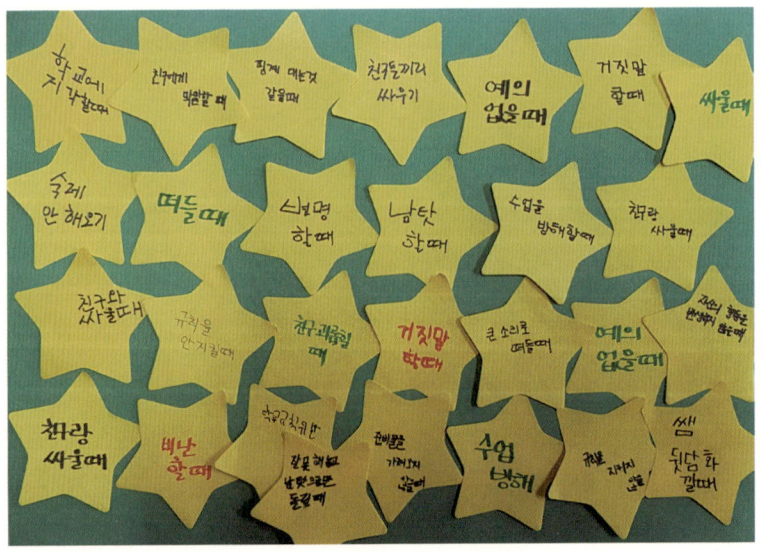

예의 없이 행동, 거짓말, 변명, 수업 시간에 수업을 방해하는 행동, 친구를 괴롭히는 행동, 과제 안 하기, 친구랑 싸우기, 교칙 안 지키기, 준비물 안 챙기기, 지각하기 등

몬스터가 되는지 학생들에게 설명해줍니다.

"선생님의 별명처럼 방실방실 미소로 학생들을 대하지만 가끔은 몬스터가 될 때가 있습니다. 선생님과 친구들에게 예의 없이 행동할 때, 솔직하지 못하고 거짓말할 때, 잘못에 대해 남 탓하며 변명할 때, 수업을 방해하는 행동을 할 때, 친구를 괴롭힐 때입니다. 이런 행동들은 선생님과 친구들에게 상처가 됩니다. 그리고 함께 배우고 성장하는 배움 활동에 방해가 됩니다. 선생님은 서로 존중하고 배려하면서 함께 배움을 얻는 학급이 되기를 소망합니다. 선생님이 몬스터가 되지 않도록 도와주길 바랍니다."

선생님이 몬스터가 되는 상황에 관해 이야기를 나누다 보면 자연스럽게 교실에서 함께 지켜야 할 규칙들이 정해집니다.

선생님 사용설명서 만들기

선생님 사용설명서 만들기는 앞서 했던 두 가지 활동을 하나의 결과물로 만드는 활동입니다. 선생님을 설명할 수 있는 제시어 4가지만 학생들이 선택해서 선생님에 대한 사용설명서를 만들어보는 활동입니다. 선생님이 들려준 이야기를 바탕으로 선생님을 소개해보는 겁니다. 선생님을 설명할 수 있는 키워드를 선정해서 자신만의 선생님 사용설명서를 만듭니다. 둥근 원에는 선생님을 상징할 수 있는 프로필 이미지를 넣어보고 선생님 사용설명서 밑에는 선생님을 대표하는 키워드로 상태 메시지를 표현합니다.

선생님 사용설명서 전체 활동지를 다운받을 수 있습니다.

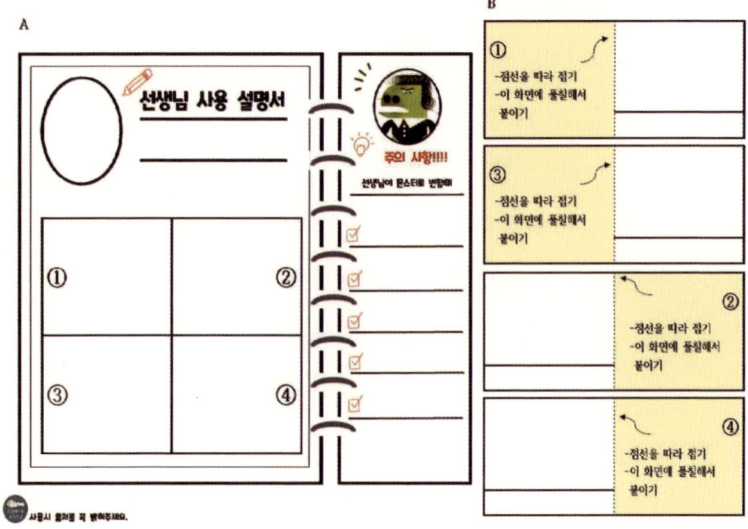

　①~④의 칸 겉면 큰 상자에는 선생님을 설명하기 위한 키워드를 시각화해서 그립니다. 그리고 작은 상자에는 키워드를 적습니다. 펼쳐지는 안쪽에는 키워드로 설명할 수 있는 선생님의 이야기를 적습니다. 주의사항에는 선생님이 몬스터로 변할 때 선생님이 선정해주었던 5가지 정도를 정리해봅니다. 이 한 장이면 우리 선생님에 대한 소개가 한 눈에 들어오게 됩니다.

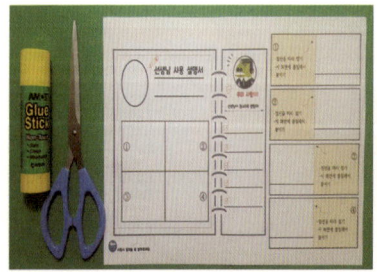

준비물: 활동지, 가위, 풀, 채색 도구

활동지를 출력하여 A, B에 해당하는 부분을 가로로 오립니다.

활동지 B의 ①~④를 자르고 점선에 따라 반으로 접습니다.

활동지 B의 ①~④의 뒷면에 풀칠을 합니다.

 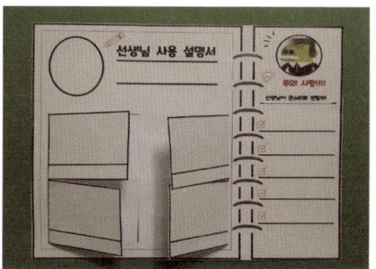

A 활동지에 각 번호에 맞게 풀칠한 면을 붙입니다.

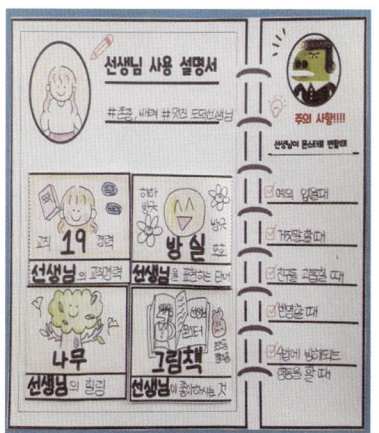 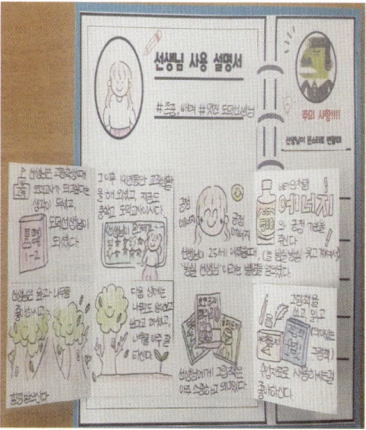

1장. 학급 연간 활동

선생님 가치 사전 만들기

선생님에 대한 소개 자료가 다 완성되었습니다. 마지막 활동으로 선생님에 대한 가치 사전을 만듭니다. 선생님께 바라고 기대하는 마음을 담아도 좋고, 학생들에게 선생님은 어떤 존재인지를 표현하도록 합니다. 학생들이 기대하는 선생님의 모습을 알게 되고, 학생들이 바라고 기대하는 이상적인 선생님이 되도록 노력할 수 있는 자극이 됩니다. 과연 우리 아이들이 바라는 선생님은 어떤 모습일까요? 선생님은 아이들에게 어떤 존재여야 할까요?

선생님은 '○○이다. 왜냐하면 ~~~이기 때문이다' 라고 문장을 쓰고, 관련하여 이미지를 작성하여 표현하게 합니다.

아이들은 자신을 이해하고 소통하는 선생님의 모습을 기대합니다. 그리고 자신들의 삶에서 조력자의 역할과 배움의 롤모델이 되어주었으면 하는 마음도 보입니다.

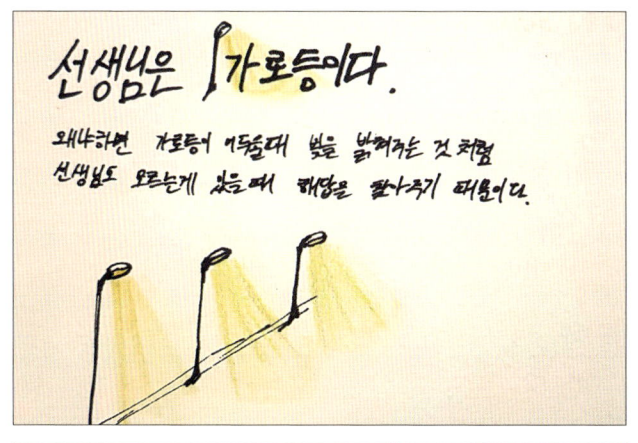

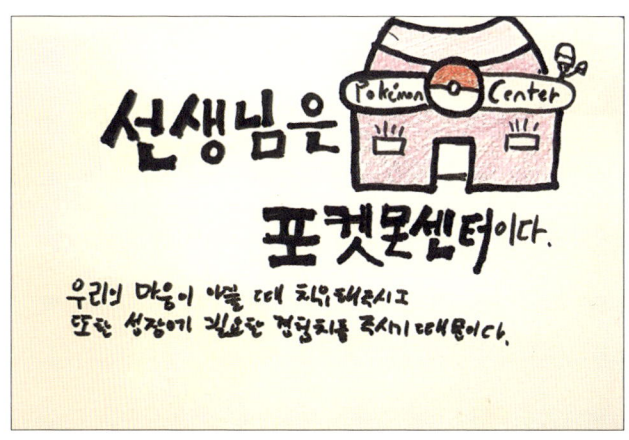

더 나은 활동을 위한 도움말

학교생활을 하다 보면 선생님만 몬스터가 되는 것은 아닙니다. 학생들도 자신의 마음을 알아주지 않았을 때 몬스터가 되기도 합니다. 종례 늦게 끝날 때, 선생님의 애정에 차별이 있다고 느낄 때, 숙제가 많을 때 등 학생들이 몬스터가 되는 경우도 함께 이야기 나누면 서로 존중하고 이해

할 수 있습니다.

   그림책 속 바비는 종이비행기 만드는 것을 아주 좋아합니다. 바비는 종이비행기에 어떤 마음을 담아 그토록 수업 시간에 날리고 싶었을까요? 커비 선생님께 꼭 전하고 싶었던 말이 있지는 않았을까요? 우리 아이들에게도 바비처럼 종이비행기를 접어 선생님께 꼭 하고 싶은 말, 새 학년이 시작되면서 부탁하고 싶은 말을 적거나 어떤 선생님이 되어주면 좋을지, 학급에서 어떤 활동을 하고 싶은지 소원을 적은 종이비행기를 날려보는 것도 좋습니다.

 함께 읽으면 좋은 그림책

『헉! 오늘이 그날이래』, 이재경 글·그림, 고래뱃속, 2018

『선생님을 화나게 하는 10가지 방법』, 실비 드 미튀이시웍스 글, 세바스티앙 디올로장 그림, 이정주 옮김, 어린이작가정신, 2017

『학교 가기 싫은 선생님』, 박보람 글, 한승무 그림, 노란상상, 2020

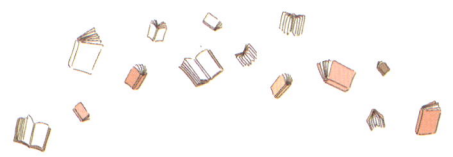

학급 비전 세우기

    학기 초가 되면 서로 알지 못하는 교사와 학생들이 새로운 교실에 모입니다. 서로가 어떤 생각을 가지고 있고, 무엇을 좋아하고 싫어하는지도 잘 모릅니다. 서로 잘 모르는 상태에서 학급 비전을 정하고, 학급이 일 년간 향해 가야 할 방향을 정해야 합니다. 방향을 어떻게 잡느냐에 따라서 순항할 수도 있고, 방향이 잘 잡히지 않는 어수선한 반이 되기도 합니다. 일 년 동안 지내야 하는 학급은 안전하고 편한 곳이어야 합니다. 안전하고 평화로운 학급이 되려면 반 학생들이 원하고 기대하는 학급의 모습에 따른 학급 비전을 세워야 합니다. 그러나 해마다 아이들도 바뀌고, 교사도 바뀌는 상황에서 시간이 없다는 이유로 아무 고민 없이 밀린 숙제를 하듯이 학급 비전을 만드는 경우가 많습니다.

    교사와 학생 모두에게 의미와 방향성을 줄 수 있는 학급 비전을 만들려면 학급 학생들이 모여서 서로에 대해서, 자신에 대해서 많은 이야기를 나누어야 합니다. 이야기를 나누면서 학급 친구들이 편안하고 안전하다는 느낌을 받아야 합니다. 그리고 학급 학생 모두가 바라는 우리 반의 모습과 기대를 학급 비전에 반영할 수 있도록 시간을 주어야 합니다. 이런 과정을 거쳐야 학생들이 학급 비전을 자신들이 만든 것이라고 생각하여 주인의식을 가지고 잘 지키게 됩니다.

서로 잘 모르는 학생들이 한 학급에 모여도 한 명 한 명을 존중해주고 인정해주면 편안하고 안전하다고 느낄 수 있습니다. 학생들이 편하게 학급에 대한 자신들의 생각을 얘기할 수 있는 분위기를 만들기 위해 『우리 반』이라는 그림책을 읽습니다. 먼저 마음의 문을 열고 학생들이 바라는 우리 반의 모습을 찾아내고 싶습니다. 학급 학생들과 열심히 만든 학급 비전을 학생들이 의미 있게 기억할 수 있게 하려고 합니다. 문장을 머리로 외우는 것보다 서로 배려하고 협동하는 몸놀이를 통해서 외우면 오래 기억에 남기 때문입니다.

『우리 반』 알아보기

김성범 작가의 『우리 반』은 글이 포근하고 그림이 따뜻해서 학생들과 함께 읽기 좋습니다. 작가가 교육대학교 신입생 환영행사에 초대되었을 때 미래의 선생님과 함께 부르고 싶어서 만들었던 노래의 가사에 그림을 넣어서 만들었다고 합니다. 처음 임용된 교사들에게 하고 싶은 말을 노래 가사로 만들었고 그것이 그림책으로 나온 겁니다. 그림책을 읽으면서 '이 작가는 어떤 반을 꿈꾸었을까? 어떤 학급을 만들고 싶었을까?' '무슨 말을 첫 임용된 교사에게 하고 싶었을까?' 하는 궁금증이 생깁니다.

첫 장을 넘기면 '꽃이 피었습니다' 로 시작합니다. 그다음 장엔 '길쭉한 꽃이 피었습니다' 라는 글과 함께 나팔꽃 그림이 나옵니다. 읽다 보

김성범 글,
이수희 그림,
계수나무, 2019

면 '우리 반에 키가 큰 길쭉이 ○○가 있는데, 닮았네. 키가 큰 아이를 작가는 나팔꽃으로 표현해 놓았구나' 라는 생각을 하게 됩니다. 다음 장을 넘기면 '뚱뚱한 꽃이 피었습니다' 라는 글이 나옵니다. 웃음이 나오면서 '맞아, 우리 반에 뚱뚱해서 살 좀 빼라고, 운동하라고 조언을 해야 하는 ○○ 친구들이 있지. 근데 뚱뚱한 꽃도 있구나. 예쁘네' 라는 혼자 말을 하게 됩니다. 그다음 장을 넘기면 '혼자 피는 꽃도 있습니다' 라는 글과 함께 해바라기와 해바라기 옆에 등을 보이고 앉아 있는 한 학생이 그려져 있습니다. 이 장면이 제겐 가장 마음에 남는 장면입니다. '우리 반에도 혼자 외롭게 있는 학생이 있는데, 내가 편견이 있었나? 혼자 있는 것을 좋아한다고 해서 문제가 있는 것은 아닌데 말이야. 혼자서 피는 꽃이 해바라기라고 했지. 멋진데' 라고 생각하게 됩니다.

 키가 큰 아이, 뚱뚱한 아이, 혼자서 생활하는 것을 좋아하는 아이, 함께 모여서 하는 것을 좋아하는 아이 등 아이들은 각자 모습과 색깔이 다릅니다. 다른 모양과 색을 가진 각각의 꽃으로 피기에 그 자체로 소중하고 아름답습니다. 교사의 역할은 '예쁜 꽃으로 모두를 같게 만들기 위해서 노력할 것이 아니라 학생들의 타고난 모습 그대로를 존중해주고, 다양한 모습대로 아름답게 잘 자라도록 해주는 안전한 장소를 제공해주는 거구나'라는 생각을 하게 됩니다. 그림책을 통해서 얻게 된 학급에 대한 생각을 나누고자, 『우리 반』을 학급 아이들과 읽어보면서 아이들이 바라는 학급의 모습을 찾아보고, 학급 비전을 만들어보고자 합니다.

학급 비전 만들기

첫 번째 질문: 그림책 작가가 꿈꾸는 우리 반은 어떤 모습일까요?

『우리 반』을 학생들과 함께 읽고 작가가 꿈꾸는 '우리 반'의 모습은 무엇일까요? 라는 첫 번째 질문을 학생들에게 합니다. 작가가 전달하고자 하는 메시지를 학생들이 어떻게 받아들이고 있는지 알고 싶기 때문입니다. 자기 생각을 포스트잇에 작성하고 발표를 합니다.

학생 A 차별하지 않고 함께 어울리는 곳이 우리 반이라고 말하고 싶어 하는 것 같아요.

학생 B 다양한 학생들이 모이지만 우리 반 친구들로 잘 지내야 한다는 것을 말하고 싶은 것 같아요.

학생 C 아이들을 각각의 꽃으로 비유한 것을 보면 무척 아이들을 사랑하시는 것 같아요. 우리 반에 있는 각각의 다른 꽃들이 잘 어울릴 수 있도록 노력해야 한다는 말을 담임선생님에게 말하고 싶은 것 같아요.

학생 D 학생들은 다양한 특색을 가졌고, 다양한 아이들로 우리 반이 구성되어 있다는 것을 알려주고 싶은 것 같아요.

학생 E   우리 반에는 여러 가지의 개성이 있는 친구들이 있고, 그 학생들이 어우러지면 아름답다는 것을 얘기하고 싶어 한 것 같아요.

학생 F   모두가 다양하기에 더 예쁘게 어울릴 수 있는 곳이 우리 반이라는 것을 말하고 싶어 한 것 같아요.

학생 G   그림책에서 다양한 꽃으로 학급 친구들을 표현했는데 예쁘게 잘 어우러지는 것 같았어요. 개성이 다른 친구들이 잘 어울릴 수 있는 곳이 우리 반이라는 것을 작가는 생각하는 것 같아요.

두 번째 질문: 이번에 여러분이 만들고 싶은 반은 어떤 모습인가요?

작가가 우리에게 전달하고 싶은 메시지를 알아보았습니다. 작가는 '다양한 아이들이 함께 아름답게 자라는 곳이 우리 반이다' 라고 말하고 있습니다. 이제는 학생들이 있고 싶은 진짜 우리 반의 모습은 어떤지 알고 싶어서 질문을 합니다.

학생 A   수업을 들을 때 적극적으로 모둠활동에 참여하는 반을 만들고 싶습니다. 왜냐하면 아무래도 처음 만나서 어색하니 모둠활동이 제대로 되지 않아요. 모둠토의 시간에 대화가 오가지 않으니 친구와 친해지기 어렵습니다. 우리 반 친구들이 적극적으로 모둠활동에 참여하면 좋겠어요.

학생 B   재미있는 반을 만들고 싶습니다. 왜냐하면 학생들이 학교생활을 즐겁게 하면 좋을 것 같아요.

학생 C   다양한 특성을 가진 학생들이 조화롭게 어우러지는 반이면 좋겠어요. 왜냐하면 학생마다 각각의 개성이 있기 때문입니다.

학생 D   상대방을 존중하고 즐거운 반이 되면 좋을 것 같아요. 친구의 의견과 생각을 존중하면 배려를 하게 되고 서로 상처받지 않는 즐거운 반이 되기 때문이죠.

학생 E   모두 서로 존중하며 다 같이 즐거운 학급을 만들고 싶습니다. 왜냐하면 모두 존중받을 가치가 있고 누구 하나도 소외되거나 즐겁지 못하다면 제대로 된 학급이 아니기 때문입니다.

학생 F   평화롭고 즐거운 반을 만들고 싶습니다. 왜냐하면 즐거움은 학교생활을 하는 데 가장 큰 원동력이 되잖아요. 그런데 제가 바라는 대로 우리 반이 즐거운 반이 되지 못하더라도 다툼이나 갈등이 없는 평화로운 반은 꼭 되면 좋겠어요. 그래야 학교생활이 괴롭지 않을 것 같기 때문입니다.

같은 의미로 분류하기 후 학급 비전 만들기

각자가 적어낸 '자신이 있고 싶고 만들고 싶은 학급의 모습'을 적은 글에서 키워드를 찾아 동그라미를 칩니다. 동그라미를 친 키워드를 포스트잇에 적고 비슷한 것끼리 묶어서 하나의 중심 단어를 찾게 하는 유목화 작업을 합니다. 다음은 유목화 작업에서 나온 중심 단어입니다.

'행복, 존중, 공동체, 평화, joy, 대화, 협동, 평화'

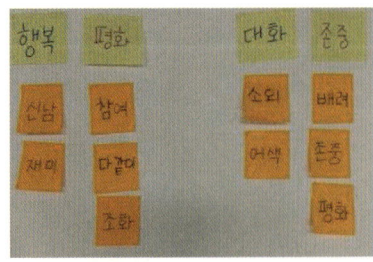 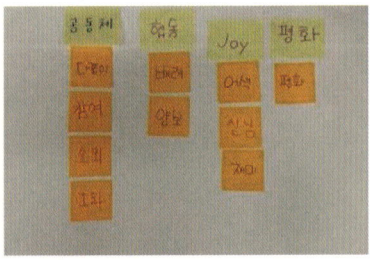

중심 단어 중에서 같은 단어는 빼고, 의미가 비슷한 단어는 합칩니다.

학생 A   평화가 2개니까 하나로 줄이자.

학생 모두 그게 좋겠다.

학생 B   친구들과 대화를 하면 어색함도 사라지고 재미가 생기는 거니까 'joy'를 대화에 포함시키는 건 어때?

학생 C   좋을 것 같아. 그리고 서로 대화해서 어색해지지 않으면 행복해지는 거니까, '대화'를 '행복'에 포함시키는 것은 어떠니?

학생 모두 좋은 생각이네.

학생 A   협동을 위해서 서로 배려하고 양보하면 그게 '평화'이고 '존중' 아닐까?

학생 D   맞는 말이야 중심 단어가 너무 많아도 학급 비전을 만들기 어려우니까, 우리가 얘기한 대로 조정해서 존중, 행복, 평화, 공동체 4개의 단어를 가지고 학급 비전을 만드는 게 좋을 것 같아.

교사   아주 정리를 잘 해줬네요. 그럼 여러분이 뽑은 4개의 중심 단어를 가지고 각자 자신이 바라는 학급을 한 문장으로 표현해보세요.

우리 반은 공동체이기 때문에 서로 존중하고 평화로운 행복한 반이 되면 좋겠다.

우리 반은 행복하고 서로 존중하는 평화로운 공동체이다.

우리 반은 서로 존중하는 행복하고 평화로운 공동체이다.

우리 반은 공동체로 이루어져 평화롭게 존중하며 행복하면 좋겠다.

우리 반은 공동체로서 존중하고 행복하게 지내며 평화를 찾자.

우리 반은 평화로운 공동체로서 서로 존중하고 행복한 반이다.

우리 반은 하나의 공동체로 서로 존중하며 평화롭게 지내 행복이라는 단어를 만들자.

우리 반은 다 같은 공동체가 서로 존중하며 평화롭고 행복한 학급 생활을 하면 좋겠다.

우리 반은 하나의 공동체로서 서로 존중하며 평화를 추구해 행복한 학교생활의 원동력이 되면 좋겠다.

우리 반은 서로 존중하며 평화롭고 행복한 공동체로 강한 반이 되면 좋겠다.

칠판에 학생들이 4개의 중심 단어를 이용해서 한 문장을 쓰게 하고, 쓴 이유를 발표합니다. 발표를 들은 학생들이 가장 좋다고 생각한 문장에 별표를 합니다. "우리 반은 공동체로서 존중하고 행복하게 지내며 평화를 찾자"가 학생들의 합의와 투표로 우리 반의 학급 비전이 선정되었습니다.

학급 비전 내면화하기

학급 비전을 타이포그래피로 만들어서 학급 게시판에 붙이기

학급 비전을 출력해서 바로 붙일 수도 있지만, 학급 아이들에게 우리 반, 공동체, 존중, 행복, 평화, 지내며, 찾자라는 단어의 의미를 생각해보는 시간과 학급 비전을 마음에 새기는 시간을 주고 싶었습니다. 그래서 그림으로 글자의 의미를 표현하는 방식인 타이포그래피를 이용해서 학급 비전을 학급 친구들이 함께 만들게 했습니다. 완성되면 코팅해서 학급 게시판에 붙입니다.

 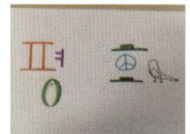 

킹 셔틀콕 골인[1]

　큰 셔틀콕을 일정한 거리에서 던져서 통에 넣는 활동입니다. 한 명씩 그어 놓은 줄에 서서 셔틀콕을 던지면서, 학급 비전을 외칩니다. 학급 비

1　학토재에서 킹 셔틀콕을 구입하고 활용 방법도 참고하여 적용함.

전도 외치고, 셔틀콕도 통에 넣어야 통과가 되기에 학생들이 둘 다 정확하게 하기 위해 집중하게 됩니다. 이런 과정을 통해서 학급 비전도 외우고, 모둠의 승리를 위해서 서로서로 집중하도록 응원하게 됩니다.

1. 바닥에 선으로 셔트콕을 던지는 곳을 표시합니다.
2. 적당한 거리에 휴지통을 가져다 놓습니다.
3. 모둠에서 순서대로 한 명씩 학급 비전을 '우리 반은', '공동체로써', '존중하고', '행복하게', '지내며' '평화를', '찾자'라고 외치면서 셔틀콕을 던집니다. 예를 들어 '우리 반은' 하고 외치면서 셔틀콕을 골인시키면 다음번 학생은 '공동체로서'를 외치면서 셔틀콕을 던집니다. 골인이 되지 않으면 다음번 학생은 다시 '공동체로서'를 외치면서 셔틀콕을 통에 던집니다.
4. 학급 비전이 끝까지 완성될 때까지 몇 분이 걸리는지 확인합니다. 짧은 시간에 완성한 모둠이 이기게 됩니다.

게임을 하면 자동으로 학급 게시판에 있는 학급 비전을 확인하게 되고 입으로 외치게 됨으로써 쉽게 외울 수가 있습니다. '킹 셔틀콕 골인하기'를 마친 학생들의 소감입니다.

학생 A   한 사람의 성공이 희비를 가르기 때문에 열심히 했어요.
학생 B   함께 놀아서 재미있고 웃겼어요. 그래서 좋았어요.
학생 C   별것 아닌 게임이었는데도 처음으로 다 같이 뭔가를 해서 재밌고 웃겼어요.
학생 D   촬영을 하면서 언제 성공할까 마음 졸이며 찍었어요. 즐거웠어요.
학생 E   친구랑 같은 목적(학급 비전 빨리 성공하기)으로 함께 하니까 점점 협동하게 되네요. 재미있어요.

투게더 컵 쌓기[2]

모둠원(4~5명)이 손을 대지 않고 협력하여 10개의 컵을 쌓은 후 우리 반 학급 비전을 포스트잇에 적어서 붙여야 완성되는 활동입니다. 손은 대지 않고 고무줄에 달린 끈만 잡고 컵을 잡아야 하고 정확한 위치에 컵을 쌓아야 하기 때문에 저절로 협력과 친구를 배려하는 마음이 생깁니다. 협력과 배려 속에서 즐거움을 느낄 수 있는 놀이를 통해서 마지막에 학급 비전을 포스트잇에 쓰고 붙이면서 다시 한번 학급 비전을 마음에 새기게 됩니다.

---

[2] 학토재에서 도구를 구입함. 몸놀이는 2020 미래교육교원리더십아카데미- 비전 세우기 시간에 수업한 내용을 응용.

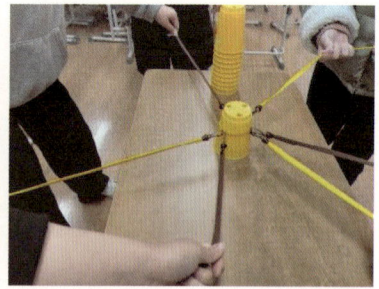

1. 컵 10개와 컵을 손대지 않고 잡을 수 있는 고무줄을 줍니다.

    ※ 4~5명이 고무줄에 달린 끈을 바깥쪽으로 잡아당기면 고무줄이 늘어나고 적당히 당기면 컵을 잡아주어 들어 올릴 수 있습니다.

2. 고무줄에 달린 끈을 잡고 적당히 당겨서 고무줄에 컵을 끼우고 고정합니다.
3. 1단에 컵 4개를 세우고, 2단에 컵 3개, 3단에 컵 2개, 4단에 컵 1개를 손대지 않고 세웁니다.
4. 컵을 다 쌓은 후 학급 비전을 모둠원이 다 같이 포스트잇에 적고, 쌓아 놓은 컵에 붙여서 완성합니다.
5. 먼저 완성한 팀이 우승합니다.

더 나은 활동을 위한 도움말

'킹 셔틀콕 골인'과 '투게더 컵 쌓기'를 하면서 각 모둠의 활동을 핸드폰으로 찍게 하거나 선생님이 찍습니다. 게임 후나 졸업식 날 영상을 함께 보면서 추억을 남겨도 좋습니다. '킹 셔틀콕 골인'과 '투게더 컵 쌓기'가 완성이 되면 도전 시간을 줄이면서 한두 번 더 하면 더욱 협력하면서 활동을 하게 되고, 학급 비전을 더 빨리 기억하게 됩니다.

킹 셔틀콕 골인 활동을 할 때 킹 셔틀콕이 한두 개 더 있으면 킹 셔틀콕을 주우러 가는 시간을 줄여 활동의 진행을 빠르게 할 수 있습니다.

 함께 읽으면 좋은 그림책

『달팽이 학교』, 이정록 글, 주리 그림, 바우솔, 2017

『점』, 피터 H. 레이놀즈 글·그림, 김지효 옮김, 문학동네, 2003

『괜찮아』, 최숙희 글·그림, 웅진주니어, 2005

『넌 어떤 씨앗이니?』, 최숙희 글·그림, 책읽는곰, 2013

이상적인 학급 만들기

새 학기가 시작되면 담임교사와 아이들은 여태까지의 경험을 토대로 일 년간의 학교생활을 예측합니다. 교사와 학생의 입장에서 경험해왔던 방식으로만 일 년간의 학급운영을 계획하곤 합니다. 새로운 방식으로, 여태까지 해보지 않은 방식으로 학급운영을 세워보면 어떨까요? 교사와 학생의 상상력을 최대한 발휘해서 이상적인 학급을 디자인합니다.

터무니없는 상상은 진일보한 현실을 만나게 합니다. 『해저 2만 리』의 노틸러스호는 잠수함이 실용화되도록 했습니다. <스타트렉>의 PADD는 각종 태블릿 PC가 되어 우리의 삶을 풍성하게 합니다. 그 외에도 3D 프린터기, 화상회의, 신용카드, X선, 생체공학 등 다양한 분야에서의 상상이 실현되었습니다.[3]

소셜픽션(Social Fiction)[4]은 그라민 은행의 총재이자 노벨평화상 수상자

---

3 상상이 현실이 되는 순간(조엘 레비) 참고
4 서울시 NPO 지원센터 참고

인 무함마드 유누스가 주창한 개념입니다. "과학이 공상과학 소설(Science Fiction)을 닮아가며 세상을 변화시킨 것처럼, 소셜픽션을 써서 사회를 변화시키자"라는 말에서 알 수 있듯이 상상을 통해 사회 문제를 해결하는 것을 말합니다. 유누스는 제약조건 없는 상상을 마음껏 하는 것이 사회 문제 해결의 시작이라고 말했습니다.

교육 분야의 소셜픽션을 에듀픽션[5]이라고 부르려고 합니다. 교육을 바꾸고 싶다면 새로운 교육의 모습을 꿈꿔야 합니다. 규격화된 공간, 정해진 시간에 정규 교육과정을 통해서 교육을 받은 교사들과 학생들에게 상상의 나래를 펼칠 기회를 줍니다. 모든 물적 자원, 인적 자원이 주어지고 공간의 제약 없이 자유롭게 상상할 수 있을 때 누릴 학급의 모습을 상상해봅니다.

현실에 없는 상상, 하지만 누구나 원하고 행복하게 살 수 있는 곳 이상향, 이상향을 그림책으로 옮긴 『유토피아』로 아이들의 상상력을 자극합니다.

『유토피아』 열어보기

유토피아(Utopia)는 현실에는 존재하지 않는 이상적인 세계를 말하며, 이상향, 무가유향 등으로 번역됩니다. 그리스어로서 어느 곳에도 없는 (on) 장소(topos)와 좋은(eu) 장소(topos)를 결합하여 토머스 모어가 만든 말입니다.[6]

---

5 좋은교사운동 에듀픽션이란? 참고

토마스 모어 원작,
시몽 바이이 각색·그림, 이나무 옮김,
이숲아이, 2020

    토머스 모어의 『유토피아』는 고전으로 대부분의 사람이 한 번쯤 들어 봤을 제목이면서 동시에 한 번쯤 들어본 책입니다. 토머스는 왕과 서로 존경하고 전문적인 관계를 맺고 있었습니다. 그러던 상호 존중하는 관계가 왕의 새로운 성을 짓기 위해 세금을 올리라는 명령에 무너집니다. 토머스는 왕의 명령에 반박하고 왕은 토머스를 쫓아냅니다. 집에 돌아온 토머스는 왕이 백성에게 강제로 일을 시키고 돈을 빼앗는 일을 결정했다는 글을 작성하고 멀리 달아납니다. 토머스는 배를 타고 왕들의 분노를 두려워할 필요가 없는 곳, 왕자와 농부가 같은 식탁에 둘러앉아 밥을 먹고, 집은 추위와 세월에 견디도록 돌과 모래로 지어진 곳, 모두가 함께 일해 거둔 열매를 나눠 먹고, 돈은 아무 가치가 없는 이상적인 곳 '유토피아'를 향해 갑니다. 중간에 폭풍우를 만나 바다에 빠지고 홀로 표류한 토머스는 마침내 유토피아에 도착합니다. 유토피아에 도착한 토머스는 앞서 도착한 선장과 유토피아의 왕자와 교제합니다. 토머스가 지냈던 궁정

---

6   종교학대사전 참고

에 대해 들은 왕자는 토머스에게 원한다면 유토피아에 머물며 살기를 제안합니다. 토머스는 제안을 받아들일까요?

　새로운 세상을 꿈꿔 유토피아로 떠난 토머스처럼 학급 아이들과 함께 새로운 학교, 새로운 학급을 상상해 봅니다. 이색직업 상상 인터뷰를 통해 흥미로운 직업인이 되어 인터뷰하면서 상상의 힘을 길러주고 이상적 학급 콜라주 활동을 통해 현실의 학급과 이상적인 학급의 차이를 찾고 교사와 학생 모두가 행복해질 수 있는 학급을 꿈꿉니다. 마음껏 상상하여 현실의 틀을 뛰어넘으면 좋겠습니다.

이색직업 상상 인터뷰

　이색직업 상상 인터뷰는 주변에서 보기 힘든 직업, 또는 있을 거 같은 상상의 직업을 선정하여 모둠에서 1인은 직업인이 되고 나머지 학생은 기자가 되어 해당 직업인이 겪을 거 같은 일들을 인터뷰하며 상상력을 키우는 활동입니다. 상상력을 돋우기 위해 경험해보지 못한 색다른 직업인 인터뷰를 했습니다. 악어 치아관리사, 우주정류장 청소부, 비둘기 심리상담가, 고양이 걸음걸이 치료사, 사자머리 스트레이트 전문가, 지렁이 꿈틀거림 보조사, 강아지 밥그릇 청소부 등 흥미로운 직업인이 되어 인터뷰를 했습니다. 모둠별로 즉석에서 기자, 직업인의 역할을 수행하며 자유롭게 질문하고 능청스럽게 답변했습니다.

악어 치아관리사
　기자 A　　악어 치아 관리하면서 특별히 인상 깊었던 일이 있나요?

악어 치아관리사 악어가 고기를 먹다가 치아에 찌꺼기가 많이 꼈다고 치실을 요구하는 일이 있었습니다. 얼굴과 한쪽 팔을 모두 악어 입에 넣은 상태에서 악어의 치아를 관리하는 일은 정말 심장이 쫄깃쫄깃해지는 일이었습니다.

기자 B 팔이나 얼굴을 악어 입에 넣었을 때 무섭거나 생명의 위협을 느끼진 않으셨나요? 실제로 다치거나 생명을 잃는 사례가 있는지 궁금합니다.

악어 치아관리사 물론 무섭긴 하지만 다치거나 생명을 잃은 사례는 없습니다. 악어는 라벤더 향기를 싫어해서 라벤더 향 장갑과 마스크를 끼는 것만으로 악어가 무는 것을 방지할 수 있습니다. 만약을 대비해서 악어용 개구기도 사용하고 있고요.

기자 C 악어용 개구기요? 어떻게 생긴 물건인가요?

악어 치아관리사 개구기는 말 그대로 입을 벌려주는 물건입니다. 눈썹을 올려주는 뷰러처럼 생겼는데 입을 고정시켜 못 다물게 할 수 있습니다.

모둠별 활동이 끝난 뒤에는 각 모둠에서 인상 깊었던 답변을 전체 학급에 공유했습니다.

우주 정류장 청소부

기자 A 우주 정류장을 청소할 때 어떤 방식으로 하시나요?

우주 정류장 청소부 무중력 상태이기 때문에 물 없이 청소를 합니다. 쓰레기를 묶어서 태양 방향으로 던지면 마찰이 없기 때문에 일정한 속도로 태양에 가서 탑니다.

기자 B   큰 쓰레기는 그렇게 할 수 있지만, 먼지는 어떻게 하나요?

우주 정류장 청소부   우주는 중력이 없습니다. 대체로 먼지가 없어요. 하지만 가끔 먼지가 있을 때는 손 소독 티슈를 사용합니다.

기자 C   아! 우주에서도 손 소독 티슈를 사용하나요?

우주 정류장 청소부   그럼요. 우주도 우리가 살고 있는 지구랑 거의 유사해요. 단 공기와 중력이 없다는 것만 다르죠.

모둠 활동이 끝나고 모둠에서 인상 깊었던 답변 나누기까지 완료된 후 에듀픽션 활동을 시작했습니다.

에듀픽션

에듀픽션[7]은 새로운 교육환경을 상상해보는 활동입니다. 아무런 제약 없는 새로운 교육환경을 상상합니다. 30년 후 학교의 모습을 상상한다든지, 인적, 물적 자원이 무한정 제공될 때 누릴 수 있는 학교 현장을 생각하는 등 새로운 교육 현장을 기획합니다. 이상적 학급 콜라주, 현실학급이 이상적 학급과 다른 원인 찾기, 개인적 차원에서의 문제 해결 방안 모색, 연결로 에듀픽션 활동을 진행했습니다.

이상적인 학급을 디자인하기 위해 상상을 도울 도구들을 준비했습니다. 잡지, 신문, 풀, 가위, 포스트잇, 전지 등이 모둠별로 필요합니다. 모든

---

7   http://theconnect.or.kr/b/d_art/162940을 참조하여 좋은교사운동에서 에듀픽션 활동을 함.

물적 자원, 인적 자원이 지원될 수 있고 공간의 제약을 받지 않는다는 전제하에 꾸릴 수 있는 이상적인 학급을 콜라주 작업을 통해 디자인합니다. 자신들이 생활하고 싶은 학급, 이상적인 학급에 필요한 모습을 잡지나 신문에서 찾아 자르거나 찢어서 전지에 풀로 붙입니다.

　잡지, 신문을 찢거나 오려 붙일 때는 그저 즐겁고 신나게 자신이 좋아하는 대상을 선택하던 아이들도 콜라주 작업이 끝나면 모둠별로 발표하는 시간이 주어진다고 하자 진지하게 작업을 했습니다.

　우리가 찾은 연예인이 담임교사로 오면 어떨까 상상도 해보고 유명 영화배우들에게 연기 수업을 받으면 어떤 모습일까 상상하며 잡지를 오려 붙였습니다. 분식집에 있는 떡볶이, 어묵 조리판을 통째로 오려 붙이며 급식을 분식집 조리판에 모여서 먹으면 어떨까 하며 행복한 상상을 하는 시간을 가졌습니다. 모둠별 콜라주 활동이 끝난 뒤에는 교실의 칠판을 포함한 4면 벽에 각 모둠의 콜라주 작품을 붙였습니다. 모둠별 1명의 도슨트는 자기 모둠 작품을 설명하고 나머지 모둠원은 관람객이 되어 다른 모둠의 콜라주 작품의 설명을 듣는 갤러리 워크 활동을 진행했습니다.

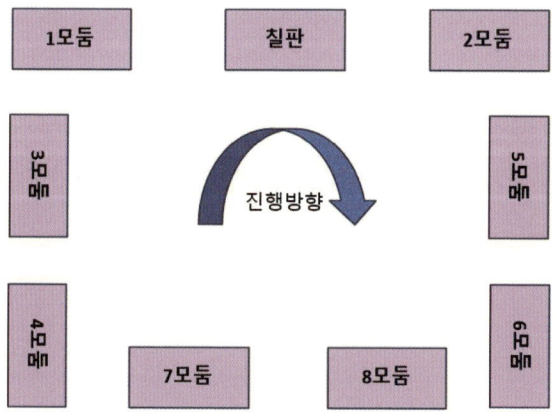

1모둠: 저희 모둠이 꿈꾸는 학급은 자유로운 복장으로 생활하고, 자유롭게 운동할 수 있는 학급입니다. 교실에서 너무 앉아만 있다 보니 소화불량과 함께 뱃살만 늘어나고 있어요. 틈틈이 운동도 할 수 있는 학급! 또 미세먼지로 고생이 많은데 아름다운 화단도 꾸미면서 맑은 공기를 마시며 자유롭게 사색할 수 있는 여유가 있는 학급을 만들고 싶습니다. 그렇게 된다면 좀 더 긍정적인 생각으로 학교생활을 할 수 있을 거라고 생각합니다.

2모둠: 저희가 꿈꾸는 학급은 좀 더 다양성이 인정되는 학급입니다. 학급 내 스터디로 현대무용, 아이돌 체험, 연기, 방송 댄스 등 다양한 분야를 접하고 싶습니다. 학교 내에서나 하교 후 학원에서나 하루 종일 주요 과목만 하기 너무 지쳐요. 좀 더 다양한 선생님과 다양한 공부를 할 수 있는 학급을 만들고 싶어요.

3모둠: 저희는 학급은 무조건 즐거워야 한다고 생각합니다. 자원이 무한정하다면 학급에 동물원도 있고, 체육관도 있고, 뷔페, 도서관, PC방 등 우리가 즐겁게 누릴 수 있는 요소들이 구비되어 있는 학급을 만들겠습니다. 또한 학습도 우리가 원하는 과목을 선택해서 꼭 하고 싶은 공부를 할 수 있는 학급을 만들고 싶어요.

학생들이 생각하는 이상적인 학급에 관한 내용을 공유하고 나면 자신들이 꿈꾸는 학급이 현재 우리 반의 모습과 어떤 차이가 있는지 이야기합니다.

학생 A   우리가 원하는 학급은 좀 더 즐겁고 역동적인 학급인데, 지금 우리 학급은 너무 통제도 많고 재미가 없어. 학급 활동도 너무 학습 관련 활동만 있는 거 같아. 함께 몸을 움직여서 친밀해질 수 있는 활동이 필요해.

학생 B   우리 모둠이 만든 학급을 보면 다양한 활동들이 보장되고 주요 과목 공부 말고도 다양한 걸 배울 수 있을 거 같아. 그런데 우리 학급에서는 공부 말고 다른 걸 배울 기회가 전혀 없는 거 같아.

학생 C   오늘 만든 학급은 즐겁게 살 수 있을 거 같아. 동물원, 뷔페, 체육관 등 즐거운 장소도 많고, 선택한 교과목을 학습할 수 있는 자유도 보장되니까. 그런데 우리 학급은 시간표부터 정해진 과목들로 가득 차 있고, 즐거운 활동도 너무 없어.

아이들이 어이없는 표정을 지으며 너무 큰 차이가 난다고 말합니다. 그렇다면 우리가 꿈꾸는 이상적인 학급을 만들지 못하는 요인이 무엇인지 전지에 썼습니다.

이상적인 학급을 만들지 못하는 문제점들로 교육정책, 입시제도, 경쟁 교육, 사익을 추구하는 사회 풍토, 학생 의견 무시, 통제, 강요, 학업에 찌든 학생 등이 나왔습니다. 콜라주의 내용은 모둠별로 상이했지만, 이상적인 학급을 만들지 못하는 문제점들은 여러 모둠에서 공통적인 의견들이 나왔습니다. 모둠별로 나온 이상적인 학급을 만들지 못하는 문제점들은 이상적 학급 콜라주 옆에 붙여 모둠별로 관람합니다.

문제점들을 확인한 뒤에는 문제를 극복할 방안을 이야기하는 시간을 가집니다. 나뭇잎 모양의 포스트잇에 각자가 학급의 구성원인 학생의 차원에서 문제점들을 해결할 방안을 1인당 3장, 1장에 한 가지씩을 적습니다. 교사, 학교, 교육청이나 교육부가 해줄 수 있는 일보다는 자신들의 위치에서 할 수 있는 일을 적는 것이 중요합니다.

학급자치 회의에서 의견 내고 시행되는지 확인하기	운동 관련 학급 동아리 만들기	종례 시간에 재밌는 이야기 하나씩 준비하기	학급 마니또
내년에 선택할 교과목 미리 알아보기	점심시간 산책할 친구 모집하기	학급 릴레이 일기 쓰기	학급 단합대회

1인당 3가지씩 해결 방안을 적는 것으로 모든 문제가 해결되지 않았습니다. 학생들이 발견한 교육정책, 입시제도 등의 문제는 학생들의 해결책만으로 이겨내기 어렵습니다. 하지만 학생들과 교사가 문제를 함께 인식하고 연결되는 것이 중요합니다. 함께 연결되고 문제를 함께 해결하기 위해 노력하겠다는 다짐의 의미로 도종환의 시 담쟁이를 함께 읽습니다.

시를 공유한 뒤에는 각자가 적은 나뭇잎 모양의 포스트잇을 벽에 붙이는 퍼포먼스를 합니다. 이동식 화이트보드가 있는 경우 활용하면 실제로 담쟁이 넝쿨이 여러 가지 문제점으로 가득한 벽을 넘을 수 있겠다는 생각을 가지게 됩니다.

더 나은 활동을 위한 도움말

 상상력을 돕기 위해 구글 자율주행 자전거[8] 영상을 보여주면 직업인 인터뷰에서 허풍이 좀 더 풍성해집니다. 에듀픽션 활동을 하기 전에 소셜픽션[9] 영상을 보여주면 에듀픽션 활동을 왜 해야 하는지 잘 이해시킬 수 있습니다. 이상적 학급 만들기 활동은 학기 초 학급을 디자인할 때 활용하기 좋습니다. 콜라주 활동을 통한 이상적 학급에서는 아이들이 원하는 핵심 가치를 알아낼 수 있습니다. 자유, 건강, 다양성, 여유 등의 가치를 원하는 것을 파악하고 실현 방안을 찾는 것도 좋습니다. 이상적 학급을 만들지 못하는 요인을 찾을 때 포스트잇에 적으면 유목화한 뒤 월드

---

8 https://www.youtube.com/watch?v=q7WpK4-AAPE
9 https://www.youtube.com/watch?v=xqqWfWFz0ts&t=4s, https://www.youtube.com/watch?v=rW0YAKEUCBk

카페 활동을 통해 해결 방안을 찾는 방법도 가능합니다. 유토피아에서 꿈꿨던 평등한 시대가 올 수 있었던 건 그것을 상상한 사람들이 있었기 때문입니다. 아이들과 함께 꿈꾸는 이상적 학급이 바로 실현될 수 있는지는 알 수 없지만, 그것을 꿈꾸는 사람들이 생기면 더 나은 현실은 한 걸음 더 가까이 올 거라고 생각합니다.

 함께 읽으면 좋은 그림책

『문제가 생겼어요!』, 이보나 흐미엘레프스카 저, 이지원 옮김, 논장, 2010

『블랙홀을 향해 날아간 이카로스』, 브라이언 그린 저, 박병철 옮김, 승산, 2009

『이상한 화요일』, 데이비드 위스너 글·그림, 비룡소, 2002

『질문의 그림책』, 이은경 저, 보림, 2020

생일파티

누구에게나 생일은 기다려지는 날입니다. 특히나 아이들에게 생일은 아주 특별한 날입니다. 아이들은 생일 며칠 전부터 자신의 생일날을 손꼽아 기다리며 한껏 기대하고 부풀어 있습니다. 그래서인지 아이들의 생일을 축하해주시는 선생님이 참 많습니다.

생일 축하 행사를 통해 아이들은 서로 관심을 갖게 됩니다. 태어난 날을 기억하고 축하해주는 일은 일 년을 함께 보내는 친구에 대한 큰 관심의 표현이기 때문입니다. 일 년에 한 번 주인공이 되어 학급 전체 아이에게 축하받는 경험은 소중한 추억이 되며, 존재 자체를 귀하게 여기고 자존감을 높이는 일이기도 합니다.

여러 해 학급 아이들의 생일을 챙겨오면서 달에 한 번 생일인 친구들을 모아 노래를 부르며 축하해주기도 했고, 때로는 초코파이 등의 간식을 준비하거나 간단한 문구류 등의 선물을 주기도 했습니다. 아이들은 생일 축하를 학급에 꼭 있어야 할 행사로 뽑았고 가장 기다리는 행사가 되었습니다. 하지만 해가 거듭될수록 무언가 아쉬움도 커졌습니다.

생일 축하 행사가 단순히 먹고 즐기는 행사로 끝나는 느낌이 들었기 때문입니다. 그래서 학급 아이들이 쓴 생일 축하 편지를 모아 책으로 만들어주기도 하며 생일 축하 행사의 의미를 살리고자 애를 썼습니다. 그러나 여전히 아이들에게 생일 축하 행사는 수업을 하는 대신 놀 수 있는, 먹거리가 있어 즐거운 행사인 듯했습니다.

생일 축하 행사가 단순히 즐기는 행사를 넘어 의미를 생각하게 하면 좋겠다는 생각이 들었습니다. 그래서 학급의 첫 생일 축하 행사가 있기 전 '생일'의 의미를 생각하게 해주고 싶었습니다. 생일 축하를 다룬 많은 그림책이 있지만 '생일'은 내가 태어난 날인 동시에 나를 이 세상에 존재하게 해주신 부모님의 사랑을 꼭 생각해보길 바라는 마음에서 『엄마가 너에 대해 책을 쓴다면』을 골랐습니다. 아이에 대한 엄마의 사랑이 진하게 느껴지는 『엄마가 너에 대해 책을 쓴다면』을 소개합니다.

『엄마가 너에 대해 책을 쓴다면』 열어보기

이 그림책은 엄마로서 아이를 키우며 느끼는 사랑의 감정과 바람, 격려를 담은 그림책입니다. 작가는 엄마로서 '자신의 두 아이에 대해 책을 쓴다면'을 가정하여 책을 썼다고 합니다.

전체적으로 파스텔 계열의 은은한 느낌의 색을 사용하여 차분하면서도 편안한 느낌을 주는 책입니다. 이 책의 주인공은 엄마와 아이입니다. 읽다 보면 엄마가 나를 안고 그림책을 읽어주는 느낌을 받게 됩니다. 그리고 책장을 한 장 한 장 넘길수록 궁금해집니다. 우리 엄마가 나에 대해 책을 쓴다면 나는 어떤 아이일지 말입니다.

테파니 올렌백 글,
데니스 홈즈 그림, 김희정 옮김,
청어람아이(청어람미디어), 2017

    그림책의 엄마는 아이를 '더 바랄 게 없는 아이', '빗방울처럼 맑은 아이', '사랑스런 아이', '마음을 사로잡는 아이' 등으로 표현합니다. 또한 '맛을 아는 아이', '심지가 올곧은 아이', '마음이 따스한 아이' 처럼 아이가 길러나갔으면 하는 덕목들도 담아냅니다. 엄마의 애정이 듬뿍 담긴 이 문장들은 아이와 경험했던 작지만 소중한 일상으로 그려집니다. 아이를 표현하는 다양한 말들이 바닷가 모래, 길 위에 떨어진 작은 동전, 아이가 먹던 과자 부스러기, 앞마당의 꽃, 땅속 깊숙이 자라는 채소 뿌리, 별빛, 달빛, 햇살로도 그려집니다.

    마지막에는 엄마와 아이가 나란히 책을 읽는 장면이 나옵니다. 엄마와 아이가 함께 읽고 있는 책은 엄마가 아이에 대해 쓴 '너의 책' 입니다. 이어서 엄마는 아이에게 말합니다. 이 책을 읽은 세상 사람들은 입을 모아 '네가 얼마나 놀라운 아이' 인지 이야기할 거라고 말입니다. 책을 다 읽고 나면 나에 관한 이야기가 듣고 싶어지는 그런 그림책입니다.

    이 그림책은 엄마의 사랑이 고스란히 전해져 '내가 이렇게 소중한 사람이구나' 를 깨닫게 해주는 보석 같은 책입니다. 아이는 엄마가 써 내려간 책을 읽으면서 자신이 귀한 존재임을, 무한한 힘을 가진 존재임을 깨닫게 됩니다. 어떤 시련이나 실패에도 다시 일어날 수 있는 힘인 자존감이 자랍니다.

이 세상에 나를 있게 해주신 부모님이 나를 귀한 존재로 바라보듯이 이 책을 통해 우리 모두는 소중한 존재임을 알게 됩니다. 생일은 내가 태어난 날이자 부모님의 사랑에 감사하는 날입니다.

부모님이 나에 대해 책을 쓴다면?

그림책을 처음 아이들과 볼 때는 일부러 제목 부분의 '엄마'를 가리고 읽어줍니다. 그림책을 반쯤만 읽어도 아이들은 가려진 글자가 '엄마'임을 짐작합니다. 그림책을 읽는 내내 따뜻한 사랑의 감정이 채워집니다. 그림책을 다 읽고 아이들에게 이 책을 읽고 '떠오르는 사람이 있나요?'라고 물으면 대부분의 아이가 부모님을 떠올립니다. 이 책의 제목을 알려주고 다시 한번 천천히 그림책을 읽어줍니다.

그림책의 마지막 장면에서 멈추어 아이들에게 이야기해줍니다. 나의 부모님이 쓴 '나에 관한 책'이 있다면 부모님께서 얼마나 나를 사랑하는지를 우리 모두 알게 될 거라고….

그림책을 읽고 난 후, 아이들에게 한 줄 감상평을 적어보라고 합니다. 아이들은 '엄마가 생각난다', '그림이 사랑스러워요', '저도 꽃으로 글을 써본 적이 있어요', '참 신기해요' 등으로 그림책에 대한 관심과 호감을 보여줍니다.

이후 '나의 엄마(아빠)가 나에 대해 책을 쓴다면 뭐라고 쓰실까?'를 생각해보며 그림책에서처럼 나를 '~한 아이'로 표현해봅니다. 평소 부모님이 나에게 자주 하시는 말씀을 떠올려보고, 부모님은 내가 어떤 아이로 자라나길 바라시는지를 생각해보며, 나를 잘 표현할 수 있는 단어를 골라봅니다.

이때 자신을 표현하기 어려운 아이에게는 버츄 카드를 활용하게 해도 좋습니다. 버츄 카드는 우리 마음속에 있는 52가지의 미덕을 적은 카드입니다. 앞면에는 미덕의 이름과 뜻이, 뒷면에는 미덕을 실천하기 위해 할 수 있는 생각이나 행동이 적혀 있습니다. 버츄 카드를 보며 나의 강점을 들여다보면 내가 어떤 아이인지, 우리 부모님은 내가 어떤 아이로 성장하기를 바라는지를 좀 더 구체적으로 이해하는 데 도움이 됩니다.

이어 포스트잇을 한 장씩 나눠주고 나를 '~한 아이'로 표현하고, 그 이유도 함께 적어보게 합니다. 쓰는 것이 마무리되면 한 명씩 돌아가며, 릴레이 발표를 합니다. 아직 준비되지 않은 아이는 '패스'를 외치되 마지막에 다시 아이의 이야기를 들어보는 전체 발표 방식입니다. 아이들이 발표한 '~한 아이'를 모두 칠판에 적습니다.

> 즐거운 아이, 특별한 아이, 마음만 먹으면 뭐든 잘하는 아이, 어떤 고통이 있어도 다시 낳을 아이, 꼼꼼하고 책임감이 있는 아이, 넓은 바다처럼 너그러운 아이, 다정한 아이, 뭐든 시원하게 하는 아이, 열심히 하는 아이, 행복한 아이, 끈기 있는 아이, 호기심이 많은 아이, 무엇이든 할 수 있는 아이, 어느 무엇과도 바꿀 수 없는 아이, 대단한 아이, 환한 웃음처럼 긍정적인 아이, 맛을 아는 아이, 웃음이 많은 아이, 늦어도 끝까

> 지 하는 아이, 장난기가 많은 아이, 규칙을 잘 따르는 아이, 할 건 다 하는 아이, 자연을 닮은 아이, 감각적인 아이, 장난꾸러기인 아이

그러고 나서 '~한 아이'의 '아이' 자리에 자신의 이름을 넣어 함께 읽어봅니다. 예를 들어 민지가 자신을 '호기심이 많은 아이'로 표현했다면 '호기심이 많은 민지'라고 소리 내어 읽어줍니다. 반 전체가 한목소리로 '~한 아이'를 읽어주는 활동을 통해 우리 반 구성원 모두가 각자 다르지만 소중한 존재임을 느끼게 됩니다.

내가 쓴 '~한 아이'를 여러 가지 재료로 표현하기

그림책의 엄마는 아이를 별빛, 달빛, 비눗방울, 과자 부스러기, 꽃 등으로 표현합니다. 쏟아지는 햇살로 쓴 '따스한 아이', 달빛으로 쓴 '반짝반짝 빛나는 아이'처럼 이 세상 모든 것이 아이를 표현하는 재료가 됩니다. 부모님에게 아이는 언제 어디서나 늘 행복을 주는 존재입니다.

그래서 나를 사랑하는 부모님을 떠올리며 여러 가지 재료를 이용하여 나를 표현해보는 활동을 합니다. 구슬, 나뭇가지, 나뭇잎, 단추, 리본 끈, 조개, 콩 등 다양한 재료를 미리 준비하면 더욱 좋습니다. 준비가 어렵다면 활동을 예고하고 아이 스스로 준비하게 해도 됩니다. 오히려 아이들에게 시간을 주면 자신을 표현할 재료를 창의적으로 잘 준비해오기도 합니다.

재료가 준비되면 활동을 시작합니다. 아이들은 조작 활동을 굉장히 좋아합니다. 특히 자신을 표현하는 활동이라 그런지 더욱 정성을 다합니다. 이 작품은 일년 내내 교실에 게시해두어도 좋습니다.

  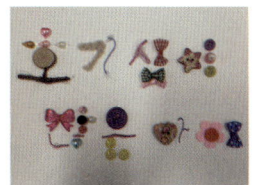

이 활동을 통해 지금의 내 모습을 더욱 아끼고 사랑하며, 내 옆의 친구에 대해서도 알게 됩니다. 아이들이 활동한 결과물을 칠판에 게시해두고 이야기합니다.

"이렇게 소중하고 귀한 보석 같은 아이들이 바로 여러분입니다. 우리가 함께하게 된 일 년~ 여러분이 부모님께 너무도 귀한 아이들인 것처럼 선생님에게도 그렇답니다. 그래서 여러분이 태어난 날(생일)을 축하해주고 싶습니다."

우리 반의 생일 축하 행사 방법 정하기

학급에서 하는 생일 축하 행사가 생일 축하 노래를 부르고 케이크에 불을 붙이고 나눠 먹는 데 그치는 것이 아니라 왜 함께 생일을 축하하는지 학급 생일 축하 행사의 의미와 목적이 앞의 활동을 통해 분명해졌습니다. 아이들이 태어난 날을 함께 축하해주는 것은 아이들이 지금처럼 자신을 소중하고 귀한 존재로 여기고 살아가길 바라는 마음입니다.

이어 '생일' 하면 떠오르는 단어를 이유와 함께 미니 보드에 적어봅니다. 그리고 한 명씩 돌아가며 떠올린 단어와 이유를 발표하고 칠판에 붙입니다. 이때 같은 단어를 떠올린 사람은 동시에 나와 붙입니다. 이런 방법으로 '생일'에 관한 아이들의 생각을 모아보면 '선물', '파티', '가족', '엄마', '케이크' 등의 단어입니다. 아이들이 떠올린 단어들을 보며 생일의 의미와 유래에 대해 간단히 이야기해줍니다.

　"생일은 엄마 배 속에 있던 여러분이 세상에 처음 모습을 드러낸 날입니다. 해마다 이날이 되면 가족과 친구들이 모여 케이크에 불을 켜고 노래를 부르며 기쁨을 함께합니다. 생일 선물을 받기도 합니다. 이날은 여러분이 세상에 온 날을 기념하고 한 살 한 살 성장하는 것을 축복하는 날이기 때문입니다. 하지만 그것과 함께 꼭 잊지 말아야 할 것도 있습니다.

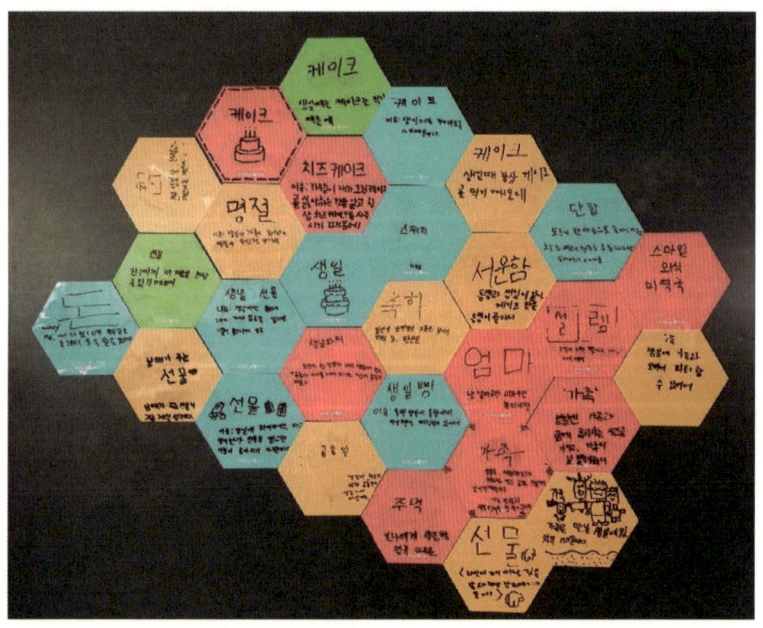

여러분을 세상에 태어나게 해주신 부모님께 '태어나게 해주셔서 고맙습니다' 라고 말하며 감사한 마음을 전해야 하는 날이기도 합니다."

생일의 의미에 대해 충분히 이야기가 된 후, 우리 학급의 생일 축하 행사 방법에 대해 의견을 나눕니다. 학급회의 방식으로 다양한 의견을 수렴하여 정하지만, 몇 가지 제시하는 원칙이 있습니다. 여러 해 학급 생일 축하 행사를 하며 고민했던 부분인 '생일의 의미를 이해하는 생일 축하 행사'를 위한 최소한의 가이드라인이기도 합니다.

1. 당일 축하

많은 학급에서 월말에 생일 축하를 하기도 하고, 학기 말에 한 번 생일 축하를 하기도 합니다. 하지만 생일 주인공인 아이의 입장에서 보면 생일이 한참 지난 후에 축하를 받게 됩니다. 그보다는 생일 당일 축하를 받는 것이 훨씬 더 기억에 남을 것입니다. 물론 학급의 수업이나 행사 일정이 겹치기도 하고, 특히 30명 가까이 되는 아이들의 생일을 매번 축하하는 일이 쉽지는 않습니다. 하지만 일 년에 단 하루뿐인 태어난 날을 축하받는 일은 생일 당일이면 더 좋겠다는 생각이 듭니다.

대신 생일 축하 행사는 가급적 시간이 많이 들지 않게 하려고 노력을 합니다. 조회 시간에 축하하며 하루를 시작한다면 생일인 아이에게는 하루 종일 콧노래가 절로 나는 행복한 날이 될 것입니다. 물론 주말이나 공휴일이 생일인 경우에는 전날 미리 축하를 해줍니다. 방학 중 생일인 친구는 방학 전에 미리 축하하며, 학급 SNS가 있다면 생일날 축하 글을 게시해주기도 합니다.

2. 칭찬 샤워

생일인 친구에게 칭찬 샤워를 합니다. 칭찬 샤워는 말 그대로 칭찬이 샤워기의 물처럼 뿌려진다는 의미입니다. 생일인 친구가 교실 앞 가운데 미리 준비된 의자에 앉으면, 다른 친구들은 돌아가며 생일인 친구의 좋은 점, 칭찬할 점을 찾아 이야기합니다. 이때 칭찬은 평소 관찰한 것을 중심으로 구체적으로 하며, 교사가 먼저 칭찬의 좋은 예를 보여주면 아이들도 잘합니다. 저는 미덕을 아이들과 함께 공부하고 있어 미덕 칭찬을 주로 합니다.

칭찬 샤워가 끝난 후, 생일인 아이에게 가장 마음에 와닿은 칭찬이 무엇인지 물어봅니다. 이 과정을 통해 친구의 마음에 와닿은 칭찬은 무엇인지 생각하게 되고 생일 축하 행사가 거듭될수록 진심이 담긴 구체적인 칭찬을 하게 됩니다. 그리고 마지막으로 생일인 아이에게 가장 듣고 싶은 말을 묻습니다. 예를 들어 "너는 마음만 먹으면 무엇이든 할 수 있는 아이야"라고 대답했다면 이 말을 칠판에 써주고 학급 아이들이 한목소리로 생일인 아이에게 말해줍니다.

칭찬 샤워 후 아이가 한 말이 아직도 기억에 남습니다. "난 늘 조용하고 소심해서 한 번도 주목받아본 적이 없는데, 오늘 이 시간을 통해 내가 이렇게 귀하고 소중한 존재임을 알았습니다", "칭찬 샤워를 받는 기분은 정말 짜릿합니다. 내가 받은 이 기분을 내 친구에게도 느끼게 해주고 싶

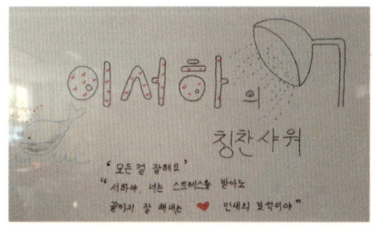 

어 난 칭찬을 연습합니다."

3. 생일책

아이들이 생일을 기다리는 가장 큰 이유는 아마 선물 때문인지도 모릅니다. 하지만 의외로 생일 편지는 아이들에게 가장 큰 선물이 됩니다. 매해 아이들 각자가 쓴 편지를 모아 간단한 책처럼 묶어서 선물하는데, 아이들은 친구들이 써 준 편지를 보고 또 보며 정말 좋아합니다. 그 해가 지난 후에도 생일책을 소중히 간직하고 있다는 아이들이 많았습니다. 이 생일책에는 담임선생님이 쓴 편지도 들어가며, 생일인 친구는 부모님께 감사 편지를 써서 함께 넣습니다.

가정에서도 아이가 친구들과 선생님께 받은 편지, 아이가 부모님께 쓴 편지를 보며 우리 아이가 학급에서도 귀하게 대접받고 사랑받고 있다는 것을 느끼실 수 있습니다. 생일 편지는 생일 전날 미리 써서 모으는 것이

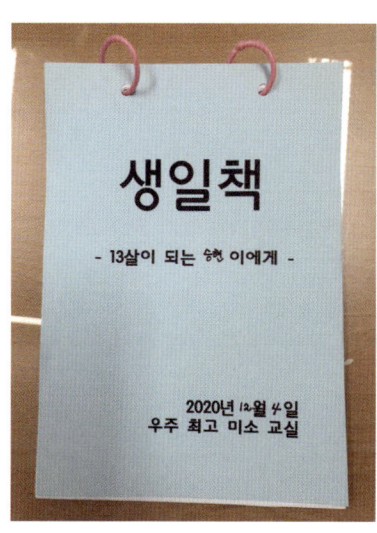 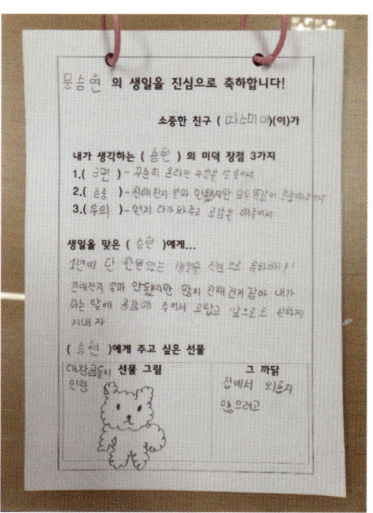

좋고, 학급자치 활동으로 생일 행사 담당 부서 아이들이 생일 편지를 모아 생일책으로 만들게 하면 수월합니다.

  이외의 다양한 생일 축하 방법은 학급에서 자율적으로 정하면 됩니다. 아이들 의견을 반영하기에 매해 조금씩 달라지기는 하나, 생일 축하 노래 부르기(곡목 정하기 등), 기념사진 촬영하기(폴라로이드 등의 즉석 사진기 이용 등), 생일 선물 하기(미역 등), 생일 축하 공연하기, 레드 카펫 걷기 등의 우리 학급에 맞는 생일 축하 행사의 방법을 정합니다. 생일 편지가 전날 준비되면 생일 축하 행사는 10~15분 정도면 충분합니다. 방학에 생일인 아이가 여럿인 경우는 방학 전에 한 시간 정도를 할애하여 행사를 할 수도 있지만, 방학 일주일 전부터 한 명씩 미리 생일 축하를 해주어 모두 생일 축하의 주인공이 되는 소중한 경험을 하게 해주면 더 좋습니다.

  생일 축하 행사는 아이들이 정말로 좋아하고 기다리는 행사입니다. 돈으로는 살 수 없는 기쁨을 아이들에게 선물해주세요. 아이들은 자신이 존재만으로도 사랑받는 귀한 존재임을 스스로 느낄 때 더욱 열심히 살아갈 힘을 얻게 될 것입니다. 실수하거나 실패해도 다시 일어날 힘을 얻게 될 것입니다.

더 나은 활동을 위한 도움말

  그림책을 읽고 함께 활동한 '~한 아이' 작품을 학급 홈페이지나 밴드 등의 게시판에 올리고 부모님께 안내하면 더 좋습니다. '우리 부모님이 나에 대해 책을 쓴다면'을 가정하고 한 활동이라고, 취지와 내용을 설명하고 우리 아이가 표현한 작품이 어떤 것인지 추측해보며 자녀와 이야기하는 시간을 갖도록 안내하면 좋습니다.

  그리고 생일 전날 우리 아이에게 들려주고 싶은 메시지를 문자로 받아두어, 생일날 부모님이 전하는 글이라고 읽어주면 아이들이 더욱 감동하며 부모님의 사랑에 감사하게 됩니다. 더불어 부모님께 감사함을 표현하는 것도 잊지 않은 아이로 자라나게 될 것입니다.

  또한 학부모님께 이 책을 소개하고, 기회가 된다면 자녀에게 읽어주라고 추천합니다. 아이를 꼬옥 안고 아이가 내게 처음 온 날을 떠올리며 다정하게 읽어주세요. 책을 읽어준 후 "사랑한다. ○○야. 내가 너에 대해 책을 쓴다면 ~한 아이라고 쓰고 싶단다"라고 아이에게 말해준다면 부모님의 사랑을 느끼게 해줄 좋은 기회가 될 것입니다.

 함께 읽으면 좋은 그림책

『내 생일 파티에 와줄래?』, 노라 브레크 글·그림, 손화수 옮김, 주니어RHK, 2020
『너는 기적이야』, 최숙희 글·그림, 책읽는곰, 2010
『엄마는 좋다』, 채인선 글, 김선진 그림, 한울림어린이, 2020
『엄마의 선물』, 김윤정 글·그림, 상수리, 2016

성폭력 예방하기

하루가 멀다 하고 성폭력, 성희롱 뉴스가 들려옵니다. 그런 사건들은 우리에게 성폭력 예방 교육이 세대를 불문하여 필요하다는 것을 알게 합니다. 그런데 아이러니하게도 교사들에게 가장 불편하고 달갑지 않은 교육주제가 성교육이 아닐까 싶습니다. 얼마 전 중학교 성윤리 수업 중에 교사가 영화 〈어프레스트 메저러티〉를 보여줬다고 직위해제라는 징계를 받았습니다. 이 영화 제목은 '억압당하는 다수'라는 뜻으로, 전통적인 성 역할을 뒤집은 미러링 기법으로 성 불평등을 다룬 작품입니다. 공식적인 등급 분류는 아니지만, 인터넷에 떠도는 영상에는 '19세 미만 관람불가' 꼬리표가 붙어 있습니다. 다른 나라에서는 12세 미만 관람불가, 14세 미만 관람불가이기도 합니다. 영화를 본 일부 학생이 거부감이 들었다며 국민신문고에 민원을 제기한 것입니다.

또한, 성교육과 관련하여 최근에 문제가 됐던 그림책 『아기는 어떻게 태어날까』도 있습니다. 성 지식이 과학적으로 표현된 해외 우수도서인데, 우리나라에서는 선정적이라는 이유로 회수되는 결정이 나왔습니다.

해외에선 권위 있는 상을 받았고 아동교육에 널리 쓰이지만, 유독 우리나라에서만 음란물로 규정되었습니다. 회수된 그림책에는 성기가 자세히 묘사되어 있고, 성관계를 일종의 놀이처럼 서술해서 문제가 되었다고 합니다. 그런데 우리나라 교과서에도 성기가 해부학적으로 자세히 묘사되어 있기는 마찬가지입니다. 이 그림책으로 누군가 성교육을 했다면, 그래서 일부의 학생이 성희롱을 당했다고 주장한다면 대한민국에서 그 교사는 성 비위자가 될 수밖에 없는 현실입니다.

대한민국 교사에게 성교육은 뜨거운 감자입니다. 성폭력·성희롱 예방 교육을 해야 하는데 그것을 가정에서도 열린 마음으로 터놓고 대화하지 못하고, 사회에서도 '성'이라는 주제 자체를 공개적으로 꺼내기를 꺼리니 말입니다. 그런데 학교는 그 성교육의 책임을 오롯이 짊어지고 있으며, 성폭력 예방 교육을 적극적으로 하지 못해 이런 일이 벌어졌다며 뭇매를 맞고 있습니다. 미성년자 성 착취 영상을 제작하고 유포한 'n번방'이나 '다크웹' 사건들의 가해자들도 한국에서 배우고 자란 남성들이었습니다. 어릴 때부터 그들에게 선정적이고 남사스럽고 음란한 것은 모두 차단했는데, 왜 이런 결과를 낳았을까요? 음성적인 경로로 음란물을 접하고 성적 대상화와 여성혐오로 왜곡된 성인지가 자리 잡았기 때문입니다. 이것이 우리나라 성교육의 실패와 맹점을 그대로 보여주는 것입니다.

학생들이 준비가 안 된 상태에서 음란물을 먼저 접하는 것보다 학교에서 올바른 지식을 제공하는 성교육이 선행되어야 점점 빨라지고 있는 청소년 성관계 시작시기를 지연시킬 수 있고, 십대 임신과 출산을 막을 수 있습니다. 성폭력 예방 교육은 단지 성에 관한 지식뿐만 아니라, 다양성, 인권, 자기 긍정, 평화의 가치를 모두 포함하는 교육입니다. 성폭력 예방은 결국 인간 이해와 인간 사랑이라는 커다란 두 개의 기둥을 축으로 하기 때문입니다. 인간이 존중받아야 할 존재임을 알고, 인간을 사랑한다면 자신의 욕구를 채우기 위해 상대에게 폭력을 행사할 수 없고, 자신의 권리를 알고 있다면 자신의 의사와 호불호를 주저 없이 말할 수 있기 때문입니다. 성에 관한 지식이 해박한 요즘 아이들에게 동의와 존중을 구체적 상황에서 실천, 연습해보고, 친구책을 함께 읽음으로써 성폭력 예방을 위한 안전하고 건강한 관계의 바탕을 마련하고자 했습니다.

『동의』 열어보기

『동의』는 밝고 활기찬 일러스트로 '동의'와 '신체 결정권', '상호 존중'에 대해 세상에서 가장 쉽게 설명하는 가이드북입니다. 〈동의는 차 마시는 것(Tea Consent)〉이라는 영상으로 전 세계적 공감을 불러일으킨 저자 레이첼 브라이언은 누구에게나 익숙한 상황들(간지럽히기, 원하지 않는 선물, 혹은 문자 메시지와 채팅)을 통해 '동의'라는 개념이 우리의 건강과 관계에 있어 가장 먼저 필요한 것임을 노련하면서도 유머러스하게 설명합니다.

1장 '나의 원칙을 세워요'에서는 다음과 같은 내용을 다룹니다. 우리에게는 몸에 관한 각자의 경계선이 있고, 이 경계선은 자아 감각이나 자신감, 그리고 다른 사람들을 존중하는 태도 등을 기르는 데 결정적인 요소입니다. 자신의 몸에 대한 권리가 자신에게 있다는 신체결정권을 만화로 쉽게 설명합니다. 옆집 할머니가 내 볼에 뽀뽀하는 상황을 제시하면서 말입니다. 이런 상황으로 학생들은 소유와 선택의 개념 또한 자연스레 익힐 수 있습니다. 2장 '나의 느낌을 믿으세요'에서는 자신의 느낌에

이첼 브라이언 지음,
노지양 옮김,
아울북, 2020

따른 행동원칙을 소개합니다. 다른 사람이 나에게 관심을 보일 때 자신의 느낌을 먼저 살펴보라고 말합니다. 불편하다면 거부하고, 나를 도와줄 수 있는 사람을 고르라고 말입니다.

 3장 '동의하고 동의받아요'에서는 다음과 같은 내용을 다룹니다. 우리 몸과 관련된 대부분의 문제는 '동의'를 받지 않는 데서 시작하는 만큼, '동의'의 개념을 몸에 익혀 두면 많은 문제 상황에 도움이 될 것입니다. 동의를 잘하는 방법인 내 기분을 말하는 연습과 다른 사람들 말을 잘 듣는 연습을 제시합니다. 물론 동의가 확실하지 않은 상황(겁먹은 표정, 몸이 얼어붙음, 말을 돌림 등)도 동의하지 않음이라고 설명합니다. 4장 '바꿔도 괜찮아요'에서는 다음과 같은 동의 수정의 내용을 다룹니다. 다시 말하면 생각을 바꿀 수 있다는 것입니다. 어떤 일을 해보고 난 다음에 싫어하게 될 수도 있으니 결정을 번복해도 된다는 것입니다.

 5장 '건강한 관계를 키워 나가요'에서는 안전하고 건강한 인간관계와 그렇지 못한 관계를 예로 보여줍니다. 그루밍에 대한 자세한 설명도 나옵니다. 그리고 피해자가 되었을 때는 자신을 자책하지 않도록 어른들

잘못이라고 말합니다. 6장 '내 행동을 돌아봐요'에서는 지금까지의 자신의 행동을 돌아보게 합니다. 나는 어땠을까? 동의를 구했나요? 강요한 적은 없나요? 생각하게 합니다.

7장 '내가 친구를 구할 수 있어요'에서는 성폭행, 성희롱 상황으로부터 우리를 지키는 방법을 소개합니다. 나의 안전을 지키는 방법과 친구의 안전을 지킬 수 있는 4가지 방법을 제시합니다. 8장 '함께 강해져요'에서는 동의를 같이 연습하고 실천할 동료를 찾으라고 말합니다. 주변에 내 말을 믿고 존중하는 좋은 사람이 많을수록 나의 삶도 활짝 피어납니다. 마지막으로 작가는 또 한 번 강조합니다. 세상에서 어린이들이 동의할 수 없고 동의해서는 안 되는 일이 일어나더라도 그것은 여러분의 잘못이 아니라는 것을 기억하라고.

이 책은 나만의 경계선 정하는 법, 나의 행동을 돌아보는 법, 멋진 친구가 되는 법을 알려줍니다. 처음 사회를 접하며 다양한 사람들과 어울리게 된 모든 아이, 그리고 '동의'와 '존중'의 개념을 아이들에게 쉽게 설명해주고 싶은 모든 어른에게 입문서가 되어줄 것입니다.

이 책은 어린이 책이지만, 어린이만을 위한 책은 아닙니다. '동의'와 '존중', '권리'의 개념은 나이와 상관없이 누구에게나 중요하기 때문에 독자들은 '동의'라는 다소 생소한 단어의 의미부터, 일상생활에서 '동의'를 실천하는 법, 예를 들어 나의 경계선을 어떻게 정해야 하는지, 누군가가 불편하거나 안전하지 않다고 느끼면 어떻게 행동해야 하는지 등 나와 다른 사람들을 존중하며 함께 살아가는 법을 자연스레 깨치게 될 것입니다.

친구책 읽기

　사람이 직접 책이 되어 독자들에게 자신의 지식과 경험, 정보, 노하우 등을 이야기해주는 독서 프로그램을 '사람책'이라고 합니다. 여기서 착안하여 학급에서 학생들을 대상으로 하는 '친구책'을 구상해보았습니다. 우리는 대개 친구에 대해 잘 안다고 생각하여 함부로 행동할 때가 많습니다. 우리가 친구에 대해 잘 알고 있다고 해도 그것은 고작 이름, 사는 곳, 나이, 장래 희망, 특기 정도일 뿐입니다. 그런 얄팍한 정보로 인해 많은 친구와의 관계가 어긋나기도 합니다. 예를 들면, 그 친구가 가장 싫어하는 약점을 가지고 별명을 짓거나, 함부로 목을 조르거나, 싫어하는 놀이를 강요하거나, 친구가 가장 소중하게 여기는 물건을 망가뜨리기도 합니다.

아닌 것

- 에릭 핸슨 지음 -

당신의 나이는 당신이 아니다.
당신이 입는 옷의 크기도,
몸무게나, 머리 색깔도 당신이 아니다.

당신의 이름도,
두 뺨의 보조개도 당신이 아니다.

당신은 당신이 읽은 모든 책이고,
당신이 하는 모든 말이다.
당신은 아침의 잠긴 목소리이고,
당신이 미처 감추지 못한 미소이다.
당신은 당신 웃음 속의 사랑스러움이고,
당신이 흘린 모든 눈물이다.

당신이 철저히 혼자라는 걸 알 때,
당신이 목청껏 부르는 노래,
당신이 여행한 장소들,
당신이 안식처라고 부르는 곳이 당신이다.

당신은 당신이 믿는 것들이고,
당신이 사랑하는 사람들이며,
당신 방에 걸린 사진들이고,
당신이 꿈꾸는 미래이다.

당신은 많은 아름다운 것들로 이루어져 있지만
당신이 잊은 것 같다.
당신 아닌 그 모든 것들로
자신을 정의하기로 결정하는 순간에는..

친구에 대해 좀 더 알아가는 과정을 통해 친구의 경계선을 함부로 침해하지 않도록 하고 싶었습니다. 사람이 사람을 정의할 때 피상적으로 보이는 것들로만 정의하고 있지는 않은지, 속속들이 우리가 그 사람에 대해 알고는 있는지 되돌아보고 싶어서 에릭 핸슨의 '아닌 것'이라는 시를 준비했습니다. 학생들과 함께 시를 읽고 친구의 이야기를 들으며 질의응답 시간을 가졌습니다.

교사	오늘은 친구책 시간을 가질 거예요. 오늘 함께 읽은 『동의』와 관련하여 그리고 시 '아닌 것'과 관련하여 친구들에게 들려주고 싶은 이야기가 있는 친구가 책으로 나오면 좋겠어요. 누가 먼저 책이 돼줄래요?
학생 A	선생님, 저요.
교사	그럼 친구책〈A〉를 만나보기로 할게요. 앞으로 나와주세요.
학생 A	(앞으로 나와 의자에 앉는다)
교사	자신을 간단히 소개해줄 수 있나요?
학생 A	저는 2010년 ○월 ○○일에 태어났습니다. 장미아파트 123동 456호에 살고 있습니다. 부모님과 남동생 한 명이랑 같이 살고 있고, 장래 희망은 메이크업아티스트입니다. 좋아하는 음식은 미역국이고, 싫어하는 음식은 파프리카입니다.
교사	A에 대해서 우리가 책 앞장을 펼쳐서 머리말 정도 읽어보았는데, 이것으로는 A에 대해 모두 알았다고 할 수 없겠죠? 우리 친구들이 더 궁금한 내용을 질문해봅시다.
학생 B	요즘에 가장 재미있게 읽은 책이 뭔가요?
학생 A	○○○○○○입니다.

학생 B	왜 그 책이 재미있었나요?
학생 A	○○○○○○했기 때문입니다.
학생 C	놀이시간이 주어진다면 어떤 놀이를 하고 싶나요?
학생 A	그림을 그리고 싶습니다. 운동장 나가서 노는 것은 싫습니다. 가만히 앉아 있는 게 좋습니다.
학생 D	반려동물을 키운다면 개와 고양이 중 무엇을 선택할 건가요?
학생 A	전 개를 선택하겠습니다. 고양이보다 개가 더 좋고, 지금 푸들을 키우고 있습니다. 푸들 이름은 '모찌' 입니다.
학생 E	싫어하는 음식이 또 없나요?
학생 A	탄산음료를 싫어합니다. 피자나 치킨을 먹을 때 제가 탄산음료를 안 마시는 것을 이상하게 생각하는데, 전 정말 탄산음료를 삼키지 못하겠어요. 저한테 강요하지 않으면 좋겠어요.
학생 B	동의받지 못하고 경계를 침해당한 적이 있나요?
학생 A	학예회 때 무대에서 연극을 했는데 그때 이상한 표정을 한 걸 친구가 몰래 찍어서 단톡방에 올렸던 적이 있어요. 그때 많이 속상했어요. 학예회 무대에 오른 걸 후회하기도 했고, 그 친구랑 엄청 싸웠어요.
교사	그런 경험이 있었군요. A가 세워놓은 기준과 경계선을 친구가 침범했네요. 그때 누구에게 도움을 요청했나요?
학생 A	엄마한테 말해서 제 사진이 올라간 단톡방에 있는 친구들 부모님들께 다 알렸어요. 그 단톡방을 없애고, 사진을 삭제하고, 놀리는 걸 그만둬 달라고 했어요.
학생 F	동의받지 않고 경계를 침해한 적은 없나요?

학생 A   전 기억이 안 나는데, 엄마가 말해줬어요. 유치원 때 좋아하는 남자애가 있었는데, 제가 매일 껴안았대요. 그래서 그 남자애가 도망 다녔대요. 지금은 안 그래요.

(중략)

교사   다음 친구책은 누가 해볼까요?

학생 B   저요!

(중략)

학생 A   동의받지 못하고 경계를 침해당한 적이 있나요?

학생 B   옆집 아줌마가 제가 귀엽다고 엉덩이를 팡팡 두드린 적이 있어요. 전 아가도 아니었어요. 초등학교 1학년 때요. 그때 좀 창피했는데, 말할 수가 없었어요. 오늘 그림책을 보니까 잘못됐다는 걸 알았어요.

학생 C   동의받지 않고 경계를 침해한 적은 없나요?

학생 B   제가 친구들하고 '가두기 놀이'를 했는데, 한 친구를 여자 화장실에 가두었어요. 그 친구가 싫다고 발버둥 쳤는데, 셋이서 몰아넣고 문을 막았어요. 그 친구가 결국 울었고, 그 친구 아버지가 학교에 찾아왔어요. 지금 생각해보니, 그 친구가 싫다고 확실히 의사 표현을 했는데도 우리가 무시한 거예요.

교사   음~ 그 행동은 경계침해인 성희롱이고 학교폭력이네요. 오늘 동의와 경계존중에 대해 확실히 배웠으니 앞으로 그런 행동을 안 할 거라 믿습니다.

(후략)

대화를 마치고 교사의 안내에 따라 다음에 나오는 사진의 친구책을 만

들었습니다.

활동을 마치고 학생들에게 다음과 같이 말하며 마무리합니다.

"오늘 우리가 읽어본 친구책에서 우리는 우리가 좋아하는 것을 친구는 싫어할 수도 있고, 친구가 싫어하는 것을 우리는 좋아할 수도 있다는 것을 알았습니다. 더불어 친구가 소중하게 생각하는 기준과 경계도 알게 되었습니다. 그 기준과 경계를 알았으니 친구에게 그 경계를 넘는 장난을 치거나 동의를 구하지 않는 행동은 조심해야 할 거예요. 친구책 속에는 분명히 동의를 구하거나 부당한 요구에 현명하게 거절했다면 일어나지 않을 일도 있었습니다. 그중에서 내 몸에 대한 결정권, 신체결정권은 정말 중요합니다. 누군가 나의 몸을 만지거나 안으려고 할 때, 자신의 느낌이 편하지 않다면 단호하게 거부해야 합니다. 그것은 성희롱이나 성폭행에 해당하기 때문입니다. 또한 남이 싫다고 거부한다면 우리도 그런 행동을 멈춰야 합니다."

동의보감과 同二데이(동의데이)

　앞에 친구책 활동을 통해 친구들이 기준으로 정해놓은 경계선도 알아보았고, 경계존중과 경계침해의 사례도 들어보았습니다. 동의보감은 우리 반이 동의가 필요한 상황을 찾아 경계침해 역할극 대본과 경계존중 역할극 대본을 작성하여 책으로 엮는 활동입니다. 모둠 공동작업을 통해 대본을 구성하고, 역할극을 진행했습니다. 각 모둠의 우수한 대본을 모아 우리 반 동의보감을 만들고 교실 앞에 비치했습니다. 동의보감을 만든 책 만들기 키트는 학급운영비나 학급특색사업비로 구매해놓으면 좋습니다.

　동의보감 책을 만들고 난 후, 학생들이 하나의 건의 사항을 제시했습니다. 매월 14일에 있는 '○○데이'를 공부하고는 우리 반이 동의보감을 만들었으니 同二데이(동의데이)를 정하자는 것이었습니다. 책으로만 만들어놓고 잊어버릴지도 모르니 매달 연습하고 실천하자는 것이었습니다. 연습하고 연습해서 몸에 배도록 하겠다니 교사도 학생들의 의견에 동의할 수밖에 없었습니다. 그래서 매달 '2'가 두 번 반복되는 22일을 同二데이로 정하고 매달 짧은 역할극을 시연했습니다.

교사	11월의 동의데이입니다. 동의와 관련된 상황을 경험했거나 목격한 친구들이 역할극을 해주면 좋겠어요.
학생 A	먼저 경계침해 역할극입니다.(B가 읽고 있던 책을 같이 들여다보다가 어깨에 손을 얹는다)
학생 B	(얼굴을 찡그리며) 야, 왜 그래? 갑자기!
학생 A	응? 책 좀 같이 보는데, 왜?

학생 B   (A의 손을 뿌리치며) 그냥 보면 되지. 왜 어깨를 만지고 그러냐고!?

학생 A   (어이없어하며) 얘 왜 이러냐? 내가 너 좋아하는 줄 아냐? 그리고 그 책도 선생님이 아침에 읽어준 책이잖아. 그게 네 꺼야?

학생 A   '동의를 배우고 난 후' 경계존중 역할극입니다.(책을 읽고 있는 B에게 다가간다)

학생 A   오늘 아침에 선생님이 읽어주신 책이네. 나도 읽고 싶은데, 같이 봐도 될까?

학생 B   내가 이 책 예약 마지막 차례니까 빨리 보고 바로 줄게.

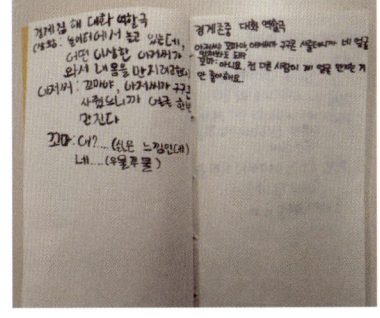
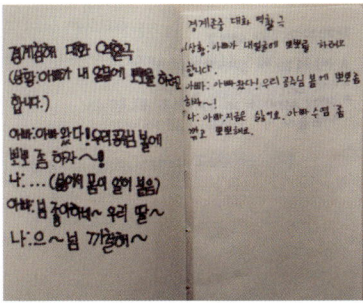
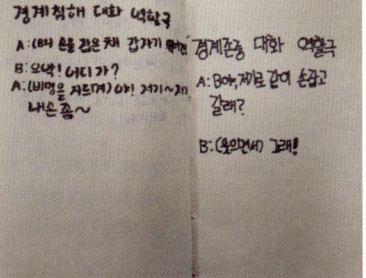

어기바 대화법

학생들과 이렇게 동의를 배우고 익히고도 학급에서는 동의를 얻지 않아 발생하는 다양한 갈등 상황이 발생합니다. 이때를 대비하여 '어기바' 대화법의 각 단계를 배워봅니다. 어기바 대화법을 아이들이 쉽게 연습하며 사용하라는 의도에서 아래 사진처럼 어기바 아이스크림으로 만들어 사용하기도 합니다. 학급에 하나를 만들어 칠판 앞에 비치하여도 되고,

한국교육개발원/두근두근 설레는 인성교실 여행/2016

학생이 각자 하나씩 만들어 가지고 다니면서 대화를 연습해도 좋습니다. 연습이 완벽해지면 이 어기바 아이스크림을 들고 말하지 않아도 됩니다.

1. 어! 사실

마셜 로젠버그에 의해 제창된 '비폭력 대화'는 '관찰-느낌-욕구-부탁'이라는 절차를 거칩니다. 그중에서 관찰은 상대의 행동이나 말을 평가하지 않고 비디오로 찍는 듯 관찰하는 것을 말합니다. 어기바 대화법의 '어'는 '어! 사실…'로 말을 이어 가는 방법인데, 이것은 사건에 대한 있는 그대로의 관찰에서 시작됩니다.

2. 기(기분)

상대방의 행동에 대한 내 느낌을 솔직하고 구체적으로 표현합니다. '비폭력 대화'의 '관찰-느낌-욕구-부탁'이라는 절차 중에서 느낌에 해당합니다. 이렇게 표현하면 네 탓이라는 메시지가 아니라 내 감정에 문제가 생겼다는 뜻으로 전달됩니다. 따라서 이런 말을 듣는 아이가 방어나 공격의 필요성을 느끼지 않고 오히려 말하는 아이를 도울 수 있는 입장이 되어 자신의 행동을 돌아보게 하는 대화법입니다. 갈등이 생겼을 때 자신의 감정을 솔직하게 표현하는 것은 상대로 하여금 스스로 자신의 행동을 돌아보고 반성하게 하는 여유를 가지게 합니다. 물론 이때도 판단이나 생각이 섞인 표현은 삼가고 솔직한 감정만을 표현해야 합니다.

3. 바(바람)

'비폭력 대화'의 '관찰-느낌-욕구-부탁'이라는 절차 중에서 욕구와 부탁에 해당하며, 상대방에게 바라는 것을 이야기하는 단계입니다.

상대방의 행동이 나에게 어떤 영향을 미치는지, 나는 상대에게 무엇을 바라는지 등을 덧붙여 설명하여 상대방의 협조를 얻을 수 있게 됩니다.

상대방의 이름을 이야기하면서 연습을 하면 상대방은 자신을 비난하는 느낌을 받을 수 있으므로, '네가~' 보다는 '다른 사람들이 이렇게 할 때'로 표현하는 것이 좋습니다. 다른 사람이 동의 없이 내 몸을 만지거나 안으려고 한다면, 또는 그때 느낌이 좋지 않다면 "○○아, 나는 다른 사람이 날 껴안는 것이 불편하고 싫어. 껴안지 않았으면 좋겠어"라고 말하도록 지도해야 합니다. 일단 대화가 시작되면 마음이 차분해지게 됩니다. 대개는 피해를 본 학생이 제대로 거부 의사를 표현하지 못 하기 때문에 이런 대화법을 연습하는 것은 아주 효과적입니다. 하지만 학생들에게 주지시켜야 합니다. 자신을 때리거나 이상한 방식으로 자신을 만지거나 자신을 무섭게 하는 어른을 만난다면 도움을 구해야 한다는 것을요. 헷갈리거나 잘 모르겠을 때도 마찬가지라는 것을 말입니다.

더 나은 활동을 위한 도움말

친구책과 동의보감 활동을 하기 전에 임신과 출산에 대한 기본적인 성교육이 먼저 이루어져야 합니다. 임신과 출산이 생명의 탄생과정임을 알고, 자신의 신체가 함부로 다루어지거나, 타인의 신체에 폭력을 가하는 것은 명백히 하면 안 되는 행동임을 아이들이 인지해야 합니다. 초등 중학년을 대상으로 이루어진 활동이지만 중·고등학교에서라면 성관계에 대한 철저한 피임 교육과 함께 상대방의 동의 없이 이루어진 성관계는 폭력임을 깨닫게 해야 합니다. 상대방이 성관계에 순간 동의했더라도 언제든 상대방이 마음을 바꾸었을 때는 강요해서는 안 된다는 사실도 가르쳐야 합니다. 그것이 경계존중이며 인간존중이기 때문입니다.

성폭력으로부터 우리 학생들을 지키기 위해 휴대폰 부모안심 서비스 가입이 폭발적으로 늘어나고 학생들 호신용품도 인기라고 합니다. 특공무술과 태권도 하나는 기본적으로 가르쳐야 한다고 합니다. 이렇게 물리적으로 자신을 지키는 기술도 중요하지만, 더 중요한 것은 우리 학생들도 피해자가 아니라 가해자가 될 수도 있다는 생각을 학생과 교사와 학부모가 먼저 해야 한다고 생각합니다. 밀양 여중생 집단 성폭행 사건에서 보았듯이 말입니다. 여중생을 집단으로 성폭행하고도 가해자는 경미한 처벌을 받았고 가해자 부모들은 반성은커녕 탄원서를 써달라고 피해자를 괴롭혔다고 합니다. 피해자 예방 교육이 아니라 가해자 예방 교육이 우선되어야 성폭력 사건이 근절될 것이기 때문입니다. 가해자 예방 교육은 왜 성폭력을 하면 안 되는지 그 답을 우리가 스스로 알아야 한다는 것입니다. 그 답은 인간을 사랑하는 마음, 존재에 대한 궁극적인 사랑입니다.

나태주 시인의 '풀꽃'은 우리가 놓치고 있는 부분을 말해줍니다. 자세히 보면 나와 모두 똑같은 사람입니다. 나와 연결되어 있는, 나와 가까운, 내가 사랑하는 사람들입니다. 어여삐 여기고 불쌍히 여기고, 소중하게 대해줘야 할 존재들입니다. 예쁘고 사랑스럽지 않을 수 없습니다. 우리 학생들에게 인간 사랑의 마음을 먼저 길러줘야 할 것입니다.

📚 함께 읽으면 좋은 그림책

『난 싫다고 말해요』, 베티 뵈거홀드 글, 가와하라 마리코 그림, 이형순 옮김, 북뱅크, 2006

『왜, 먼저 물어보지 않니?』, 이현혜 글, 김주리 그림, 천개의바람, 2015

『장난치기 전에 먼저 물어봐!』, 줄리엣 클레어 벨 글, 애비게일 톰킨스 그림, 권미자 옮김, 에듀엔테크, 2020

『좋아서 껴안았는데, 왜?』, 이현혜 글, 이효실 그림, 천개의바람, 2015

뒷담화로 학급 분열이
엿보일 때

   아이들이 또래 관계를 만들고 유지하면서 잘 지내는 일은 생각만큼 쉬운 일이 아닙니다. 학기 초 형성된 무리에 끼지 못해 걱정인 아이도 있고, 무리 안에서도 갈등이 심각해져 위태위태한 상황에 힘들어하는 아이도 있습니다. 아이들의 또래 집단은 말랑말랑한 젤리 같습니다. 끈적끈적하게 붙어서 떨어질 것 같지 않다가도 서로 다른 색이 섞여서 하나가 되기도 합니다. 그러나 작은 문제라도 생겨 상황이 악화되면 서로에게 상처가 되어 서먹해지니 참 어렵습니다. 아이들이 서로 별일 없이 지내준다면 더 바랄 것이 없지만 언제나 복병이라는 것은 존재하기 마련입니다.

   '세상은 나를 중심으로 돈다'는 말처럼 아이들은 '나'를 중심으로 생각하고 '나'와 관계된 작은 하나까지 예민하게 받아들이고 그것이 전부라고 여기는 경향이 많습니다. 잘 지내던 아이들의 갈등을 살펴보면 아주 사소한 오해에서 시작되는 경우가 많습니다. 제일 친한 줄 알았던 친구가 다른 친구에게 자신의 뒷담화를 했다는 데서 오는 상실감은 아이들의 삶을 흔들어 놓습니다. 사실 그 뒷담화라는 것도 앞뒤 맥락을 따져 보면 그렇게 분노할 일이 아닌 경우도 많습니다. 하지만 그 일이 퍼지고 확대되면 서로에 대한 불신이 깊어져서 걷잡을 수 없게 됩니다.

　그 아이들의 관계가 서먹해지고 어색해지면서 학급 분위기 역시 싸늘해집니다. 친구들 사이에 확인되지 않은 소문으로 인한 뒷담화는 당사자들뿐만 아니라 학급 전체를 분열시키고 그 문제는 언젠가 또다시 불씨가 됩니다. 아이들이 그림책을 읽고 생각을 연결하는 활동을 하면서 상대의 감정을 헤아리고, 자신이 하는 말에 책임을 지는 태도를 갖게 되길 기대합니다.

『감기 걸린 물고기』 열어보기

　자신의 의견을 웹사이트에 올리고 서로가 적극적으로 답하는 쌍방향 소통이 활발합니다. 정보에 대해 서로가 의견을 주고받을 때 가장 주의해야 할 점은 사실 확인입니다. 활발하게 의견을 나누는 과정에서 사실 여부가 밝혀 지는 경우도 있지만, 진위 여부와 상관없이 믿고 싶은 대로 믿는 오류를 범하기도 합니다. 그로 인해 피해를 보는 이들이 생기고 루머에 시달리다가 돌이킬 수 없는 극단적인 선택을 하는 일도 있습니다.

　『감기 걸린 물고기』는 잘못된 소문에 집단 전체가 휘말리면서 피해를 보는 이야기를 담고 있습니다. 바다 속의 풀숲에 아귀 한 마리가 숨어 있습니다. 작은 물고기가 다가오자 아귀는 본 모습을 드러내고 물고기를 쫓습니다. 물고기는 커다란 물고기 떼로 얼른 도망칩니다. 아귀 앞에는 자신의 덩치보다 커다란 물고기 떼가 펼쳐졌습니다. 물고기 잡기를 포기하고 결국 발길을 돌립니다. 아귀는 눈 앞에 펼쳐진 물고기 떼가 자신의

박정섭 글·그림,
사계절, 2016

덩치보다 커서 먹을 수 없게 되자 잘 먹을 방법을 고민합니다. 아귀가 생각한 방법은 물고기들이 감기에 걸렸다는 헛소문을 내는 것이었습니다.

커다란 무리의 물고기들은 처음에는 빨간 물고기가 열이 펄펄 나서 빨갛다는 아귀가 한 말을 듣고 들은 체도 하지 않았습니다. 그러나 곧 "말도 안 돼!", "이게 무슨 소리야!", "물고기가 무슨 감기에 걸려!"라고 항변하는 빨간 물고기에게 "누구세요", "괜히 빨간 게 아니야", "열이 나면 당연히 빨갛지", "어쩐지 빨간 게 기분이 안 좋더라고", "그러고 보니 몹시 빨개", "우리 가족이 위험해지겠어", "우리한테 옮을지도 몰라. 같은 색끼리 뭉치자!"라는 등의 말을 주고받습니다. 다른 색 물고기들은 처음에는 잠깐 '그럴 리 없어'라고 생각했을지도 모르지만, 자신이 피해를 입을까 두려운 나머지 근거 없는 소문을 그대로 믿어 버립니다. 빨간 물고기는 결국 물고기 떼에서 버려지고 아귀에게 잡아먹힙니다. 이어서 아귀는 노란 콧물, 파랗게 질린 얼굴 등 근거 없는 소문으로 작은 물고기 사이를 갈라놓고는 손쉽게 먹이를 얻습니다.

남겨진 물고기들은 '나만 안 걸리면 되지 뭐'라는 식의 방관자의 입장을 취합니다. 일부는 '검은 물고기는 속을 알 수 없어', '줏대도 없는 회색 물고기들 주제에'와 같이 이유 없이 비방하기도 합니다. 심지어 '내가 직접 봤다고!'와 같이 거짓말을 죄의식 없이 해대기도 합니다. 이들에게는 감기가 뭔지 모른다는 공통점이 있습니다. 결국 이들은 아귀에게 모두 잡아먹히게 됩니다. 아귀의 배 속에 모인 물고기들은 뒤늦게 상황을 깨닫고 후회하지만 때는 이미 늦었습니다. 심지어 그들의 자조 섞인 말에는 여전히 문제를 해결하고자 하는 의지가 보이지 않습니다. 해파리는 아귀의 코 근처를 건드리고 아귀의 재채기로 물고기들은 바다에 내뿜어지게 됩니다. 다행히 물고기들은 생명을 구할 수 있었습니다.

　진위 확인도 없이 서로 비방하며 헐뜯었던 물고기 무리는 결국 와해되고 후회를 하게 됩니다. 모든 문제의 시작이 헛소문이었지만, 그보다 더 큰 문제는 서로 믿지 못하는 불신이 아니었을까요? 한 번 뱉은 말로 입은 상처는 지울 수 없는 흉터로 남습니다. 물고기 집단의 문제를 학급 상황으로 투영시켜 뒷담화로 흔들리는 학급에 균형을 잡고자 합니다.

질문으로 생각을 이어가는 팸플릿 만들기

　A4 용지를 삼등분하여 생각을 이어가는 팸플릿을 만듭니다. 이 팸플릿의 장점은 활동별로 공간을 확보할 수 있다는 점입니다. 확보된 공간에 각각의 활동을 이어지게 구성하면 생각을 연결하고 확장하는 데 도움을 줍니다.

　수업에서 질문을 사용할 때는 학생들에게 구체적인 예시를 제공하는 것이 좋습니다. 문제를 해결하기 위한 질문에는 '어떻게', '어떤' 등의

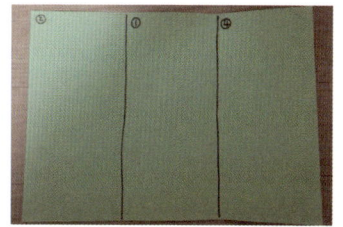  

말을 추가하여 학생들에게 답을 찾아 팸플릿에 적게 합니다. 삼등분한 팸플릿의 가운데 부분에 그림책의 작가와 출판 이력을 적고 그 밑에 첫 번째 질문에 대한 답을 각자 적어봅니다.

첫 번째 질문은 제목에서 만든 것으로 '물고기는 어떻게 감기에 걸린 걸까?'입니다.

Q 1. 물고기는 어떻게 감기에 걸린 걸까요?
A 1. 에이 어떻게 감기에 걸릴 수 있어요. 거짓말이에요.
A 2. 병에 걸린 것을 감기 걸렸다고 표현한 건 아닌가요?
A 3. 감기가 뭔지 모르고 본인들이 걸렸다고 생각한 것 같아요.

아이들은 친구들의 다양한 대답을 들으며 누구의 답이 맞을까 궁금해 하고 확인하고 싶어집니다. 자연스럽게 책장을 빨리 넘겨보고 싶은 호기심이 생깁니다. 『감기 걸린 물고기』는 본격적인 이야기 전개에 앞서, 물고기들이 집단을 이루었을 때는 배고픈 아귀가 잡아먹기가 힘들었다는 내용이 도입부에 담겨 있습니다. 제목과 작가, 출판사명이 적힌 페이지를 넘기면 중심 이야기가 시작됩니다.

첫 장면은 아귀가 물고기를 잡아먹을 수 있는 좋은 방법을 생각해내는 것에서 시작합니다. 여기서 두 번째 질문을 합니다. 두 번째 질문은 첫 번째 질문 밑에 작성하고 답을 답니다.

Q 2. 아귀는 어떤 방법으로 물고기들을 잡아먹으려고 할까?
A 1. 노란색 이마의 불로 유인해요.
A 2. 친한 척해요.
A 3. 쫓아오도록 약 올려요.
A 4. 겁을 줘요.
A 5. 운동을 열심히 해서 수영 실력을 키워요.
A 6. 숨어 있다가 잡아요.
A 7. 입을 벌려요. 씹어요.
A 8. 친구를 데리고 와서 같이 잡아요.
A 9. 한 마리씩 꼬셔요.

아이들의 대답은 하나도 빼놓지 않고 칠판 한쪽에 적어둡니다. 이 질문에 대한 답들은 활동을 끝낸 후 주제와 연결해서 이야기를 나눌 때 좋은 재료가 되기 때문입니다.

『감기 걸린 물고기』를 함께 읽은 후에는 전체를 대상으로 감상을 물어봅니다. 처음에는 물고기들을 속이고 잡아먹으려고 한 아귀가 비난의 대상이 됩니다. 그러나 점점 아이들의 시선은 다른 물고기들에게 향합니다. 아귀의 입으로 들어간 소극적인 행동, 서로 믿지 못하고 배척하여 결국 집단을 와해시킨 물고기들의 어리석음에 관한 이야기를 나눴습니다. 덧붙여 '소문은 누가 내는 거지?', '믿어도 되는 거야?', '이상하지 않아?', '진짜 감기에 걸린 걸까?', '감기 걸린 물고기 본 적 있어?'라며 각

성의 말을 전하는 검정 물고기도 있었지만 한 명의 힘으로는 바꿀 수 없다는 자조 섞인 이야기도 함께 덧붙입니다.

여기서 세 번째 질문을 합니다. 세 번째 질문과 답은 3등분 팸플릿의 맨 왼쪽에 작성합니다.

Q 3. 물고기들은 어떤 잘못을 했을까?
A 1. 소문을 듣고 물고기들을 내쫓았습니다. 소문은 누가 냈는지 조사해보지도 않고 바로 물고기들을 의심해 상황이 더 악화되었어요.
A 2. 아귀가 물고기들에게 빨간 물고기가 감기에 걸렸다며 소문을 냈는데 처음에는 무슨 소리냐며 안 믿는 눈치였다가 점점 서로 의심하게 되어서 물고기들 사이에서 분열이 생겼어요.
A 3. 사실인지 거짓인지 확실하지 않은 상황에서 당사자의 말을 들어보지도 않고 배척해버렸어요.

아이들은 물고기들이 저지른 잘못이 무엇인지 대답하는 과정에서 '분열', '배척', '불신'이라는 단어를 떠올리고 물고기 집단의 문제에 대해 구체적으로 알아차렸습니다. 물고기 집단의 문제가 무엇인지 파악했다면, 다음은 학급의 문제로 구체화하는 단계입니다. 이제 4번째 질문과 답은 3등분 팸플릿의 오른쪽을 접어 뒷면의 한 프레임에 작성합니다.

Q 4. 우리 주변에 혹시 비슷한 일이 있었을까?
A 1. 연예인이 루머로 목숨을 잃었어요.
A 2. 개인 방송 조회 수를 올리려고 치킨 체인점을 공격했지만 거짓말이었어요.

A 3. 친구가 아니라고 했는데도 '아마 그럴 거라고, 그럴 줄 알았다고' 다른 친구한테 말을 옮겼어요. 그래서 서로 어색해요.

A 4. 같은 반 친구가 뒷담화를 했어요. 그걸 다른 친구가 또 다른 친구한테 일러서 싸움이 났어요.

A 5. 하지도 않은 말을 했다고 전달해서 사이가 나빠졌어요.

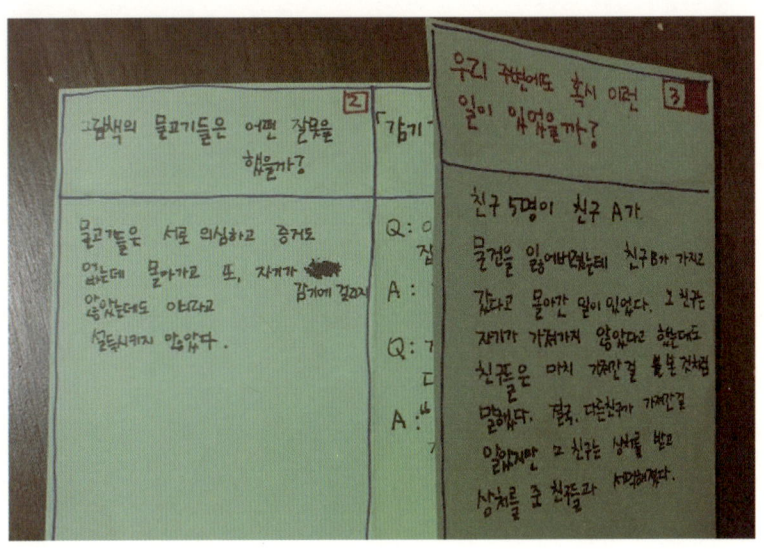

매스컴에 등장한 이야기를 쓰는 아이들도 있었는데, 단연 많이 나오는 것은 자신들의 교실 모습을 담은 이야기였습니다. 구체적인 사례를 제시하는 팸플릿도 있고 두루뭉술 자신들의 이야기를 감추려는 형태로 작성한 팸플릿도 있었습니다. 아이들이 팸플릿에 쓴 내용은 교실의 풍경을 자연스럽게 담게 되고 한 번 더 자신들의 모습을 생각하게 됩니다.

새롭게 보고 다르게 연결하기

그림책에서 학급 문제로 생각을 확장했다면 해결 방법을 생각해야 할 시간입니다. 접힌 오른쪽을 펴서 앞면이 모두 보이게 합니다. 이제는 왼쪽을 접어봅니다. 왼쪽 상단에 활동(새롭게 보고 다르게 연결하기)의 제목을 씁니다. 해결 방법용으로 발명품을 창안할 때 많이 쓰는 슬쩍 카드[10]를 소개합니다.

+진동	+보호막	+내용물	+매개체	-사람
-해로움	-반복	-일부분	×색깔	×공간
×기능	÷공간	÷시간	÷상태	÷순서

총 15종류의 카드로 구성되어 있는데 앞면에는 위 표의 단어가, 뒷면에는 그와 관련된 예시가 있습니다. 틀에 박힌 사고 방식에서 벗어나 창의력, 상상력을 통해 창의적인 문제 해결 능력을 길러주는 트리즈 기법에 사칙연산 발상법에 착안하여 고안해낸 슬쩍 카드는 쉽게 기발한 상상을 가능하도록 도와줍니다. 아이들에게 '어떻게 해결할까?'라며 바통을 넘기면 다양한 얘기가 나오지 않고 틀에 박힌 대화를 하게 됩니다. 슬쩍 카드는 조금 더 구체적이고 다양하게 해결 방법을 구안하도록 이끌어줍니다.

---

10 http://www.stealingbook.com 슬쩍북, 슬쩍 카드를 활용한 창의성 학습 – 트리즈 기반 발명 교육|작성자 트리즈닥터...신정호

교사   지금까지 우리는 그림책 속 물고기들은 어떤 잘못을 했을까요? 그리고 우리 주변에도 혹시 비슷한 일이 있었을까요? 에 관해 질문하고 답을 탐색했습니다. 선생님은 여러분이 이런 일이 있을 때 어떤 해결 방법을 찾아낼 수 있을지 너무 궁금합니다. 그럼 지금부터 선생님과 슬쩍 카드를 활용해서 다양한 해결 방법을 찾아볼까요? 우선 모둠별로 책상에 놓인 슬쩍 카드들을 살펴보세요. 앞면에는 단어가 쓰여 있고 뒷면에는 그 단어를 바탕으로 활용한 예시가 그려져 있을 거예요. 어때요? 기발하죠? 예시 그림에는 기존에 여러분이 주변에서 이미 접한 것도 있을 수 있고 처음 본 것도 있을 수 있어요. 충분히 친구들과 함께 살펴보세요.

학생들   (카드를 살펴본다.)

교사   모두 탐색이 끝났나요? 우리는 오늘 슬쩍 카드의 단어들을 활용해서 물고기 집단 안에서 발생하는 문제의 해결 방법을 찾아볼 거예요. 각자 생각한 해결 방법에 적합한 카드를 골라도 좋고, 카드를 먼저 고르고 생각을 해도 좋아요. 고른 카드는 팸플릿의 왼쪽을 접어 붙이고 팸플릿의 맨 오른쪽 4쪽에 '물고기들은 앞으로 어떻게 하면 좋을까?'의 답을 슬쩍 카드의 내용을 참고하여 작성해보세요. 자, 그럼 시작해볼까요? 한 명씩 자신이 생각한 해결 방법을 발표해보겠습니다. 먼저 어떤 카드를 골랐는지 얘기하고 이어서 해결 방법을 얘기해주면 좋겠네요.

학생 A   저는 '반복 빼기' 카드를 골랐습니다. 물고기들이 서로 의심하고 싸우는 게 반복이 되는데, 이 반복되는 상황을 빼기 위해서는 서로 의견을 존중하고 맞춰나가야 합니다. 그리고 다시는 이런 일이 생기지 않도록 말을 조심하고 서로 믿고 의지하면서 살면 좋

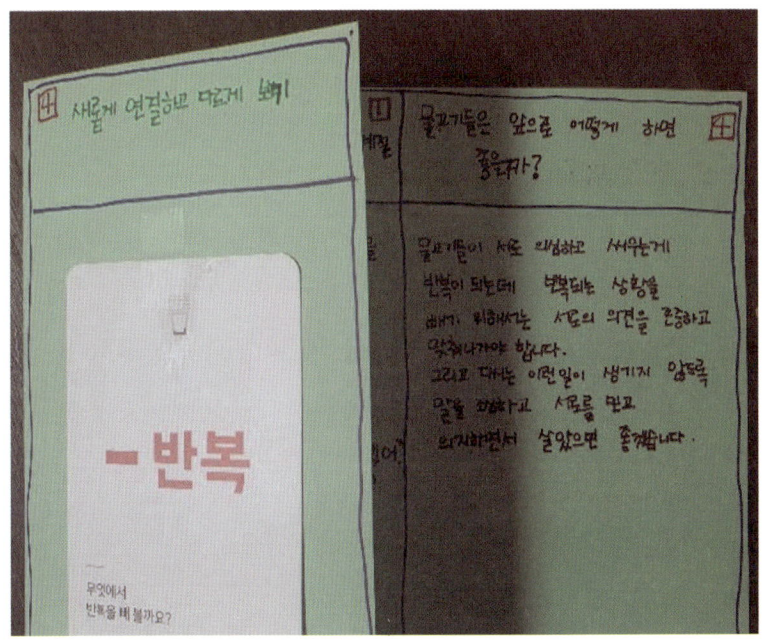

겠습니다.

교사   반복되는 불신의 상황을 빼야 한다는 것에 초점을 맞춰서 생각의 폭을 넓혔군요. 아무래도 같은 일이 반복되는 것을 미리 막기 위해서는 말을 조심해야 한다는 해결 방법을 생각한 후 붙였군요. 잘했어요. 다른 친구도 이야기해볼까요?

학생 B   저는 '기능 곱하기' 카드를 골랐어요. 사실과 거짓을 구분하는 기능을 하는 기관을 만드는 거죠. 그러면 그 기관에 해당하는 물고기가 먼저 소문의 진위를 파악하게 하는 거예요.

교사   네. 기능을 더해서 소문 진위 파악 기관을 만든다. 그것도 좋은 해결 방법이네요.

학생 C   전 '시간 나누기'요. 시간을 두고 같이 다니는 무리 안에서

의논하는 방법도 좋을 것 같아요.

학생 D   저는 '순서 나누기'요. 서로 큰 소리로 자기 이야기만 먼저 말하고 들어달라고 요구할 게 아니라 순서대로 말하고 그것에 대해 자신의 의견을 더하는 방식이 생기면 좋겠어요. 빨간 물고기를 몰아세울 때 보면 서로 마구잡이로 이야기하는 것 같았거든요.

아이들이 슬쩍 카드를 활용해 조금씩 색다른 방법들을 찾아냈다면 반드시 공유의 과정을 거쳐야 합니다. 아이들은 '이런 방법도 있었구나', '이 방법이 좋겠는데…'라며 함께하는 시간을 보냅니다. 때로는 조금 엉뚱한 답도 있지만, 서로의 속마음을 볼 수 있는 기회가 생깁니다. 결국 아이들은 물고기들의 문제를 해결함으로써 학급에서 친구들과 어떤 태도로 대해야 하는가를 배우게 됩니다.

마음 다짐 글 작성하기

아이들에게 앞으로 자신의 행동을 이끌어줄 선언문을 작성하라고 하면 '하지 않겠습니다', '잘하겠습니다'의 형태에서 크게 벗어나지 않습니다. 이때 내 감정을 표현하고 불편함에 맞서 말하게 하면 조금 더 구체적인 선언문을 얻을 수 있습니다. 먼저 얼굴 모양과 말풍선 포스트잇을 제공합니다. 얼굴 모양 포스트잇에는 친구가 근거 없는 내 이야기를 다른 친구에게 전달했을 때의 감정을 표현하게 합니다. 다음에는 어떻게 이야기하면 좋을지를 생각해보고 말풍선에 적게 합니다. 끝으로 자신은 앞으로 어떻게 행동할지 다짐 글을 작성하도록 합니다.

아이들이 뒷담화로 서로 욕하고 사이가 나빠질 때 섣불리 개입하면 그 골이 더 깊어지기도 합니다. 수업 속에서 자연스럽게 서로 이해하고 해결 방법을 함께 찾는다면 아이들이 서로를 오해해서 생긴 문제가 쉽게 풀리기도 합니다.

더 나은 활동을 위한 도움말

수업을 마무리할 때쯤 아이들에게 칠판에 썼던 첫 번째 답변을 상기시킵니다. 긍정적인 답변 말고 '친한 척하기', '유인하기', '숨어 있기'처럼 잘못된 행동과 '헛소문 퍼뜨리기'는 결이 같은 행동이라는 것을 함께 이야기합니다. 물고기 집단의 와해는 아귀가 퍼뜨린 잘못된 소문에서 시작되었습니다. 일상에서 일어나는 다양한 사건의 진위를 확인하는 것의 중요성을 강조하고 싶을 때에는 서울대학교 언론정보연구소에서 운영하는 팩트체크 홈페이지[11]를 예시로 드는 것도 좋습니다. 실제 뉴스의 진위를 가려주는 플랫폼으로 허위정보를 구분해 가짜 뉴스에 현혹되는 것을 막아줍니다. 아이들이 접했던 뉴스들이 사실이 아니라는 것을 알게 되면 그로 인해 오해가 생기고 피해를 보는 것에 대한 경각심을 일깨울 수 있습니다.

『감기 걸린 물고기』에서 모든 물고기가 어리석었던 것은 아닙니다. 그 중에서도 잘못된 상황을 인지하고 각성의 목소리를 내었던 검정 물고기가 있었습니다. 교실의 문제 상황에서 스스로 검정 물고기가 되어 할 수 있는 말들을 생각하고 나누는 활동도 흔들림 없는 학급운영에 도움이 됩니다.

 함께 읽으면 좋은 그림책

『괴물이 나타났다!』, 신성희 글·그림, 북극곰, 2014

『그 소문 들었어?』, 하야시 기린 글, 쇼노 나오코 그림, 김소연 옮김, 천개의바람, 2017

『사라진 루크를 찾는 가장 공정한 방법』, 로랑 카르동 글·그림, 김지연 옮김, 꿈터, 2018

『우산을 쓰지 않는 시란 씨』, 다니카와 슌타로, 국제앰네스티 글, 이세 히데코 그림, 김황 옮김, 천개의바람, 2017

11　https://factcheck.snu.ac.kr/

전입생 맞이하기
전출생 보내기

    학급에 전입생이 오면 따뜻하게 환영하고 맞이해야 합니다. 그러나 학교생활이 바쁘다 보니 충분히 환대하지 못하고 지나치는 경우가 있습니다. 담임교사는 낯선 환경에 불안해하는 전입생의 마음을 충분히 읽어주지 못한 채로 전학생과 간단한 인사 후 학급을 안내하고 맡은 수업에 들어가기 바쁩니다. 학급에 전입생을 도울 도우미 학생을 정하여 학교의 전반적인 생활에 대해서 돕고 안내하도록 하지만, 담임교사는 전입생이 잘 적응할 수 있을지 걱정이 됩니다. 갑자기 새로운 환경에 처한 전입생은 불안한 마음을 그대로 지닌 채 학급에서 낯선 하루를 보내게 됩니다.

    전출생이 생기는 경우도 상황은 비슷합니다. 바쁜 일과에서 학급의 학생들도, 담임교사도 전출생과의 이별을 충분히 생각하고 추억을 되새기지 못한 채 급작스럽게 이별을 맞이할 때가 많습니다. 종례 시간에 간단한 마지막 인사를 나누기도 하지만, 그렇게 전출생을 보내기에는 아쉬움이 남습니다.

    새로운 만남과 이별을 어떻게 준비하는 것이 좋을까요? 다양한 방법이 있겠지만, 그림책을 통해서 따뜻하게 전입생을 맞이하고 전출생을 따뜻하게 배웅하길 제안합니다. 그림책을 활용하여 전입생을 따뜻하게 맞이하는 시간을 통해서 전입생은 불안함을 내려놓고 새로운 학급이 안전한 공동체임을 느끼게 됩니다. 마찬가지로 전출생과 함께하는 마지막 시간을 그림책으로 따뜻하게 배웅한다면 전출생과의 추억을 되새길 수 있고 전출생의 앞날을 축복하는 시간을 보낼 수 있습니다. 전출생과 함께 만든 추억을 생각하며 마지막 이별도 좋은 추억으로 만들 수 있는 시간을 보내게 됩니다.

만남과 이별의 시간을 따뜻하게 보내도록 도울 수 있는 그림책 『길 떠나는 너에게』를 소개합니다.

『길 떠나는 너에게』 열어보기

『길 떠나는 너에게』는 작가의 다른 그림책 『너는 기적이야』의 마지막 장면으로 시작합니다. 아이는 자라서 처음으로 혼자 길을 나섭니다. "다녀오겠습니다" 하며 길을 떠나는 아이에게 작가는 말합니다. "네가 처음 혼자 길을 나선 날, 엄마는 빌었어. 햇살이 네 앞을 환히 비추고, 바람이 네 등을 살포시 밀어 주기를…… 처음엔 모든 게 낯설지 몰라. 낯선 풍경에 마음이 움츠러들기도 하겠지. 그럴 땐 눈을 들어 하늘을 보렴. 엄마도 같은 하늘을 보고 있을 테니까." 이처럼 이 책에는 여정을 시작하는 아이에게 해주는 작가의 따뜻한 응원과 격려의 메시지가 담겨 있습니다. "기억해. 함께 가야 더 멀리 갈 수 있어. 같이 가야 끝까지 갈 수 있어"를 마지막으로 작가의 당부는 끝이 납니다. 마지막 페이지에서는 긴 여정을

최숙희 글·그림,
책읽는곰, 2020

마치고 밝은 표정으로 집에 돌아오는 아이를 만나게 됩니다.

아이는 여정에서 다양한 상황을 만나게 됩니다. 때로는 좌절을 겪기도 하고, 먼 길을 돌아가기도 합니다. 혼자 있는 것처럼 느껴져서 외롭고 마음이 움츠러들 때도 있고 절벽 끝자락에 있는 막막한 상황을 맞이하기도 합니다. 막막한 상황에서 누군가의 도움을 받기도 하고 다른 누군가를 돕기도 합니다. 여정에서 다양한 상황을 만나며 아이는 성장해갑니다. 장면마다 먼저 다양한 삶을 겪어본 엄마의 마음에서 나오는 따뜻한 격려와 응원의 메시지가 담겨 있습니다. 우리 삶도 아이의 여정처럼 때로는 좌절하기도 하고 되돌아가기도 합니다. 다양한 사람들 속에서 누군가를 돕기도 하고 용기 있게 도움을 청하기도 하며 성장합니다.

이 책으로 새로운 세상에 발을 내딛는 전입생과 전출생에게 따뜻한 위로와 격려를 보낼 수 있습니다. 학급 친구들과 함께 그림책을 읽고 응원하며 격려하는 시간을 통해서 새 출발을 앞두고 있는 학생은 새로운 환경에 대한 두려움을 내려놓게 됩니다. '함께 가야 더 멀리 갈 수 있고 같이 가야 끝까지 갈 수 있게 된다' 는 작가의 말처럼 용기를 얻고 학급 친구들과 함께 첫걸음을 뗄 수 있게 됩니다.

가치 선물 바구니 놀이

이별과 만남의 의식 전에 좀 더 부드러운 분위기로 그림책을 읽을 수 있도록 놀이로 시작하면 좋습니다. '가치 선물 바구니 놀이'[12]를 통해서 전입생과의 어색함을 깰 수 있고, 전출생과 이별을 앞두고 가라앉은 분위기를 전환할 수 있습니다. 또 놀이를 하면서 자연스럽게 앉은 자리를 바꿀 수 있어 이어질 활동에 도움을 줍니다.

준비물로는 작은 바구니와 포스트잇, 펜, 욕구 목록이 필요합니다. 먼

---
12 경기도교육청 민주시민교육과(2016), 평화로운 학급공동체 워크북(중등) 참고

저 다 함께 원으로 둘러앉습니다. 학생들에게 전학 가는 혹은 전학 온 학생에게 중요한 가치가 무엇인지 생각하게 합니다. 학생들은 욕구 목록을 참고하여 각자 전학 가는 혹은 전학 오는 친구에게 중요할 것 같은 가치 하나를 생각하여 포스트잇에 적습니다. 다 적은 학생은 포스트잇을 두 번 접어 원 가운데 있는 바구니에 넣습니다.

교사는 바구니 속 종이를 섞은 후 4개의 가치를 뽑아서 읽습니다. 오른쪽에 앉은 사람부터 뽑은 가치 4가지를 순서대로 모두가 돌아가며 외치게 합니다. 예를 들면 '안전, 즐거움, 자신의 꿈, 사랑' 4가지 가치를 뽑았다면, 오른쪽에 앉은 사람부터 '안전-즐거움-자신의 꿈-사랑-안전-즐거움-자신의 꿈-사랑' 과 같이 반복해서 가치를 외칩니다. 이때 학생들에게 자신이 외친 가치를 잘 기억할 것을 안내합니다.

교사는 자리를 사람 수보다 하나 적게 하기 위해서 자신의 의자를 뒤로 빼놓고 원 안으로 들어가 먼저 시범을 보입니다. "길 떠나는 ○○○에게 사랑이 필요하겠죠?"라고 말하고 외친 가치가 '사랑'인 사람이 모두 일어나 자리를 바꾸도록 합니다. 이때 자신이 앉았던 자리가 아닌 다른 곳으로 이동합니다. 놀이가 익숙해지면 자기 자리뿐만 아니라 옆자리로의 이동도 제한하여 다른 자리로 이동하도록 해도 좋습니다. 의자에 앉지 못한 사람이 술래가 되어 가치를 외칠 때 꼭 한 가지 가치를 외치지 않고도 '안전과 즐거움이라는 선물이 필요합니다' 또는 '모든 가치가 필요하겠죠?' 와 같이 할 수 있다는 것도 안내합니다. 교사도 함께 놀이에 참여하여 자리를 바꾸고, 자리에 앉지 못한 사람이 술래가 됩니다. 5분 정도 진행한 후 다시 가치 바구니에서 새롭게 4가지 가치를 선택하여 놀이를 할 수도 있습니다. 10분 정도 놀이를 한 후 마무리하고 원으로 앉아 자유롭게 간단히 놀이에 대한 소감과 놀이를 통해 새롭게 알게 된 점이

나 배운 점을 나눕니다.

환영·추억 서클

놀이가 끝난 후 환영·추억 서클을 진행합니다. 다음 사진과 같이 원 바깥 부분에 느낌말 목록을 원 안쪽에 욕구 목록을 펼쳐서 마련해둡니다. 이를 회복적 생활교육에서는 센터 피스라고 하는데, 센터 피스에는 학급의 추억이 깃든 물건과 서클에 도움이 되는 것을 주로 둡니다. 다음 사진의 센터 피스에는 'NVC 느낌욕구 자석카드'를 두었습니다. 학생들이 서클을 할 때 센터 피스에 있는 느낌욕구 자석카드를 참고할 수 있습니다.

서클로 둥그렇게 앉은 후 『길 떠나는 너에게』를 읽어줍니다. 그런 다음 여는 질문으로 『길 떠나는 너에게』를 읽고 현재 자신의 느낌을 나타내는 느낌말을 찾고 왜 그런 느낌이 들었는지 이야기합니다.

안심된다를 골랐어요. 왜냐하면 길 떠나서 외롭다고 느껴져도 함께할 친구들이 있다는 사실을 알게 되었기 때문입니다.
편안함이요. 위로를 받으니 마음이 편안해졌어요.
포근함이요. 엄마 생각이 나서 마음이 포근해졌어요.
위로를 받았어요. 글과 그림이 지친 사람을 위로하는 것 같아요.
돌아갈 곳이 있다는 장면을 보니 안심이 되었어요.

이 밖에도 학생들은 따뜻한, 정겨운, 고요한, 감동된 등의 느낌을 골랐습니다.

두 번째 질문으로 전출생과 함께 하는 서클에서는 '○○○과 함께했던 기억 중에서 가장 기억에 남는 추억은 무엇인가요?'를 나눴습니다. 서로 함께한 추억을 떠올리며 전출생과의 이별에 대해서 생각해봅니다.

다음은 전출생과 함께한 서클에서 나눈 대화입니다.

제가 힘들 때 상담을 해줬어요.
수업 시간에 모둠활동 함께 했던 것이 기억나요.
같이 디스코팡팡을 타러 갔었어요.
작년에 친구가 없어서 심심했는데 저랑 같이 편의점에 가줬어요.
제가 깜박하고 펜을 안 가져올 때가 많았는데 펜을 자주 빌려줬어요.
같이 라디오 앱 팔로우하면서 놀았던 기억이 나요.

전입생과 함께하는 서클에서는 '○○○에게 내가 도와줄 수 있는 것은 무엇인가? 없다면 ○○○에게 필요할 것 같은 도움이 무엇인지?'를 나눴습니다. 서로의 도움과 필요를 확인하여 자연스럽게 반 학생 전체가 전입생이 잘 적응할 수 있도록 돕는 따뜻한 분위기가 형성될 수 있도록 합니다. 자발적으로 자신이 도울 수 있는 점을 나누게 되면서 전입생과 연결될 수 있도록 합니다. 전입생은 이 과정에서 자신이 속한 학급이 안전한 공간임을 느끼게 되고 마음을 열게 됩니다. 다음은 전입생과 함께한 서클에서 나눈 대화입니다.

저도 1학년 때 전학 와서 ○○○ 마음을 잘 알아줄 수 있을 것 같아요.
함께 재밌게 놀 수 있어요. 쉬는 시간에 심심하면 내 자리로 놀러 와.
점심시간에 급식 먹으러 같이 가자.
반 SNS에 초대할게.
내가 우리 반 아이들이랑 선생님 소개해줄게!
우리 동네 맛집을 알려줄게.

서로의 앞날 축하하기

서클 나눔이 끝난 후 서로의 앞날을 축하하는 시간을 갖습니다. '가치선물 바구니 놀이' 때 적었던 가치를 떠올리게 합니다. '소중한 우리 ○○아! 내가 너에게 ◇◇을 선물할게. 선물하고 싶은 이유는 ~~~이기 때문이야' 와 같은 형식으로 원으로 앉은 후 서클을 할 때처럼 돌아가면서 이야기합니다.

"소중한 ○○아. 나는 너에게 소통을 선물할게. 가서도 반 학생들이랑 소통하며 재밌게 지내."

"소중한 ○○아. 너에게 용기를 선물할게. 가서도 용기 있게 지내."

"소중한 ○○아. 너에게 즐거움을 선물할게. 가서도 좋은 친구들 만나서 즐겁게 지내길 바라."

"소중한 ○○아, 너에게 공감을 선물할게. 가서 친구들과 공감하면서 외롭지 않게 지내."

"소중한 ○○아, 너에게 자신감을 선물할게. 가서도 주눅 들지 말고 자신 있게 지내."

전출생에게 가치를 선물하는 과정에서 전출생의 앞날을 축복하며 새로운 곳에서도 잘 지내도록 응원하며 격려하는 시간을 찾습니다. 마찬가지로 전입생에게 가치를 선물하면서 전입생에게 필요한 가치를 확인하고 이러한 가치가 전입생에게 선물이 될 수 있도록 서클을 할 때처럼 돌아가면서 이야기합니다. 다음은 학생들이 전입생에게 가치 선물을 하며 나눈 대화입니다.

"소중한 ○○아. 너에게 편안함을 선물할게. 이제 우리 반에서도 편안하게 지내."

"소중한 ○○아. 너에게 우정을 선물할게. 여기서도 좋은 친구 많이 만나며 지내."

"소중한 ○○아. 너에게 희망을 선물할게. 새롭게 시작하는 이곳도 좋은 곳이야!"

"소중한 ○○아. 너에게 평화를 선물할게. 우리 반에서 평화롭게 잘 지내면 좋겠어."

패들렛으로 롤링 페이퍼 선물하기

환영·추억 서클은 미리 교사가 준비한 질문에 대한 나눔을 위주로 진행되므로 전입생과 전출생에게 못다 한 이야기가 남을 수 있습니다. 그래서인지 학생들은 전출생에게 마지막으로 편지를 쓰고 싶다고 제안했습니다. 여러 가지 방법을 의논한 결과 반 전체 학생과 함께 롤링페이퍼 형태로 편지를 써서 선물하기로 정했습니다. 전출생에게는 반 학생들이 함께 전하는 마지막 선물이 되고, 전입생에게는 환영의 의미를 담은 의미 있는 선물이 됩니다. 하지만 종이에 작성하는 롤링페이퍼는 말아서 보관하기도 어렵고 시간이 지나면 포스트잇이 떨어진다는 단점이 있습니다. 오래 보관하려면 코팅을 하게 되는데, 이 과정이 번거롭습니다. 학생들은 롤링페이퍼를 선물 받은 학생이 더 잘 간직할 수 있도록 패들렛으로 작성한 후 출력물과 함께 파일도 주자는 제안을 했습니다.

교사는 미리 패들렛에 가입한 후 롤링페이퍼를 만들 담벼락 하나를 생성합니다. 학생들에게 QR코드 형식으로 주소를 안내하거나 링크를 학급 SNS를 통해 공지합니다. 패들렛 서식 중에 자연스럽게 포스트잇을 배치할 수 있는 '스트림'을 선택해 롤링페이퍼를 만들었습니다.

빨간 화살표에 있는 점 3개를 클릭하면 생성한 패들렛의 다양한 옵션을 변경할 수 있습니다. 서식을 바꿀 수도 있고 '공유'를 클릭하여 QR

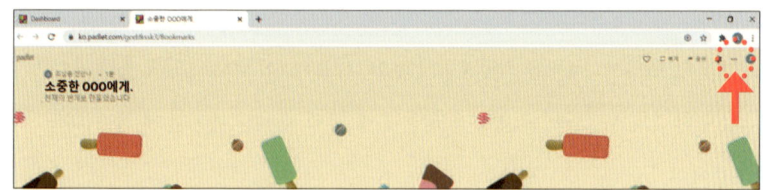

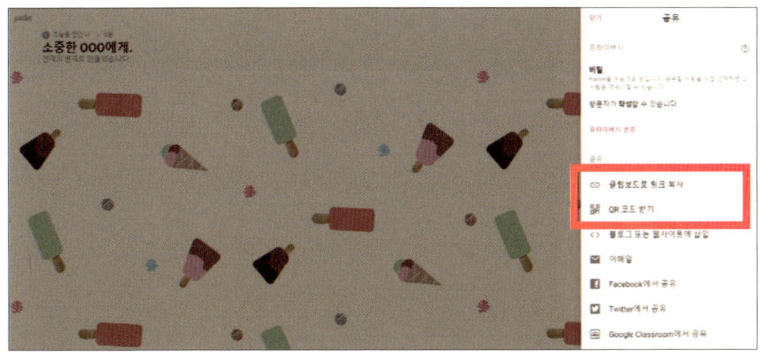

 코드를 받거나 링크를 클립보드에 복사할 수도 있습니다.
  학생들에게 주소를 안내한 후 각자 포스트잇을 하나씩 생성하여 격려의 메시지를 남기도록 합니다. 학생들이 모두 작성한 후 '내보내기'를

클릭하면 다양한 파일의 형태로 패들렛을 저장할 수 있습니다. 'PDF로 저장'을 누르면 PDF 형식으로 패들렛을 저장할 수 있고, 저장 후 출력하여 전학생 및 전입생에게 선물할 수 있습니다.

더 나은 활동을 위한 도움말

『길 떠나는 너에게』는 새로운 환경에 발을 내딛는 모든 이에게 위로와 격려를 주는 책입니다. 페이지마다 있는 작가의 격려와 응원의 메시지가 학생들의 마음을 뭉클하게 하여 이후 진행되는 여러 질문에 대해 학생들이 풍성하게 나눌 수 있었습니다. '전입생 맞이하기 및 전출생 보내기'로 이 책을 소개했지만, 입학식이나 졸업식, 종업식 때 읽어도 좋습니다. 학급에 일 년 동안 전입생과 전출생이 없는 경우 종업식 때 학급 시간을 활용하여 함께 이 책을 읽고 추억 서클을 진행할 수도 있습니다. 일 년간 추억을 되새기고 마지막 이별도 추억으로 간직할 수 있는 의미 있는 시간을 보낼 수 있습니다.

 함께 읽으면 좋은 그림책

『곰이 강을 따라갔을 때』, 리처드 T. 모리슨 글, 르웬 팜 그림, 이상희 옮김, 소원나무, 2020

『바람이 멈출 때』, 샬로트 졸로토 글, 스테파노 비탈레 그림, 김경연 옮김, 풀빛, 2020

『소년과 두더지와 여우와 말』, 찰리 매커시 글, 그림, 이진경 옮김, 상상의힘, 2020

자존감이 낮은 아이

　자존감은 '자아존중감(自我尊重感, self-esteem)의 준말로, 스스로 귀하고 중요하게 여기는 마음을 말합니다. 즉 나는 이 세상에서 사랑받을 만한 가치가 있는 소중한 존재로서 행복하게 살아갈 수 있다고 여기는 마음을 말합니다. 자존감은 남보다 뛰어나기를 바라는 비교의 마음이나 무엇인가를 꼭 잘 해내야 한다는 성취의 마음과는 다릅니다. 자존감은 나를 있는 그대로 인정하고 긍정적으로 받아들이는 자세에서 비롯됩니다.

　자존감이 높은 아이들은 매사에 긍정적입니다. 자신의 능력을 믿어서 열심히 노력하고, 자신을 사랑하는 만큼 다른 사람을 잘 배려할 줄 압니다. 그러나 반대로 자존감이 낮은 아이는 매사에 부정적으로 행동하거나 자신의 능력을 의심합니다. 자신의 장점을 낮추고 단점을 부각시킵니다. 자꾸 움츠러드는 태도로 학교생활에서 많은 어려움을 겪습니다. 담임을 하다 보면 자존감이 낮아 관계에서 소외되거나 위축된 아이들을 만나게 됩니다. 늘 어깨가 움츠려 있고 친구들과의 관계에서도 항상 주눅이 든 모습입니다.

올해도 유독 눈에 들어오는 아이가 있습니다. 긴 머리를 항상 축 늘어뜨리고 제자리에 앉아 늘 그림만 그리는 아이입니다. 하루는 급식 시간 민지(가명)가 급식을 받지 않고 엎드려 있었습니다. "민지야, 왜 급식을 받지 않고 있지요? 어디가 불편하나요?" 하고 물으니 "그냥 속이 좋지 않고 배가 안 고파서요"라고 대답하며 다시 책상에 엎드립니다. 그다음 날에도 급식을 받지 않았습니다. 무슨 고민이 있는지 걱정이 되어 잠시 점심시간에 이야기를 나누었습니다.

교사 오늘도 급식을 받지 않던데, 어디가 아팠던 건가요?

민지 아니요. 그냥 급식을 받기가 싫었어요.

교사 왜죠? 급식 메뉴가 마음에 안 들었나요?

민지 아니요. 그건 아닌데…. 급식을 받으러 나갈 때 친구들이 저를 쳐다보는 것 같아서 긴장돼요.

교사 급식을 받을 때 혹시 다른 친구들이 민지를 불편하게 했거나 기분 나쁘게 얘기했던 적이 있었나요?

민지 아니요. 그건 아닌데… 그냥 눈에 띄는 게 싫고 혼자 있고 싶어서요.

교사 음. 친구들의 시선이 부담스러웠군요.

민지 제가 밥을 먹는 모습을 친구들이 쳐다볼 것 같아서 마음이 불편해요.

교사 실제로 누군가가 쳐다보며 마음을 상하게 했던 경험이 있었나요?

민지 그런 적은 없지만… 왠지 그럴 것 같아요.

실제로 그런 경험이 없는데도 민지는 스스로 자신의 가치를 낮게 평가하고 자신에게 매우 부정적인 태도를 갖고 있었습니다. 자신의 단점만 부각시켜서 자기를 비하하는 모습을 보면서『사랑스러운 까마귀』의 까마귀가 떠올랐습니다. 그림책을 함께 읽고 자기 모습을 있는 그대로 인정하고 부정적인 생각을 긍정적으로 바꾸는 경험을 나누고 싶었습니다.

『사랑스러운 까마귀』 열어보기

표지를 보면 까만색의 까마귀가 보입니다. 까마귀는 자신의 까만 깃털 때문에 불행합니다. 너무 까매서 숯검정 같은 것도 싫고, 깍, 까옥 까옥 시끄럽게 울어 대는 목소리도 싫습니다. 자신의 모습이 너무도 싫습니다. 까마귀는 알록달록한 깃털과 아름다운 목소리를 가지고 싶어 합니다. 까마귀는 매일 밤 꿈속에서 알록달록 예쁜 빛깔의 새들을 부러운 눈길로 바라보며 눈물짓습니다. 눈이 내리던 어느 날, 까마귀는 길모퉁이에서 시인 할아버지를 만납니다. 시인 할아버지는 한눈에 까마귀의 슬픈 마음을 알아차립니다. 그런 까마귀에게 시인 할아버지는 까만색이 얼마나 소중하고 아름다운지 얘기해줍니다.

"난 말이야, 너를 처음 본 순간 내가 쓰는 펜에 넣은 반짝반짝 빛나는 잉크, 깊고 깊은 밤, 꿈나라로 가는 강물, 부드러운 그림자, 뭐 이런 것들이 생각났거든. 게다가 까만색은 다른 모든 색들을 더 빛나게 해주지. 빨간 개양비 꽃밭을 지나가 보렴, 꽃들이 훨씬 더 빨갛게 보일 거야. 새까만 흑단 나무 같은 너의 날개를 쫙 펼쳐서 가을 밀밭을 내려다보렴, 다 익은 밀들이 진짜 황금처럼 반짝 반짝 빛나고 있을 거야."

베아트리스 퐁따넬 글,
앙트완 기요뻬 그림, 고승희 옮김,
국민서관, 2010

    하얀 눈밭 위로 까마귀가 한 발 내딛습니다. 그러자 까만 자신의 모습이 멋지게 돋보입니다. 까마귀는 기뻐하며 하늘을 날기 시작합니다. 시인 할아버지가 집에 도착할 때까지 눈이 내리는 하늘을 오래오래 맴돕니다.

    이 그림책은 자신의 모습 때문에 고민하는 아이들에게 따뜻한 위로와 함께 자신의 모습을 새로운 눈길로 바라보도록 해줍니다. 또한, 자신의 모습을 남들과 비교하며 힘들어하는 아이들에게 스스로의 모습을 더 깊깊게 들여다보며 좋은 점을 발견해내는 데 도움을 줍니다. 시인 할아버지 덕분에 까마귀가 자신에 대한 생각을 바꿀 수 있었던 것처럼, 학생들이 자신의 모습을 긍정적으로 바라보고 스스로 격려할 수 있습니다.

자아존중감 지수 알아보기

    방과 후에 민지와 교실에 남아 이야기를 했습니다. 민지가 자신을 어떻게 생각하는지 알기 위해 자존감 지수 테스트를 했습니다. 자기존중감 척도[13] 10문항으로 이루어져 있어 비교적 쉽고 단순하게 학생들의 자아존중감 지수를 테스트할 수 있습니다. 다음의 문항지를 주고 체크를 해 보게 합니다.

이 척도의 1, 2, 4, 6, 7번 문항은 '매우 그렇지 않다'가 1점이고 '매우 그렇다'가 4점으로 순차적으로 점수를 합산합니다. 부정적으로 진술된 문항인 3, 5, 8, 9, 10번 문항을 역으로 채점한 후 합계를 통해 그 지수를

각 문항을 읽고 여러분의 생각을 잘 나타내주는 칸에 ∨표를 해주시기 바랍니다.				
문항	매우 그렇지 않다	그렇지 않다	그렇다	매우 그렇다
1. 나는 다른 사람처럼 가치 있는 사람이라고 생각한다.	1	2	3	4
2. 나는 좋은 성품을 가졌다고 생각한다.	1	2	3	4
3. 나는 대체로 실패한 사람이라고 생각한다.	4	3	2	1
4. 나는 다른 사람들만큼 일을 잘 할 수가 있다.	1	2	3	4
5. 나는 자랑할 것이 별로 없다.	4	3	2	1
6. 나는 나 자신에 대해 긍정적인 태도를 가지고 있다.	1	2	3	4
7. 나는 나 자신에 대하여 대체로 만족한다.	1	2	3	4
8. 나는 나 자신을 좀 더 존중할 수 있으면 좋겠다.	4	3	2	1
9. 나는 가끔 나 자신이 쓸모없는 사람이라는 느낌이 든다.	4	3	2	1
10. 나는 때때로 내가 좋지 않은 사람이라고 생각한다.	4	3	2	1

---

13 사회학자 모리스 로젠버그가 개발. Rosenberg, Morris(1965), 〈Society and Adolescent Self-image〉 Rev.ed.Princeton, NJ:Princeton University Press. 전병재(1974, 번안)

점수	분류	설명
19점 이하	낮음	스스로 무가치하고 볼품없는 사람으로 여기며 자존감이 낮은 수준으로 나타납니다.
20점 이상	보통	보통 수준의 자존감이 나타납니다.
30점 이상	높음	자신을 수용하고 존중하며 자존감이 다소 높은 수준으로 나타납니다.

알 수 있습니다.

  민지의 테스트 결과 17점이 나왔습니다. 19점 이하는 스스로 무가치하고 볼품없는 사람으로 여기며 자존감이 낮은 수준을 나타냅니다. 민지는 특히 자신을 가치 있는 사람으로 여기고 자신을 긍정으로 바라보는 문항인 1, 6, 7번 문항에서 '그렇지 않다'로 응답해 낮은 점수가 나왔고, 부정적 진술 문항인 5, 8, 9번에는 '매우 그렇지 않다'로 응답해 낮은 점수가 나왔습니다. 민지는 자신에 대해 부정적 평가가 강합니다. 그리고 자신을 좀 더 존중할 수 있으면 좋겠다에 '매우 그렇다'로 응답했습니다.

  민지처럼 자존감이 낮은 아이 대부분 다른 사람의 눈을 매우 의식하고 다른 사람의 평가에 영향을 많이 받습니다. 누군가가 자신을 쳐다보고 무시한다고 생각한다는 피해의식도 있습니다. 또 자신을 무능력하다고 생각합니다. 그래서 매사에 쉽게 포기하고 자신의 약점을 드러내기를 두려워해서 사람들이나 일을 피하는 경향을 보입니다. 스트레스에 취약하고 표정도 조금 어둡습니다. 자존감 지수 테스트를 통해 민지가 낮은 자존감을 가진 아이로서 도움이 필요하다는 것을 확인할 수 있었습니다. 자신을 어떻게 생각하는지 좀 더 구체적으로 알아보기 위해 사물로 자신을 표현해보는 활동을 했습니다.

구체적 사물로 나를 표현하기

구체적 사물로 나를 표현하기는 메타포 기법으로 자기 자신을 어떻게 생각하는지 알아보는 활동입니다. 나를 구체적인 사물로 표현해보고 그 이유를 적어보게 합니다. 학생들은 같은 사물도 다르게 표현하고 자신의 상황을 이입시켜 다르게 해석합니다.

예를 들어, 남학생의 경우 '축구공'으로 자신을 표현하는 아이가 여럿 있지만, 자존감 지수에 따라 축구공을 전혀 다르게 그리고 해석도 각각입니다. 자존감 테스트에서 높은 점수를 받은 아이는 축구장 한가운데에서 스포트라이트를 받고 있는 축구공을 그립니다. 축구장에서 가장 빛나는 것은 축구공이고 모든 사람의 시선은 축구공을 따라 이동합니다. 축구장 곳곳을 누비며 골대를 향해 달려가고, 골인이라도 되면 모두가 환호합니다.

자존감 테스트에서 낮은 점수를 받은 다른 아이는 마찬가지로 자신을 '축구공'이라고 표현했지만, 그 이유가 사뭇 달랐습니다. 오래되고 낡아

자존감 지수가 높은 학생 그림

자존감 지수가 낮은 학생 그림

서 바람이 빠진 축구공으로 여기저기 발로 차이다가 쓸모가 없어져서 버려진 축구공입니다. 그러면서도 누군가가 자신에게 다시 바람을 넣어주고 신나게 놀아주기를 바라는 마음이 담겨 있습니다. 이렇게 학생들이 자신을 바라보는 태도가 이 활동을 통해 드러납니다.

　자존감 지수 테스트를 마치고 민지에게 구체적 사물로 자신을 표현하게 해보았습니다. 자신을 생각하며 떠오르는 이미지를 자유롭게 표현하고 왜 그렇게 생각하는지는 적어보게 합니다. 그리고 함께 이야기를 나눴습니다.

교사	민지가 그린 그림을 설명해줄 수 있을까요?
민지	길에 흔히 있는 돌멩이를 그린 거예요. 길가에 어디에나 있잖아요. 울퉁불퉁 못생겼고, 사람들 발에 이리저리 차이기도 하고.
교사	자신을 돌멩이 같다고 표현한 이유가 있을까요?
민지	돌멩이는 길거리에 흔하게 있잖아요. 꼭 필요하지는 않고,

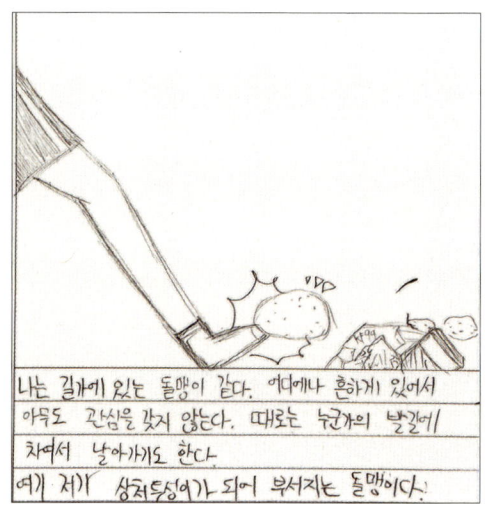

특별하지도 않고, 걸리적거리면 발로 걷어차기나 하는…. 저도 그런 거 같아요. 특별하지도 않고, 잘하는 것도 없고. 가끔 필요할 때는 찾다가 필요 없어지면 그냥 멀어지는….

교사 　자신을 돌멩이로 생각할 때 민지의 기분은 어떤가요?

민지 　조금 슬퍼요. 나는 왜 잘하는 게 아무것도 없을까? 좋은 점이 하나도 없는 것 같아 속상해요. 공부도 못하고, 낯을 많이 가려서 친구들도 쉽게 가까워지기 어렵고….

교사 　민지가 그런 생각을 하고 있다니 마음이 아프네요. 세상에 아무 가치가 없는 사람은 없어요. 자신의 가치를 아직 발견하지 못했을 뿐이랍니다. 민지는 이 세상에서 딱 하나뿐이에요. 그 자체로 소중하고 귀한 존재입니다. 공부를 잘하고, 예쁜 사람만 가치 있고 소중한 존재인 것은 아니랍니다. 민지도 충분히 그 자체로 소중하고 가치가 있는 사람이에요. 선생님이 민지와 비슷한 고민을 하는 까마귀가 등장하는 그림책을 함께 읽고 싶은데, 괜찮을까요?

민지 　네.

　자신을 아무 쓸모없는 돌멩이라고 말하는 아이를 보며 마음이 아팠습니다. 아이는 오랜 시간 동안 성취의 경험이 없고, 주변 친구들과 자신을 비교하면서 스스로 가치 없는 존재라고 여기고 있습니다. 자존감이 낮은 아이들은 자신이 못나고 가치가 없는 존재라고 생각하며 그 생각을 확신하게 해주는 비합리적 증거들을 모아갑니다. 부정적인 경험을 가지고 자신이 가치 없는 존재라고 확신합니다. 이런 생각을 바꿔주어야 합니다. 또 자신의 능력이나 외모와 상관없이 그냥 존재 자체로 소중하고 사랑받아야 한다는 것을 알게 해주고 싶습니다.

다섯 손가락으로 나를 직면하고 격려하기

자신의 모습을 불만스럽게 바라보는 아이와 함께 찬찬히 한 장 한 장 넘겨 가며 『사랑스러운 까마귀』를 읽었습니다. 그림책을 읽고 가장 인상 깊었던 장면에 대해 이야기를 나누었습니다.

교사   그림책을 읽으면서 어떤 느낌이 들었나요?

민지   까마귀의 모습이 안쓰러웠어요. 까마귀가 꼭 저 자신 같았어요. 온통 까매서 희망이 없는…. 까만 것도 싫고, 까악까악 우는 소리도 싫고.

교사   까마귀의 모습에 공감을 많이 했군요. 혹시 그림책을 읽으면서 가장 인상 깊었던 장면을 얘기할 수 있겠어요?

민지   네. 저는 시인 할아버지가 슬퍼 보이는 까마귀의 마음을 알아채고 까마귀를 격려하기 위해 했던 말이 가장 인상 깊었어요. 까마귀를 슬프게 했던 몸 색깔이 그렇게 멋지고 다르게 보일 수 있다니…. 그 말을 들은 까마귀는 운이 좋은 것 같아요.

교사   누구에게나 단점만 있는 것은 아니지요. 자꾸 단점만 보니 자신 안에 있는 긍정적 측면을 미처 못 알아본 건 아닐까요?

민지   그럴 수도 있을 것 같아요. 저도 저의 단점을 긍정적으로 바꿔볼 수 있다는 생각을 해본 적이 없었거든요.

교사   그렇지요. 가장 중요한 건 스스로 자신을 바라보는 태도인 것 같아요. 시인 할아버지의 도움으로 까마귀는 자신의 모습을 조금 더 긍정적으로 바라보는 시도를 해본 거랍니다.

민지   네. 저도 까마귀처럼 저의 단점을 긍정적으로 바라볼 수 있으면 좋겠어요. 저는 아무리 생각해도 못난 점밖에 없거든요.

교사　　　그럼 선생님이 시인 할아버지가 되어주면 어떨까요? 민지가 자신을 좀 더 긍정적으로 바라볼 수 있도록 도움을 주고 싶은데요. 시인 할아버지의 이야기처럼 민지의 모습을 단점으로만 보지 말고 긍정적인 측면으로 바꿔보는 활동을 함께 해볼까요?

민지　　　잘할 수 있을까요?

교사　　　그럼요. 선생님과 함께하면 잘할 수 있을 거예요.

다섯 손가락으로 나를 직면하고 격려하기는 자신의 단점을 적어보게 하고 단점을 긍정적 표현으로 바꿔주는 활동입니다. 네임펜과 가위, A4 크기의 색지를 준비합니다.

먼저 A4 색지에 왼손을 올려서 손 모양으로 따라 그리고, 자신의 단점을 손가락 밖에 적습니다. 그런 다음 손가락 안쪽에 자신이 적은 단점을 긍정적인 표현으로 바꿔 적습니다. 교사는 시인 할아버지가 되어 단점을 긍정적으로 바라볼 수 있도록 도와줍니다. 처음에는 단점을 긍정적인 면

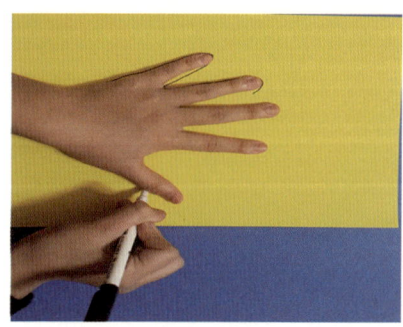

왼손을 종이에 대고 따라 그린다.

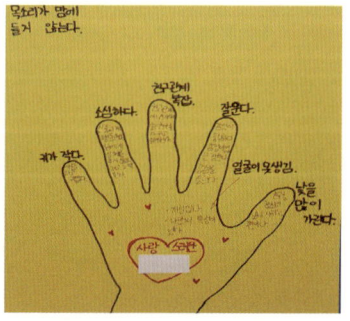

손가락 밖에는 단점을 적고,
안쪽에는 단점을 긍정적으로 바꿔 표현한다.

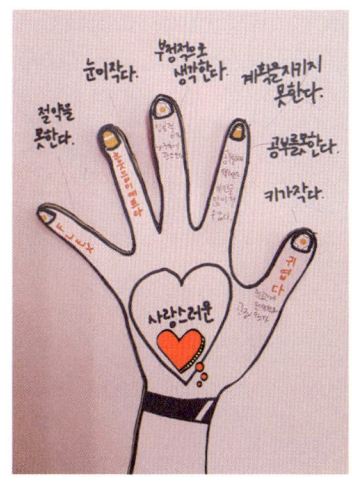 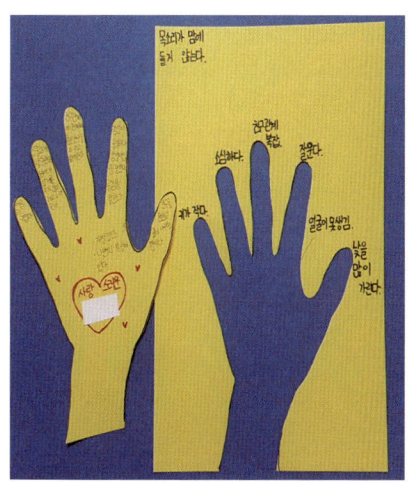

손바닥 안쪽에 '사랑스러운 ○○'이라고 쓴다.
손목이나 손톱도 꾸며본다.

손 모양의 선을 따라 가위로 자른다.
자신을 격려하고 긍정하는 말을 함께 읽는다.

으로 바꿔보는 것을 힘들어할 수 있기 때문에 살짝 도와주면 좋습니다. 한 개 정도 예를 들어 바꿔보도록 격려하면 스스로 자신의 단점을 긍정적으로 바꿔 갑니다. 손가락 안쪽을 긍정의 말로 다 채워보고, 또 자신을 격려할 수 있는 글로 가득 채웁니다. 그런 다음 손을 그린 선을 따라 자릅니다. 손가락 밖에 적힌 단점은 사라지고 손가락 안에 남겨진 자신의 긍정적인 면을 읽어보게 합니다. 자신에게 긍정적인 면도 충분히 있다는 것을 알게 하고 자신을 소중히 여기도록 하는 활동입니다.

교사   오늘은 내가 생각하는 나의 단점을 긍정적으로 바꿔보는 활동을 해볼게요. 먼저 왼손을 색지 위에 올려놓고 손 모양을 따라 그려볼래요? 그런 다음 손가락 그림 밖으로 민지가 생각하는 자신의 단점이나 불만족스러운 점을 적어보세요.

민지	손가락 그림 밖에 쓰는 거죠? 쓸 게 너무 많을 것 같아요.
교사	음, 어떤 내용을 썼나요?
민지	일단 키가 작다, 소심하다, 친구 관계가 복잡하다, 잘 운다, 얼굴이 못생겼다, 낯을 많이 가린다. 이런 것들을 썼어요.
교사	그럼, 이제 그런 단점들을 긍정적으로 바꿔볼 거예요. 키가 작다는 건 어떻게 긍정적으로 바꿀 수 있을까요?
민지	키가 작은 건 싫지만, 또 다르게 보면 아담하고 귀엽다고 표현할 수 있을 거 같아요.
교사	그래요, 잘 생각했네요. 다른 내용도 긍정적으로 바꿔봅시다.
민지	친구 관계가 복잡한 건 친구들의 관계에 정성을 많이 들이고 신중하다고 바꿔볼래요. 잘 운다는 다른 사람의 말에 감정이입이 잘되고 공감을 잘할 수 있다. 얼굴이 못생겼다는 음… 개성 있게 생겼다. 낯을 많이 가린다는 건 관계를 신중하게 시작한다로 바꿀 수 있을 것 같아요.
교사	그래요, 잘했네요. 생각보다 자신의 긍정적인 측면을 잘 찾는 것 같아요.
민지	네. 조금만 더 긍정적으로 바꿔 생각해보니 나에 대해 기분이 좋아지는 것 같아요. 항상 나의 부족한 점만 머릿속에 맴돌았는데, 저도 조금 노력하면 좋은 사람이 될 수 있겠다는 생각이 조금은 드는 것 같아요.
교사	그런 생각이 들었다니 다행이예요. 손가락 중앙에 하트를 그려보고 거기에 '사랑스러운 민지'라고 써볼까요? 그리고 이제 과감히 민지의 단점을 분리시켜봅시다. 가위로 손가락을 그린 선을 따라 잘라보세요.

민지　　　가위로 잘라내는 것처럼 제 마음에서도 이런 부정적인 생각이 없어지면 좋겠어요.

교사　　　민지가 적은 긍정적 모습을 큰소리로 읽어보고 민지에게도 그런 긍정적인 측면이 많다는 것을 잊지 말고 자신을 아끼고 소중히 여기면 좋겠어요.

자존감 램프 만들기[14]

　자신을 격려하고 사랑하는 마음을 담아 자존감 램프에 불을 켜보는 활동입니다. 한지(11×20cm)와 원형 투명 쿠키 통(6.5×12cm), LED 광섬유 램프, 양면테이프, 사인펜(붓펜)을 준비합니다.

　우선 자신을 긍정적으로 바라봅니다. 스스로 소중하고 사랑스러운 존재라고 여기는 마음을 갖도록 합니다. 그리고 종이에 자신을 격려하는 글을 써보게 합니다. 자신에게 해주고 싶은 이야기나, 위로와 격려가 담긴 글을 한지에 예쁘게 작성합니다. 격려의 글이 담긴 종이를 원형 플라스틱 통에 넣습니다. 램프를 켜며 자신의 마음속에 자존감에도 긍정의 불을 켜봅니다. 실내등을 어둡게 하고 자존감 램프를 켜고 자신에게 쓴 격려의 글을 읽어보고 자신을 사랑하고 격려하는 마음을 갖도록 합니다.

교사　　　자존감 램프 만들기를 해본 느낌을 말해볼까요?
민지　　　예쁜 종이에 저 자신에게 하는 위로의 말과 격려의 글을

14　남혜란(2019), 『신개념독서교육 그림책놀이』, 렛츠북, p.105 참고

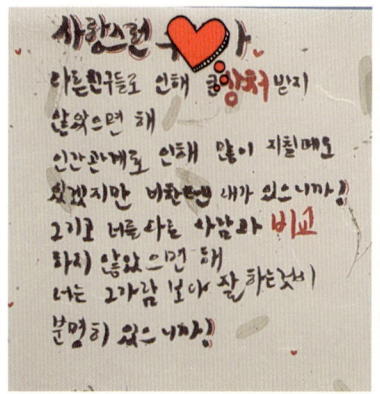
한지에 자신을 격려하고 사랑하는 마음을 담은 글을 적습니다.

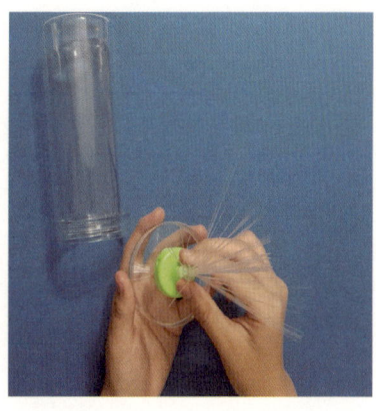
LED 광섬유 램프를 양면테이프로 원형 쿠키 뚜껑 안쪽에 고정시킨다. 광섬유 가닥은 손가락으로 펴줍니다.

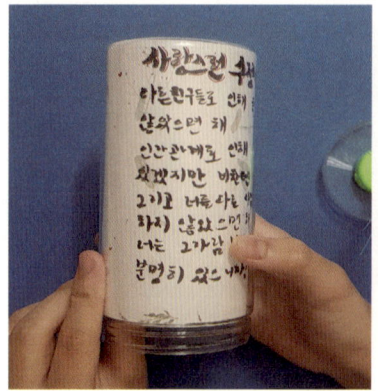
원형 쿠키 통에 격려의 글을 쓴 한지를 넣는다.

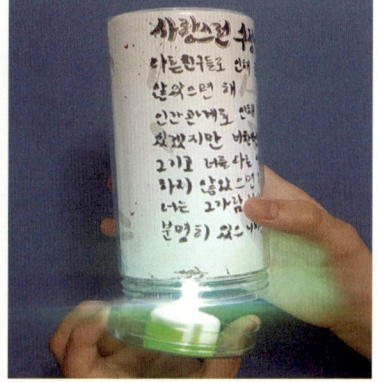
자존감 램프에 불을 켜며 자신의 마음속에 자존감에도 긍정의 불을 켜봅니다.

써보니까 좋았어요. 다른 사람과 비교하지 말고 내가 가진 모습을 사랑하면 좋겠다는 마음을 담았어요. 나는 세상에 하나밖에 없으니까 스스로 사랑하고 존중해야 한다는 사실을 잊지 않으려고요.

교사 와. 정말 소중한 걸 깨달은 것 같아요. 민지의 얼굴이 훨씬 더 밝아진 거 같아서 선생님도 기분이 좋네요.

민지   네. 앞으로도 노력하려고요. 특히 자존감 램프에 불이 켜질 때 왠지 제 마음에도 긍정의 불이 켜지는 것 같아 기분이 좋았어요. 제 방에 두고 매일 보면서 저를 응원할래요.

교사   멋진 생각이네요. 민지의 마음에 항상 자존감 램프가 켜지길 바랄게요. 민지는 소중한 사람이니까요.

자신의 단점만 크게 생각하고 고민하는 아이들에게 따뜻한 위로를 주는 활동입니다. 자신을 새로운 시각으로 바라보고 긍정의 마음을 키울 기회를 갖게 됩니다. 자신에게 격려의 글을 쓰고 자존감 램프를 만들어 보는 활동을 통해 자신을 사랑하고 격려하는 것이 중요하다는 것을 느껴봤던 소중한 경험입니다.

더 나은 활동을 위한 도움말

"나는 소중한 사람이야", "나는 이 세상에 꼭 필요한 사람이야", "참 잘했어", "해낼 줄 알았어" 등 자신을 격려하는 말은 자신감을 키워줍니다. 하루에 한 가지씩 자신을 칭찬하고 격려하는 습관을 가질 수 있도록 해 봅니다. 또 학급에서 책임 있게 할 수 있는 일을 부여해주고, 책임 있게 일을 마쳤을 때 칭찬의 피드백을 해주는 것도 좋은 방법입니다. 자존감이 낮은 아이들은 스스로 칭찬하고 인정하는 것이 어렵습니다. 교사나 친구들이 시인 할아버지와 같은 역할을 해주면 좋겠습니다.

📚 함께 읽으면 좋은 그림책

『민들레는 민들레』, 김장성 글, 오현경 그림, 이야기꽃, 2014

『커다란 악어알』, 김란주 글, 타니아손 그림, 파란자전거, 2013

『너는 특별하단다』, 맥스 루케이도 글, 세르지오 마르티네즈 그림, 아기장수의날개 옮김, 고슴도치, 2002

『안나는 고래래요』, 다비드 칼리 글, 소냐 보가예바 그림, 최유진 옮김, 썬더키즈, 2020

욕설을 자주 하는 아이

　말은 사람이 가장 본능적으로 욕구를 표현하는 도구입니다. 말을 통해 그 사람의 생각을 직접적으로 알 수 있으며, 말을 한 사람은 자신이 한 말에 스스로 구속되기도 하고 책임을 지기도 합니다. 이토록 중요한 말이기에 말을 할 때 신중해야 하는데 학급에서 일상적으로 하는 말의 대부분이 욕설인 친구를 만날 때가 있습니다. 또는 친구 관계에서 장난삼아서 하거나 감정이 격앙되어 자신도 모르게 욕설을 내뱉을 때도 있습니다. 일부러 상대방이 들으라고 할 때도 있고, 상대방이 듣지 않으리라 생각하고 혼잣말로 하는 경우도 있습니다. 어떤 경우에는 교사에게 욕설을 하는 경우도 있습니다. 우연히라도 욕설을 들으면 심한 모욕감을 느끼고 깊이 마음의 상처를 받습니다.

　아이들은 왜 욕설을 하는 걸까요? 말은 마음과 연결되어 있습니다. 아무리 감추려 해도 자신의 본래 마음을 감추는 것은 어렵습니다. 갈등 상황에 처해 있거나 갑자기 분노가 폭발할 때 나오는 말은 그 사람의 마음을 그대로 반영합니다. 깊이 생각할 겨를도 없이 곧바로 분노의 감정이

입 밖으로 나와 버려 낭패를 당하는 경우가 많이 있습니다. 특히 청소년기에는 감정을 조절하기 어렵고 충동적이어서 스스로 노력하지 않으면 바른 언어 습관을 유지하기 어렵습니다. 대중매체, 게임, SNS 등 인터넷 환경에 무방비로 노출되어 있어 여러 종류의 욕설을 모방하게 됩니다.

또는 다른 친구들보다 좀 더 힘이 세다는 것을 보여주고자 일부러 욕설을 하는 경우도 있습니다. 처음에는 그다지 욕설을 많이 하는 편이 아니었는데, 하다 보니 점점 더 습관이 되어버린 경우도 있습니다. 무심코 하는 욕설에 누군가는 마음의 상처를 입고, 누군가는 또 다른 사람에게 상처를 입게 됩니다.

다영(가명)이는 학급에서도 항상 자기주장을 내세우고 목소리도 큰 편입니다. 어느 날 수업이 시작되어 교실에 들어가자 쉬는 시간에 무슨 일이 있었는지 다른 친구와 다투는 다영이를 보게 되었습니다. 교사가 있는데도 큰 소리로 욕설을 퍼붓고 있었습니다. 상대방 친구는 물론 다른 학급의 친구들이 서로 눈짓을 하며 자기 자리로 돌아가 앉는데도 다영이는 여전히 분노가 가라앉지 않는지 욕설을 그치지 않았습니다. "그만하고 자리에 앉자!"라고 주의를 주고 수업을 시작했지만, 마음은 이미 심란했고 제 감정도 좋지 않았습니다. 이런 경우 아이들을 따로 불러 훈계를 해도 일시적일 뿐 아이의 욕설 습관이 쉽게 고쳐지지는 않습니다.

말을 하기 전에 내가 하고자 하는 말을 한 번 더 생각해볼 필요가 있습니다. 말이 곧 그 사람이며, 말은 그 사람의 인격을 보여주기 때문입니다. 검댕이 친구들 세계에서 주인공 '꺼져'가 원하는 세상이 무엇인지, 또 자신이 원하는 세상을 찾기 위해 어떤 용기를 내었는지를 그려낸 『누군가 뱉은』을 소개합니다.

『누군가 뱉은』 열어보기

『누군가 뱉은』은 표지에서부터 강렬한 그림으로 이야기가 시작됩니다. 누군가 뱉어낸 검댕이 '꺼져'는 비슷한 검댕이 친구들을 만나게 됩니다. 이들의 이름은 '꺼져'처럼 'XXX', '**' 등 욕설입니다. 자신의 이름을 차마 말할 수 없는 친구들은 서로 자기가 더 세다고 자랑합니다.

검댕이들은 '꺼져'에게 그들의 놀이를 소개합니다. 두 사람이 서로 싸우기 직전, '신호'가 오면 검댕이들은 화가 난 사람의 머릿속으로 쑤욱 들어가서 곧바로 시커멓게 입으로 다시 뱉어집니다. '꺼져'는 입으로 뱉어진 검댕이들이 상대방 얼굴에 그대로 착지해 버리는 이상한 현상을 보게 됩니다. 검댕이들은 이 놀이를 하며 재미있어합니다. 자신들 때문에 슬퍼하고 괴로워하는 얼굴들을 구경하며 성공했다고 말합니다. 하지만 주인공 '꺼져'는 이런 놀이가 즐겁지 않습니다. 2명이 한 명을 두고 수군대고, 서로 주먹질을 하며 싸우고, 지나가는 여자를 두고 욕을 하고, 결국 그 욕설을 들은 여자는 말없이 울고….

'꺼져'는 검댕이 친구들을 떠나갑니다. 홀로 걸어가던 중 무지갯빛 방울들이 둥실둥실 떠가는 것이 보여 아름다운 빛을 따라갑니다. 그 무지개 방울들의 근처에는 웃음소리가 가득합니다. 사람들이 얘기할 때마다 무지개 방울들이 생겨났고 '꺼져'도 덩달아 기분이 좋아집니다. '꺼져'는 아름다운 무지개 방울들이 있는 세상에 속하고 싶어 합니다. 그런데 '꺼져' 주위로 다시 검댕이 친구들이 하나둘 모여듭니다. 그러자 무지갯빛 방울들이 퐁퐁 터져 버립니다. 그토록 밝고 환하게 즐겁게 웃던 사람들이 모두 떠나 버립니다. '꺼져'는 더 이상 검댕이들과 있고 싶지 않았습니다.

경자 글·그림,
고래뱃속, 2020

　욕설로 인해 상처받는 사람들의 마음과 표정을 그림으로 잘 보여주고, 주인공 '꺼져'의 변화에 마음이 따뜻해지는 책입니다. '꺼져'는 왜 검댕이 친구들과의 놀이가 즐겁지 않았을까요? 말은 참으로 전파력이 강합니다. 검댕이들이 몰려들면 사람들의 웃음소리, 즐거워하는 이야기, 분위기가 순식간에 사라집니다. 누군가 뱉은 말이 무지갯빛이 되어 그곳이 천국이 되기도 하고 검댕이 지옥이 되기도 합니다.

욕설의 원인 분석하기

　『누군가 뱉은』을 글로 한번 읽고, 그림으로 또 한 번 천천히 읽습니다. 이 그림책은 글보다는 상황이 주는 의미와 꺼져와 검댕이 친구들, 사람들의 표정을 자세히 관찰하며 읽어야 숨겨진 메시지를 발견할 수 있습니다. 그림책을 두 번 읽고 나서 서로 느낌을 나누어 보았습니다.

교사	함께 그림책을 읽어보았는데, 느낌이 어떤가요?
다영	우리가 하는 말에 대해서 뭔가 경고하는 책인 것 같아요. 여기 나오는 검댕이들이 우리가 내뱉는 욕설을 표현한 것 같아요.
교사	그렇죠? 선생님도 다영이와 같은 생각이에요. 다영이는 어떤 장면이 제일 마음에 남나요?
다영	저는 사람들이 화가 났을 때 검댕이들이 분노하는 사람의 정수리로 올라가서 바로 입으로 시커멓게 튀어나와서 상대방의 얼굴에 가서 착지하는 장면이 가장 기억에 남아요. 그리고 검댕이들이 몰려다니는 장면도 인상적이에요. 서로 자신이 제일 세다고 말하는 검댕이도 있고, 차마 이름을 말할 수 없다고 하는 검댕이도 있고 그 자신조차 자기 입으로 이름을 말할 수 없다고 하는 걸 보니까 얼마나 심한 욕일까? 라는 생각도 들어요.
교사	선생님도 사람의 정수리로 검댕이들이 올라가는 장면과 상대방 얼굴에 검댕이가 붙어버리는 장면이 기억에 남네요, 참 끔찍하네요. 그런데 다영이도 친구랑 마음이 안 맞거나 힘들고 어려운 일도 간혹 있죠? 어떤 경우에 욕을 하게 되나요?
다영	저는 기분이 나쁘거나 짜증 날 때 욕을 하는 것 같아요.
교사	그렇군요. 친구가 어떻게 했길래 기분이 나쁘고 짜증이 났나요?
다영	교실에서 잘난 척하는 애들이 있어요. 공부 좀 잘한다고 저번에 제가 상희에게 급하게 펜 좀 빌려달라고 했더니 안 빌려주더라고요. 화가 나서 욕을 해버렸어요. 저를 무시하는 것 같았어요. 평소에도 걔는 사람을 좀 무시하곤 했어요. 또 어떤 경우에는 그냥 이유 없이 욕을 하는 경우도 있어요. 그 친구 때문에 기분 나

쁜 건 아닌데, 그냥 그 친구에게 화풀이하듯 욕을 할 때도 있었던 것 같아요.

교사 그런가요? 이유 없이 욕을 하는 경우는 어떤 경우죠?

다영 그 친구가 특별히 잘못한 건 아닌데, 괜히 선생님들한테 아양 떨고. 자기 혼자 대답하고, 질문하고, 그럴 때마다 조금 비위가 상해요. 저도 왜 걔가 싫은지는 잘 모르겠어요.

교사 그렇구나. 그럼 다영이는 집에서 부모님이나 가족과는 어떻게 지내요?

다영 집에서는 특히 아빠가 저랑 언니를 비교할 때 좀 짜증 나요. 언니만큼 제가 공부를 못 한다고요, 아빠가 그러니까 가끔 언니도 덩달아 저를 무시해요. 언니는 내가 아닌데, 왜 자꾸 나와 비교하는지 모르겠어요. 짜증 나요.

교사 그랬군요. 누구든지 비교당하면 화가 나죠. 혹시 다영이는 친구들 따라서 욕을 한 적은 없었나요?

다영 처음에는 친구들이 장난삼아 욕하면 저도 덩달아 욕을 했던 것 같아요. 사실은 그 욕이 무슨 의미인지도 모르고, 그렇게 나쁜 표현인지도 잘 몰랐던 것 같아요. 따라서 하다 보면 왠지 그 친구들과 내가 하나가 된 것 같기도 했고요. 그림책에서 검댕이들이 몰려다니면서 사람들이 슬퍼하는 것을 보고 재미있어하는 장면이 있었는데, 저도 약간 그랬던 것 같아요.

교사 음. 다영이도 그런 경험이 있었군요. 그런데 이 책의 주인공 '꺼져'는 왜 검댕이 친구들의 놀이가 재미있지 않았을까요? 왜 혼자 떠났을까요?

다영 저도 이 느낌 알 거 같아요. 욕을 많이 하다 보면 어느 순간

저 자신이 싫어질 때가 있어요. 점점 더 제 상태가 나빠지는 것 같구요. '꺼져'는 원래 좋은 아이였던 것 같아요. 그래서 남의 불행을 보고 즐거워하는 주위 친구들의 모습이 싫지 않았을까요?

교사	욕을 하면서 본인도 기분이 좋지 않군요.
다영	네. 욕을 하면서 기분이 좋은 경우는 별로 없는 거 같아요. 욕하고 나서 약간 후련한 적도 있지만 후회한 적도 많아요. '이젠 안 해야지, 안 해야지' 생각하면서도 습관이 되어버려 나도 모르게 나올 때가 많아요. 함께 다니던 친구들과 이야기하다 보면 자연스럽게 휩쓸리기도 하구요. 어떤 친구들과 같이 있느냐가 중요한 것 같아요. 중학교 1학년 때 친구들을 만났는데, 그 친구들과 친하게 지내면서 심하게 욕을 많이 했었어요.
교사	지금 그 친구들과의 관계는 어떤가요?
다영	고등학교 오면서 헤어지게 되었어요. 요즘은 연락을 안 하고 지내요. 그 친구들은 자주 안 만나고, 또 여기 학교에 와서 사귄 친구들은 그다지 욕을 많이 하지는 않더라고요. 저도 욕을 안 해야지 생각은 하는데, 습관인지 저도 모르게 가끔 입에서 나와버려요.
교사	네, 맞아요. 다영이도 잘 알고 있네요. 말이라는 게 습관이 되기 쉬워요. 어느 순간 쉽게 고쳐지지 않죠. 그리고 말을 하는 사람이 제일 먼저 그 욕설을 듣는 거잖아요. 상대방에게 가기 전에 이미 내가 먼저 그 소리를 듣는 거니까 본인이 가장 피해를 많이 본다고도 말할 수 있어요. 다영이도 마음 먹으면 예쁘고 사람들을 기분 좋게 웃게 하는 말들을 잘할 수 있어요. 좋은 말이 무엇인지도 배우고 자기 것이 되도록 노력도 해야 합니다.
다영	네 선생님, 저도 노력해볼게요.

욕설에 대한 감정, 기분을 마스크에 표현해보기

그림책에서 검댕이들이 뱉은 사람의 입에서 나가자마자 상대방의 얼굴에 착지하는 장면이 나옵니다. 화를 참지 못해 검댕이(욕설)를 내뱉으면 그 말을 받은 사람의 마음에서 쉽게 사라지지 않고 가슴앓이를 하거나 또 다른 분노에 시달리게 됩니다. 만약 우리 마음에도 마스크가 있다면 이런 검댕이들의 공격에서 조금은 안전할 수 있겠지요? 누군가가 내뱉은 욕설을 들었을 때 어떤 기분이었는지, 또는 어떤 감정이었는지를 마스크에 표현해보도록 했습니다. 준비물은 일회용 마스크와 매직펜입니다.

욕설의 피해를 입은 당사자는 물론 마음의 상처를 입고 어려움을 겪게 되지만, 욕설을 내뱉은 당사자도 관계의 어려움을 겪게 됩니다. 입말이 욕설로 습관이 된 사람과는 누구도 관계를 맺고 싶어 하지 않거나 대화를 꺼릴 것이기 때문입니다.

마음에 남는 그림책 장면	갑자기 주위가 소란스러워지더니, 친구들(검댕이)이 웅성거리며 몰려간다. "시작하려나 봐, 어서 가자." "꺼져야, 너도 같이 구경 가자." "잘 봐! 내 차례야" 검댕이 중 하나는 이렇게 말하고 분노로 이글거리는 사람의 정수리로 쑤욱 들어간다. 그러자 정수리로 들어갔던 검댕이는 다시 그 사람의 입에서 쏟아진다. 그 검댕이는 상대방 여자의 얼굴과 목에 붙어버린다. 그 상황을 구경하던 다른 검댕이들은 오늘도 성공이라며 배를 잡고 웃으며 좋아한다.

검댕이가 붙은 기분을 마스크에 표현하기	검댕이는 귀신같이 생겼을 것 같고, 시커멓거나 누런 색깔들이 섞여 더럽고, 몸과 마음에 붙어서 쉽게 떨어질 것 같지 않다. 그들의 형체는 분명하지 않는데 연기처럼 공기 중에 마구 떠돌아다니며 사람들을 괴롭히는 이상한 물체일 거라고 생각된다.
상대방이 욕을 했을 때 나의 감정	검댕이(상대방 욕설)가 내 마스크에 붙었다고 생각하니 너무 끔찍하다. 마치 나쁜 바이러스가 전염된 것처럼 온몸과 마음이 아플 것 같다. 마스크를 썼더라도 기분이 나쁜 말은 내게 상처가 될 수 있다. 오랫동안 아플 것 같다. 화가 날 때 나도 그렇고 사람들은 거의 짐승이 되는 것 같다. 내게 욕하는 사람은 다시는 보고 싶지 않다.
내가 욕설을 했을 때 상대방이 느꼈을 감정	물론 그 친구가 나를 화나게 한 면도 있지만, 욕을 했을 때 그 친구가 어떤 기분이었는지는 미처 생각하지 못했었다. 나도 모르게 욕이 튀어 나와버렸다. 그때 곧바로 미안하다고 사과하지 못했다. 지금도 후회된다. 그 친구를 다시 만나면 꼭 "미안하다!"라고 말하고 싶다.
나의 각오	앞으로 화가 나는 일이 있어도 내 입에서 나온 검댕이들이 다른 사람 마음에 상처를 줄 수 있으니까 조심해야겠다. 좀 더 참거나 다른 말로 표현해야겠다. 말이 습관이 되어버릴 수 있다는 게 무섭다. 내가 하는 말이지만 내 맘대로 안 되고, 그것이 상대방에게 똥을 뒤집어씌우는 것일 수도 있음을 알게 되었다. 앞으로는 조심해야겠다.

'꽃 같은 말 짓기'[15] 게임

학생들이 자신도 모르게 욕설이 습관이 된 경우 자신의 언어 습관을 바꾸도록 문장을 만들며 연습해보는 게임입니다. 자신이 하고자 하는 말을 꽃 같은 말로 지어보게 하는 것입니다. 말로 인해 주위 사람을 웃게 하거나 행복한 분위기로 바꿀 수 있음을 체험하게 하는 것이 목적입니다.

서로 마주 보고 앉아서 게임을 시작합니다. 만약 온라인으로 만나야 할 경우 실시간 화상으로도 진행이 가능합니다. 제시어를 시작하는 말로 사용하여 문장을 지어보는 게임입니다. 제시어는 한 글자일 수도 있고, 한 단어일 수도 있고, 2~3개의 단어일 수도 있습니다. 교사가 제시어를 줄 수도 있고, 학생들이 원하는 글자나 단어를 제시어로 주고 게임을 진행할 수도 있습니다. 말 짓기 훈련을 게임으로 진행하면 학생이 주어진 조건에 맞게 말 짓기를 연습하게 되므로, 실습하는 과정에서 긍정적 피드백을 할 수 있습니다. 말도 훈련과 연습이 필요합니다. 예쁜 말을 많이 할수록 말을 하는 사람의 부정적 언어 습관이 차츰 변화될 수 있습니다.

예시: '말'이라는 제시어를 넣어 문장 짓기

조건: 문장은 사람을 기분 좋게, 행복하게, 미소 짓게 하는 것이어야 함

> 말은 나에게 힘을 불어넣어 줍니다.

게임의 규칙은 다음과 같습니다. 교사가 제시어를 말합니다. 그러

---

15 알story, 아이스 브레이크-카드 중 31번 "작가 게임"을 응용함

면 학생이 예시처럼 자신이 생각한 문장을 말합니다. 생각하는 시간은 5~10초입니다. 상황에 따라 시간을 자유롭게 부여하되 게임의 재미를 감안하여 가급적 시간을 짧게 줍니다. 이때 말이 안 되거나 상대방이 들었을 때 기분이 나빠지는 등 좋은 문장이 아닌 경우 감점을 받게 됩니다.

한 글자를 제시하는 게임을 하고 나서, 문장 중간에 한 글자를 더 추가하여 업그레이드할 수도 있습니다. 예를 들면 '말+다리' 라는 형식을 제시합니다. '말은 사람을 이어주는 다리입니다' 처럼 표현합니다. 문장을 잘 표현한 경우 점수를 주어 활동지에 가산된 점수를 10점씩 더하여 쓰게 합니다. 문장을 잘 만들지 못하거나 주어진 시간 내 말하지 못한 경우, 조건에 맞지 않는 문장을 표현한 경우에는 벌칙으로 10점씩 감하여 기재하게 합니다. 한 문장당 점수는 10점입니다. 2단계에는 문장당 20점씩 더해지고, 3단계는 30점이 더해집니다. 실시간 화상으로 하는 경우 본인의 이름 옆에 '이름 바꾸기'를 활용하여 게임이 진행될 때마다 해당 점수를 더하거나 감하면서 활동할 수 있습니다.

한 글자가 제시어인 경우 활동은 다음과 같습니다. 교사가 제시한 단어입니다.

나 : 나를 더 사랑하는 사람이 되자.

너 : 너에게 미안하다는 말을 하고 싶다.

두 개의 단어를 제시한 경우 활동은 다음과 같습니다. 이 경우 제시한 단어가 순서대로 들어가도록 문장을 지어야 합니다.

말+색깔	말은 어떤 말을 하느냐에 따라 다양한 색깔을 가진다.
말+감정	말은 내 감정을 표현하게 한다.

세 개의 단어를 제시한 경우 활동은 다음과 같습니다. 이번에는 학생이 제시한 단어로 문장 짓기 게임을 해보았습니다. 이 경우에도 역시 제시되는 단어가 순서대로 들어가도록 문장을 지어야 합니다.

친구+웃음+바람	친구와 싸우기보다 화해하고 웃음으로 다시 만날 수 있는 시간을 갖고 싶은 바람이 있다.
소리+꽃+하늘	소리를 통해 내뱉어진 말이 꽃 같은 말이 된다면 하늘은 온통 무지갯빛이 될 것이다.

이 게임을 하고 난 이후 느낌을 나누었습니다. 한 단어에서 두세 개의 단어를 추가로 넣어 게임을 진행할 때 다영이는 어려워했습니다. 그러나 두세 번 게임을 반복하고 칭찬을 받으면서 자신도 좋은 문장을 만들 수 있고 예쁜 말을 할 수 있겠다는 자신감을 갖게 되었습니다. 다영이는 그동안 상대방을 생각하기보다 그냥 기분 내키는 대로 말을 했다고 합니다. 이 게임을 통해 상황에 맞는 말, 좋은 말을 하는 것도 연습과 훈련이 필요함을 느꼈다고 합니다. 다른 사람의 기분이나 표정을 살피게 되고, 상황이나 분위기도 관찰하게 되었습니다. 자기 주변 사람들이 하는 말도 주의 깊게 듣게 되었다고 합니다.

더 나은 활동을 위한 도움말

언어는 생각을 표현하는 수단입니다. 올바른 언어의 사용은 바른 행동과 인격을 형성하는 중요한 도구입니다. 한두 번의 만남으로 욕설을 자주 하는 아이의 언어 습관이 쉽게 달라질 거라 기대하기는 어렵습니다. 그러나 자신이 느끼고 상대방 입장에서 생각하고 자신의 언어 습관을 성찰해본 경험은 중요한 변환점이 될 수 있습니다.

후속 활동으로 오나리 유코 작가의 『말의 형태』를 읽고 자신이 하는 말이 어떤 형태나 모양을 띠는지, 어떤 색깔인지를 생각하게 하는 것을 추천합니다. 만약에 우리가 하는 말을 실제 눈으로 볼 수 있다면 어떤 모양인지를 그려보게 하고 자신이 평소 하고 있는 말의 모양과 색을 표현하게 합니다. 소중한 사람에게 꽃 같은 말을 전하고, 상황에 맞는 적절한 말을 하는 데 도움이 됩니다.

 함께 읽으면 좋은 그림책

『나는 [ ] 배웁니다』, 가브리엘레 레바글리아티 글, 와타나베 미치오 그림, 박나리 옮김, 책속물고기, 2018

『말의 형태』, 오나리 유코 글·그림, 허은 옮김, 봄봄, 2020

『세상에서 가장 힘이 센 말』, 이현정 글, 박재현 그림, 맹앤맹, 2012

『아홉 살 마음 사전』, 박성우 글, 김효은 그림, 창비, 2017

불안이 많은 아이

　불안은 더 잘하고 싶은 마음, 나쁜 결과가 있었던 과거에 의해 학습된 실패 경험에서 야기되는 감정입니다. 때때로 시간이 지나면 다 해결될 것 같은 일에도 아이들은 불안해합니다. 하지만 어른들도 어렸을 적에 다양한 것에 불안을 느꼈던 적이 있었으며, 이유만 조금 달라졌을 뿐 불안은 살아가는 데 있어 함께 지니고 가야 함을 알고 있습니다. 불안이라는 감정을 잘 달래며 옆에 둘 수 있는 여유를 갖는 것이 조금 더 나은 삶을 살게 되는 원동력이 됩니다.
　불안에는 무엇에 쫓기거나 코너로 몰리는 듯한 압박감이 함께 합니다. 다시 말해 그 압박감에서 벗어나고픈 강한 욕망이 만들어낸 심리상태라고 말할 수 있습니다. 공포나 두려움을 특정 대상에 대해 느끼는 감정으로 본다면, 불안은 불확실한 대상에 대해 느끼는 보다 막연한 정서라고 구분할 수 있습니다. 그렇다면 불안의 대상을 명확하게 직시하는 것은 과도한 불안에서 벗어날 수 있는 한 가지 방법이 되지 않을까요?
　수민(가명)이는 수업 시간에 묻는 말에 겨우 대답을 하고, 먼저 나서서 자신의 이야기를 하는 경우가 없었습니다. 행동도 조심스러워 소극적이고 내성적인 아이라고만 생각했습니다. 그런데 친구들하고 있는 수민이의 모습은 사뭇 달랐습니다. 수업 시간 외에는 친구들과 자유롭게 웃고 떠들고 주변 친구까지 포섭하여 노는 활발한 아이입니다.

문장 완성 검사지를 통해 수민이가 수업 시간과 수업 외 시간의 모습이 확연하게 다른 이유를 알게 되었습니다. 수민이는 다문화 가정의 아이지만 한국에 일찍 정착했기 때문에 의사소통이 원활하고 생각하는 것도 한국 아이들과 별반 다를 것이 없습니다. 그러나 교사의 질문에 순발력 있게 대답해야 하거나 발표하는 것을 힘들어하는 발표 불안이 있었습니다. 그런 수민이에게 수업 시간은 늘 불안하고 곤혹스러웠기에 자연스럽게 움츠러들고 결과적으로 학습에 흥미 또한 붙이기가 어려웠던 것입니다. 수민이가 불안의 실체를 파악하고 발표 불안에서 벗어날 수 있도록 돕고 싶었습니다.

『불안』 열어보기

이 책은 어떻게 불안을 마주해야 하는가에 관해 이야기합니다. 아이가 발을 딛고 있는 땅속에는 알록달록한 형태의 물체들이 가득 들어 있습니다. 아이는 더 깊은 곳에 있는 하얗고 긴 끈을 잡고 있습니다. 끈이 팽팽하지 않은 것으로 보아 당기고 있지는 않은 듯합니다. 아직까지 망설이고 있는 것으로 보입니다. 색깔 펜의 낙서와 같은 면지를 넘기면 '사랑, 행복, 기쁨…. 과 함께, 불안도 내 안의 감정'이라는 문장이 담긴 첫 페이지가 나옵니다. 페이지를 넘겨 작가 소개와 표제지에 이르기 전 색과 굵

조미자 글·그림,
핑거, 2019

기가 다른 여러 개의 끈이 하나의 구멍으로 빨려들어 가는 페이지가 있습니다. 다시 보면 빨려 들어가는 것이 아니라 튕겨져 나오는 것처럼 보이기도 합니다. 땅속에는 다양한 것들이 분명 있어 보입니다. 작가는 불안을 때때로 어지럽게 하고 무섭게 하고 가득 차 있다가도 어느 순간 사라져 버렸다가 또다시 나타나 놀라게 하는 것이라고 말합니다. 어쩜 불안에 대한 그 어떤 사전적 정의보다 부족함 없이 표현했는지 다시 한번 되짚어 읽어봅니다.

이제 주인공은 어떻게 할까요? 궁금하긴 했지만 두려워서 알고 싶지 않은 그것, 불안을 만나보기로 합니다. 천천히 긴 시간 온 힘을 다해 불안과 연결된 끈을 끌어 올리며 드디어 맞닥뜨립니다. 아주 크고 무서운 불안은 주인공이 숨어도 금세 찾아냅니다. 섣불리 만나려고 한 것을 후회하기도 합니다. 머릿속에 온통 불안으로 가득 찼을 때 주인공은 스르륵 잠이 들었습니다. 잠을 자고 나니 불안은 어느새 그 이전보다 작아져 있었습니다. 이제 주인공과 작아진 불안은 함께 있습니다. 목욕할 때도, 외출할 때도, 자전거를 탈 때도…. 심지어 이야기를 나누기도 합니다. 어느

새 불안과 고민을 나누고 기분을 말할 정도로 친해집니다. 오래전부터 알고 지낸 사이처럼 함께 텔레비전도 보고 불안이 아이의 무릎에 누워 잠을 청하는 지경에 이르렀습니다. 아이는 슬며시 불안에 매달려 있던 끈을 풀어버립니다. 더 많은 이야기를 함께 나누고 무서운 일이 생기면 괜찮냐고 안부를 물으면서 친구가 될 수 있을 것 같다는 생각을 합니다.

『불안』은 사람들 속에는 다양한 감정이 있듯이 불안은 언제 어디에나 있음을 이야기합니다. 그런 불안을 마냥 피하거나 억누르기보다는 옆에 나란히 두고 위로받으면서 극복하게 합니다.

문장완성검사로 아이의 마음 알아차리기

먼저 아이들의 불안을 구체적으로 살펴봅니다. 문장완성검사(SCT)[16]는 불안뿐만 아니라 현재의 다양한 감정 상태를 알아차리기에 아주 좋은 도구가 됩니다. 문장완성검사의 질문에는 어머니·아버지에 대한 태도, 대인 지각 및 관계, 학교생활에 대한 태도, 부정적인 것과 긍정적인 것에 대한 태도, 자신의 능력에 대한 태도, 과거·현재·미래·목표에 대한 태도 등으로 구성되어 있습니다.

아이에 대한 많은 정보를 엿볼 수 있기 때문에 첫 만남부터 하는 것은 좋지 않습니다. 자칫 잘못하면 선입견이 생길 수도 있어 제대로 볼 수 없기 때문입니다. 급식 시간 밥을 먹는 모습만으로도 아이들의 상황과 상태를 알 수 있을 때쯤 하는 것이 좋습니다. 그래야만 달라진 것에 관심을

---

16 https://koolkool99.com/1032 인용

기울이게 되고, 어떤 방법으로 대해야 좋을지 가닥이 잡힙니다. 그중 몇 개의 문장에는 아이가 불안해하는 상황이 담기기도 합니다.

Q: 1. 내가 가장 좋아하는 사람은 _____

Q: 2. 내가 백만장자라면 _____

Q: 3. 이번 방학에 꼭 하고 싶은 것은 _____

Q: 4. 내가 신이라면 _____

Q: 5. 내가 앞으로 하고 싶은 일은 _____

Q: 6. 내 생애에서 가장 행복한 날은 _____

Q: 7. 만일 내가 지금 나이보다 10살이 위라면 _____

Q: 8. 다른 사람들은 나를 _____

Q: 9. 내가 가장 우울할 때는 _____

Q: 10. 내가 가장 성취감을 느낄 때는 _____

Q: 11. 내가 가장 싫어하는 사람은 _____

Q: 12. 나를 가장 화나게 하는 사람은 _____

Q: 13. 담임선생님과 나는 _____

Q: 14. 아빠와 나는 _____

Q: 15. 엄마와 나는 _____

Q: 16. 친구들과 나는 _____

Q: 17. 내가 가장 두려워하는 것은 _____

Q: 18. 내가 가장 따뜻하게 느끼는 사람은 _____

Q: 19. 아무도 모르게 내가 원하는 것은 _____

Q: 20. 나는 공부는 _____

Q: 21. 내가 믿는 것은 _____

Q: 22. 집에 혼자 있을 때, 나는 _____
Q: 23. 우리 엄마는 _____
Q: 24. 내가 가장 자신하는 것은 _____
Q: 25. 다른 사람이 내게 기대를 많이 하면 나는 _____
Q: 26. 언젠가 나는 _____
Q: 27. 우리 아빠는 _____
Q: 28. 우리 선생님은 _____
Q: 29. 내가 좀 더 어렸다면 _____
Q: 30. 요즘 나는 _____
Q: 31. 내게 제일 걱정되는 것은 _____
Q: 32. 나의 좋은 점은? _____
Q: 33. 나의 나쁜 점은? _____
Q: 34. 내가 만약 외딴곳에 혼자 살게 된다면 _____
Q: 35. 현재 나의 큰 즐거움은 _____
Q: 36. 나의 학교생활은 _____
Q: 37. 무엇보다 좋지 않게 생각하는 것은 _____
Q: 38. 내 소원이 마음대로 이루어진다면 _____
　　　첫째 소원은 _____
　　　둘째 소원은 _____
　　　셋째 소원은 _____

사춘기가 한창인 아이들의 문장완성검사에는 우울한, 두려운, 걱정되는, 좋지 않은 이유는 친구 관계 그리고 미래에 대한 걱정이 가득 담겨 있습니다. 아이들의 답들을 살펴보면, '무엇에 실패했을 때', '내 편이 하나도 없을 때', '나 혼자 있을 때', '친구 관계에 문제가 생겼을 때', '놀림을 받았을 때', '친한 친구가 내 얘기를 하고 다닐 때', '무엇을 하고 살지 잘 몰라서', '옆에 아무도 알아주는 사람이 없을 때'라는 문장들로 거칠지만 자신의 상태를 드러냅니다.

친구 문제, 미래에 대한 불확실함은 그 또래 아이들이 한 번쯤은 겪는 불안입니다. 단, 아이들이 갖는 불안의 양상과 불안의 강도는 개인별로 다르기 때문에 이럴 때는 '괜찮아, 너만 그런 게 아니야', '괜찮아질 거야'와 같은 틀에 박힌 위로가 아닌 실질적으로 안정을 찾는 방법을 고민하는 것이 중요합니다.

불안 상황 맞닥뜨리기

아이들이 작성한 문장완성검사지 가운데 아래와 같은 수민이의 답들을 만났습니다.

8. 다른 사람들은 나를 쳐다본다.
17. 내가 가장 두려워하는 것은 발표하는 거.
25. 다른 사람이 내게 기대를 많이 하면 나는 불안하다.
30. 요즘 나는 힘들다.
31. 내게 제일 걱정되는 것은 말을 잘하지 못할까 봐.
34. 내가 만약 외딴곳에 혼자 살게 된다면 좋다.

친구들 앞에서 얘기하는 것을 좋아하고 자신을 표현하는 것을 즐기는 아이들이 있는 반면에 조용히 침잠하는 걸 편안하게 생각하는 아이들이 있습니다. 학생 중심의 주도성 활동을 강조하는 교육이 한창인 요즘, 그런 아이들의 피로도는 높아지고 점점 주눅이 들고 움츠리는 경우가 많습니다. 친구들 앞에 나서기를 두려워하고 그 상황에 닥치는 것이 마냥 두려운 아이가 걱정스럽기도 하고 힘이 되어 주고 싶었습니다.

교사	밥은 먹었나요?
수민	네.
교사	아침에 일찍 왔던데, 누구랑 같이 등교해요?
수민	3반에 ○○이랑 같이 와요.
교사	그 친구랑 친해요?
수민	네.
교사	우리 반에도 친한 친구가 있어요?
수민	(시간이 좀 흐른 후) 네. 그런데 집에 가는 길이 달라요.
교사	집에 가는 방향이 달라서 3반 친구랑 같이 다니는군요. 둘이 주로 무슨 얘기를 하나요?
수민	네?
교사	그냥 궁금해서 물어 봤어요.
수민	네.
교사	선생님은 수민이랑 그림책을 한 권 같이 읽어보고 싶은데 함께 읽어볼래요?
수민	네?
교사	갑작스러운가요?
수민	(웃음) 네.

| 교사 | 수민이를 보니까 떠오르는 그림책이 있어서 그래요. 그림책을 읽다 보면 재미도 있고, 조금 더 깊게 얘기를 나눌 수 있을 것 같은데 함께 읽어볼까요?
| 수민 | 네.

'네'라는 대답이 대부분인 어색한 대화가 이어집니다. 다른 사람에게 자신을 드러내기를 불편해하는 아이와는 일상의 이야기를 나누면서 천천히 공을 들이는 것이 중요합니다. '네가 발표 불안이 있는 것 같아. 선생님이 도와주고 싶은데'라고 하며 바로 본론으로 들어간다면 오히려 아이를 더 불안하게 만들 수도 있습니다.

그림책을 읽다가 수민이에게 묻고 싶은 장면을 찾았습니다. 끈을 잡아당긴 것을 후회하며 커다란 오리를 피해 다니다가 다시 한번 끈을 잡아당겼는데 오리가 작아진 장면입니다.

| 교사 | 오리가 왜 작아졌을까요?
| 수민 | 네?
| 교사 | 아무 일도 안 한 것 같은데, 오리가 작아져 버린것 같지 않나요?
| 수민 | 아… 알아버렸어요.
| 교사 | 뭘 알아 보았을까요?
| 수민 | 불안이 뭔지 이제 봤잖아요. 보고 나니까 덜 불안해진 거예요.
| 교사 | 불안이 뭔지 보면 덜 불안해요?
| 수민 | 덜 불안하니까 잠이 들었지요. 너무 불안하고 무서우면 잘

수 없어요.

| 교사 | 아, 그렇군요. 수민이도 잠을 이루지 못할 만큼 불안한 적이 있었나요? |

수민   네.

교사   언제 그랬어요?

수민   …….

교사   말하기 힘들면 한 번 그려볼까요?

수민   그림으로요?

교사   그래요. 그림을 그리다가 표현하기가 좀 부족하다 싶으면 글로 내용을 채워도 좋아요.

수민   네.

교사   설명이 필요할 것 같은데, 선생님이 궁금한 거 물어봐도 될까요?

수민   네.

교사   이건 뭘 그린 건가요?

수민   눈이요.

교사   눈을 참 많이 그렸네요. 보고 있는 사람이 많은 것을 표현한 건가요? 와 진짜 많네요.

수민   네.

교사   이렇게 많은 사람 앞에 서본 적이 있어요?

수민   아니요. 그런 적은 없는데, 그냥 그렇게 느껴져요.

교사   그런 적이 없는데 그냥 그렇게 느껴진다고요? 그럼 어떤 순간을 떠올리고 그린 건가요?

수민   누가 저한테 발표하라고 할 때요.

교사 아, 선생님도 이 그림 보니까 막 땀이 나고 가슴이 두근두근하고 그러네요.

수민 네, 저도 막 그래요.

교사 진짜 두려울 것 같은데…. 잘 그렸어요. 감정이 고스란히 느껴지는 그림이에요. 수민이가 다른 사람들 앞에서 얘기할 때의 어려움이 느껴져요.

수민 네. 저를 시킬까 봐 불안해요.

교사 혹시 언제부터 그랬는지 물어봐도 될까요?

수민 예전부터 그랬는데….

교사 예전이면 초등학교 때? 아니면 그보다 더 예전이요?

수민 사실 저 어렸을 적에는 중국에서 살았거든요.

교사 어머 그렇군요. 그런데 한국말이 어색하지 않아요.

수민 일찍 왔어요. 어렸을 때….

교사 아, 그랬군요.

수민 초등학교 때는 말이 조금 어색해서 제가 말하면 사람들이 잘 못 알아들어서 여러 번 자꾸 말해야 했어요. 오래 서 있는 것도 창피하고…. 그래서 발표하는 게 너무 힘들었어요. 수업 시간만 되면 막 시킬까 봐 계속 불안하고 요즘도 수업 시간에 불안해요.

교사 애들이 혹시 놀렸어요?

수민 아니요. 저희 반에는 저 같은 친구가 많아서 놀리는 친구는 없었어요.

교사 그럼 여러 번 말해야 하는 게 창피하고 힘들었군요.

수민 맞아요. 서 있으면 애들이 막 쳐다 보고, 빨리 앉고 싶은데 말해도 잘 못 알아 듣고….

교사 아, 불편했을 것 같아요. 그럼 매시간 그렇게 불안했어요?

수민 처음에는 발표 많이 시키는 선생님 시간이 되면 불안했는데, 어떨 때는 불안하지 않을 때도 있어요.

교사 그때가 언젠가요?

수민 그냥 안 시킬 것 같은 날이 있어요.

교사 그런데 선생님은 지금 수민이랑 얘기하면서 알아듣지 못하는 말도 없고 오히려 수민이가 이렇게 말을 잘했나 싶은데요.

수민 네, 온 지 오래 되어서 지금은 말 잘해요.

교사 이상하네요. 그런데도 아직도 불안한가요? 친구들이 말을 못 알아들어서 진땀을 뺐던 순간 때문에 불안했다면 지금은 그런 상황이 없을것 같은데.

수민 잘 모르겠어요. 습관이 됐나 봐요. 지금도 사람들 앞에서 서서 말하는 거 생각만 해도 불안하고 열이 나요.

수민이와 불안을 느끼게 된 원인과 불안 경험에 대한 이야기를 나누었습니다. 수민이의 그림에는 문장완성검사에서 알아차린 것 이상의 큰 불안이 담겨 있었습니다. 무방비 상태로 서 있는 수민이 앞에 쏟아지듯 그려진 눈, 그림에 쓰여 있는 '왜 나지'라는 짧은 문장에도 원망과 염려, 맞닥뜨리지 않았으면 하는 간절함이 있습니다. 그림의 아이가 쓴 모자에 관한 이야기도 물었지만, 대답하는 것을 어려워하고는 '그냥 그렸어요'라고 얼버무립니다. 색깔 펜으로 진하게 그린 모자는 또래 친구들과 다른 자기 모습을 상징하는 것일 수도 있고, 한 편으로는 당당하게 서고 싶은 바람을 담은 것은 아닐까? 라고 생각해봅니다.

불안을 잠재워주는 그림책 속 걱정 친구 찾기

앞서 이야기한 바대로 불안과 공포는 다른 개념입니다. 불안과 공포를 딱 나누어서 설명하기는 상당히 어렵지만, 두 단어 사이에는 구분되는 특징이 있습니다. 공포는 보통 공포를 주는 대상이 눈앞에 있을 때 구체적으로 그 감정을 느낄 수 있습니다. 반면 불안은 일어나지 않은 일에 대한 걱정으로 안정되지 않은 감정을 말합니다. 각각의 감정을 느끼게 하는 요소가 공포는 현재에 있고, 불안은 미래에 있다는 것이 가장 큰 차이입니다.

그러나 불안을 일어나지 않은 일에 대한 걱정으로 보기에는 부족함이 있습니다. 불안의 근원에는 과거 그 일에 대한 부정적 경험이 분명 있었을 것입니다. 발표 불안이 있는 수민이에게는 혼자 서 있는 순간의 막막함과 친구들의 시선, 긴장해서 알고 있는 것도 제대로 표현하지 못했던 부정적 경험이 있었습니다. 그래서 지금은 한국말 소통이 가능함에도 불구하고 여전히 누군가의 앞에 선다는 자체를 불안해하고 있는 것입니다.

『불안』에는 불안이 내 몸에 끈으로 달려 있습니다. 그 불안을 맞닥뜨리고 나서는 커다란 오리가 작아진 것으로 불안이 줄었음을 표현하고 있습니다. 수민이는 오리가 작아진 진짜 이유를 알지만, 여전히 불안한 마음을 쉽게 떨치기가 어렵습니다. 그리고 크기가 다를 뿐 불안은 항상 곁에 있다는 것도 알고 있습니다. 이때 만약 "괜찮아"를 말해줄 누군가가 있다면, '내가 대신 걱정해줄게' 라고 해주는 존재가 있으면 좋을 것입니다. 수민이와 함께 점점 작아지는 불안까지도 대신해줄 걱정 친구를 만들어 보자는 제안을 합니다.

켄 리우의 SF 단편 소설 『종이 동물원』에는 종이로 만든 동물에게 생명을 불어넣어 함께 사는 마을이 있습니다. 그 마을에 살았던 엄마가 만들어 준 종이 동물들은 외로운 아들의 좋은 친구가 되어주었습니다. 종이에 생명력을 넣은 켄 리우의 발상에서 착안하여 종이를 활용해보기로 했습니다. 불안이 많은 아이가 나 대신 내 곁에서 걱정을 해줄 친구를 종이에 그려보게 하는 것입니다. 아이들에게는 걱정 친구를 직접 창작하게 하기보다는 그림책의 주인공이나 인물을 본떠서 그리게 하는 것이 좋습니다. 아이들에게 무작정 걱정 친구를 찾아 그려보자고 하면 그림을 잘 그리는 아이는 좋겠지만 그림을 잘 그리지 못하는 아이들은 상당히 힘들어합니다. 이때 투명 포스트잇이나 트레이싱 페이퍼를 준비해서 베껴 그리게 하면 훨씬 쉽고 완성도가 높아집니다. 완성한 그림 옆에 안심이 되는 말을 써보게 하면 아이들은 불안에서 벗어나기 위해 취해야 할 태도까지 생각하게 됩니다.

수민이가 고른 걱정 친구는 『슬픔을 건너다』의 주인공입니다. 오른쪽

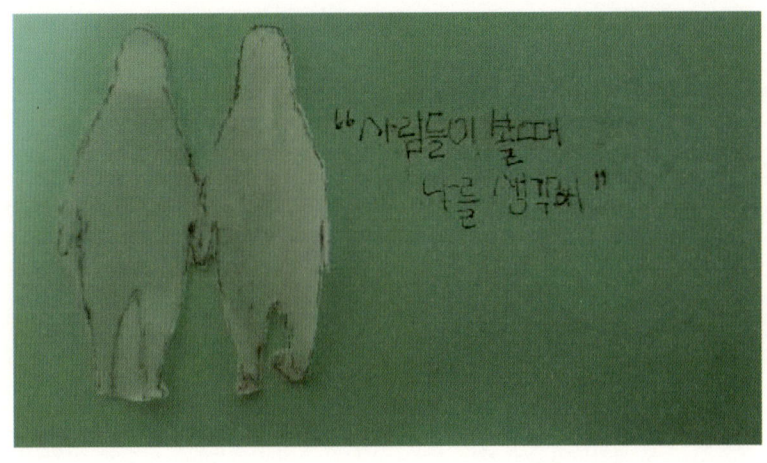

캐릭터는 책에 있는 것을 베껴 그린 것이 맞지만 왼쪽의 캐릭터는 책 어디에도 등장하지 않으며, 이 장면은 책에 없습니다. 수민이가 상상해서 그려 넣은 것입니다. 오른쪽 캐릭터를 보고 한참 멈췄습니다. 꼭 포개진 두 손, 살짝 한 걸음을 내딛는 것처럼 접힌 오른발, '사람들이 볼 때 나를 생각해'라는 걱정 친구의 말에서 불안한 왼쪽의 아이를 걱정해주는 진정성이 느껴졌습니다.

더 나은 활동을 위한 도움말

그림책 속 걱정 친구 찾기를 할 때 『불안』에서 골라도 좋습니다. 파란색 뱀과 마주하여 무서운 표정을 짓는 주인공을 캐릭터로 활용해도 좋고, 불안을 피해 도망가는 주인공의 모습도 좋습니다. 또는 푹 잠든 모습도 괜찮습니다. '어흥 소리를 내며 혼내 줄게', '내가 대신 도망가 줄게',

'푹 잘 만큼 불안하지 않아' 등의 말로 걱정 친구의 말풍선을 채울 수 있도록 하면 아이들의 불안을 잠재우는 데 도움이 됩니다.

걱정 친구를 인형으로 직접 만들어봐도 좋습니다. 앤서니 브라운의 『겁쟁이 빌리』에는 걱정 인형이 등장합니다. '모자', '신발', '구름', '비', '새' 등 걱정할 필요가 없는 것까지도 걱정하는 빌리에게 할머니는 걱정 인형을 선물합니다. 인형에게 온갖 걱정을 다 얘기하고 나아졌지만, 시간이 지나자 이제 걱정 인형이 불쌍해서 걱정되기 시작합니다. 작가는 어찌 보면 과하게 걱정하는 빌리를 다그치기보다 더 많은 걱정 인형들을 만들어 빌리의 걱정 인형들의 걱정을 하면 된다고 흔쾌히 마무리 짓습니다. 과도한 불안으로 일상생활이 힘든 아이가 불안을 맞닥뜨려 불안의 크기를 줄이고, 나만의 걱정 친구를 찾아 조금 덜 불안해질 수 있으면 좋겠습니다.

 함께 읽으면 좋은 그림책

『걱정 상자』, 조미자 글·그림, 봄개울, 2019
『겁쟁이 빌리』, 앤서니 브라운 글·그림, 김경미 옮김, 비룡소, 2006
『눈물바다』, 서현 글·그림, 사계절, 2009
『빨간 나무』, 숀 탠 글·그림, 김경현 옮김, 풀빛, 2019

친구들과 잘 지내고 싶지만
혼자 외톨이인 아이

 학급에서 혼자 지내는 학생들은 크게 두 유형으로 나누어집니다. 혼자 조용한 것을 원하는 학생과 같이 지내고 싶지만 그럴 수 없는 학생이 있습니다. 첫 번째 경우는 학급에서 대체로 조용합니다. 친구들에게 먼저 말을 거는 경우도 거의 없습니다. 쉬는 시간이나 점심시간 등 다른 친구들은 여럿이 모여 즐겁게 놀거나 이야기 나눌 때도 거의 혼자 있습니다. 혼자 있는 시간에는 주로 책을 읽거나 그림을 그립니다. 이런 학생들은 친구들과 다투는 경우가 거의 없습니다.

 하리(가명)는 두 번째 경우입니다. 혼자 있을 때가 많지만, 친구들에게 다가가는 편입니다. 그래서 가끔 친구들과 함께 놀기도 합니다. 그러나 주로 어울리는 친구들은 없습니다. 때마다 노는 친구들이 달라지는 편입니다. 친구들과의 관계를 유지하기를 매우 어려워합니다. 친구들과 놀 때 문제도 자주 생깁니다. 특히 체육활동이나 놀이를 할 때 친구들과 다투는 경우가 많습니다. 친구들과 다투고 나서 먼저 사과하는 것도 어려워하는 편입니다. 친구들이 무엇을 잘못했는지 하나하나 짚어가며 이야기합니다. 그리고는 자신은 사과할 일이 없다며, 오히려 다른 친구들이 자신에게 사과를 해야 한다고 합니다. 이런 식으로 친구들과 다툼이 잦습니다. 다투고 나서도 친구들의 마음을 알아주고, 달래는 것이 부족하기에 친구들이 슬슬 피합니다. 그런데도 친구와 같이 놀고 싶은 마음은 큽니다. 그래서 제가 먼저 다가가 대화를 시작했습니다.

교사 　친구와 함께 지내고 싶은데 친구들과 지내는 것이 힘들어 보여요.
하리 　맞아요. 친구들이 자꾸 절 피하는 것 같아요.
교사 　그래서 친구들과 친하게 지내려고 어떻게 했어요?
하리 　제가 좋아하는 거 말고, 친구들이 좋아하는 거 해야 친해질 수 있다고 해서 그렇게 했어요.
교사 　누가 그런 이야기를 해줬어요?
하리 　엄마요.
교사 　그래서 어땠어요?
하리 　재미도 없고, 힘들어요. 그리고 친구와 싸우게 돼요.

하리는 자신에게 어울리는 친구 맺는 방법을 알지 못합니다. 그래서 자신이 원하는 것으로 친구들과 재밌게 지내기보다 친구들에게 맞춰주는 쪽으로 노력합니다. 그런데 이 방법으로는 즐거움을 느낄 수 없습니다. 왜냐하면 친구들과 여럿이 지내는 것이 두 번째로 중요하기 때문입니다. 자신이 재미있어하는 것이 먼저이기 때문입니다. 친구 관계에 대한 생각의 전환이 필요합니다. 이를 위해『생각이 필요해』를 선택했습니다.

『생각이 필요해』 열어보기

자주 보는 대상은 익숙합니다. 그래서 새롭게 바라보기 어렵습니다. 『생각이 필요해』는 익숙하고 너무도 자연스러운 것도 새롭게 보게 합니다. 왼쪽과 오른쪽, 안과 밖, 느리다와 빠르다, 아래와 위, 강하다와 약하다 등 반대 관계에 있는 말들도 누가 보는가, 어디에서 보는가, 무엇과 비교해서 보는가에 따라 달라진다고 이야기합니다. 대상의 정반대 모습까지 잘 볼 수 있어야, 대상의 본질을 정확하게 깨달을 수 있다고 합니다.

『생각이 필요해』에서는 단순히 반대로 바라보아야 한다는 메시지만을 주지 않습니다. 대상이나 사물을 더 깊이 바라보고, 이해할 수 있도록 돕습니다. 대상이나 사물을 잘 이해하려면 다른 것과 비교해야 알 수 있고, 어디에서 보는가에 따라 달라짐을 알고, 누가 보는지에 따라 달라진다는 것을 이야기합니다. 익숙했던 시각을 벗어던지고, 다양한 기준으로 반대의 시각까지도 살펴보라는 것입니다.

이 그림책을 읽으면서 자신의 마음을 다양한 시각으로 바라보고, 이로써 자신만의 방법으로 문제를 해결할 수 있는 단서를 얻을 수 있습니다.

자신이 보는 나, 남이 보는 나, 되고 싶은 나

먼저 자신의 마음을 새로운 시각으로 알아봅니다. 미국의 심리학의 아버지라고 불리는 윌리엄 제임스는 성격에 대해 다음과 같이 말했습니다.

한 개인의 자아는 '자기 자신(I)'과 '타인이 보는 자신(Me)'의 결합이라

수잔 후드 글,
제이 플렉 그림, 정화진 옮김,
달리, 2019

고 했다. 마음이란 '스스로 의식하는 마음'과 '타인이 보는 자신의 마음'이 통합되어 나타나는 것이다.[17]

    학생의 마음을 정확히 알아보기 위해서는 학생이 '스스로 생각하는 자신'과 '타인이 보는 자신'을 알아봐야 합니다. 예를 들어, 자신은 외향적이라고 믿지만, 타인이 보기에는 내향적일 수도 있습니다. 그러나 바로 자신의 성격을 설명하기는 어른도 어렵습니다. 그래서 이미지를 활용합니다. 이미지를 활용하면 조금 더 편하게 이야기할 수 있습니다. 이미지를 활용하는 도구에는 여러 가지가 있습니다. 그중에 딕싯 카드[18]로 포토스탠딩 기법을 활용해서 학생들이 자신에 대해 조금 더 구체적으로 표현할 수 있도록 합니다.

    질문은 3종류입니다. 첫째, '현재 내가 바라보기에 나는 어떤 사람인

---

17 『마음 읽기』, 황상민, 넥서스BOOKS, 2016, p.331
18 여기에서는 코리아보드게임즈의 딕싯 카드 시리즈 중 『딕싯 카드-메모리즈』를 활용

가요?' 입니다. 자신의 모습을 어떻게 보고 있는지 알기 위한 질문입니다. 이를 통해 자신이 어떤 특성을 가지고 있고, 무엇을 원하는 사람인지 등을 알 수 있습니다.

둘째, '현재 다른 사람이 바라보기에 나는 어떤 사람인가요?' 입니다. 다른 사람들의 시선을 통해 자신을 어떻게 바라보는지 알기 위한 질문입니다. 이를 통해 자신이 무엇을 중요하게 여기며, 이에 대한 타인의 반응을 살펴볼 수 있습니다.

셋째, '미래에 자신이 원하는 사람이 되었다고 할 때, 나는 어떤 사람인가요?' 입니다. 이 질문을 통해 어떤 사람이 되길 원하는지 알아봅니다. 또한 현재 자신의 모습을 바라보는 마음과 미래에 되고 싶은 자신의 모습을 비교할 수 있습니다. 현재 자신의 모습을 받아들이는지, 아니면 다른 모습을 기대하는지 알아볼 수 있습니다.

질문마다 답에 어울리는 카드를 3장씩 고릅니다. 3장 정도 골랐을 때, 자신의 모습을 입체적으로 적을 수 있습니다.[19] 카드를 고른 다음 교사의 역할이 중요합니다. 먼저 학생이 그 그림을 어떻게 해석했는지 질문합니다. 그리고 현재 자신이 모습과 어떤 관련이 있는지 질문합니다. 각각의 의미를 더욱 뚜렷하게 하기 위해 자세히 질문해야 합니다. 학생의 머릿속의 이미지를 선생님도 같이 떠올릴 수 있을 만큼 천천히 그리고 자세히 질문합니다.

| 교사 | 첫 번째 카드는 어떤 그림인가요? |

---

19 3가지 질문은 WPI 심리성격 검사의 WPI (현실) 검사와 WPI (이상) 검사를 활용. (위즈덤센터) https://check.wisdomcenter.co.kr/home/home.htm

<현재 - 내가 보는 나>

하리 　열기 전에는 웃는 표정인데, 열면 열수록 우는 아이가 나와요.

교사 　이 카드와 현재 내가 보는 나의 모습과는 어떤 관련이 있을까요?

하리 　친구들이 제가 힘든지 모를 거예요.

교사 　모를 거라고 생각한 이유가 있을까요?

하리 　제가 힘든 티를 안 내요. 그래서 잘 모를 거예요.

교사 　왜 힘든데 티를 잘 못 내는 것 같아요?

하리 　친구들이 나를 약하게 볼 것 같아서요. 그렇게 보는 건 싫거든요.

교사 　두 번째 카드는 어떤 그림이에요?

하리 　다른 친구들은 즐거워 보이는데, 한 사람이 괴로워서 소리 지르는 그림이요.

교사 　이 카드를 고른 이유는 무엇인가요?

하리 　그 한 사람이 저 같아요. 친구들 사이에 있을 때도 즐겁기보다는 괴로웠거든요.

교사	그런데 친구들은 하리가 괴로울 때 어떻게 했어요?
하리	그렇게 큰 관심은 없어 보였어요. 자기들만 재밌게 노는 것 같아요.
교사	세 번째 카드는 어떤 그림인가요?
하리	신기한 모양의 피아노 그림이에요. 의자에 앉아서 피아노를 연주하면 우주로 여행을 갈 수 있을 것 같아요.
교사	이 카드를 고른 이유는 무엇인가요?
하리	저는 상상하는 것을 좋아해요. 신기한 상상을 하면 즐거워요. 수업 시간에도 상상을 하는데 그러다가 혼난 적도 많아요.
교사	최근에 어떤 상상을 해봤어요?
하리	제가 마인크래프트라는 게임을 좋아하는데, 그 게임에서 우리 집을 따라 만들어보면 어떨까 생각해봤어요.
교사	멋져요.

<현재 - 다른 사람이 보는 나>

| 교사 | 첫 번째 카드는 어떤 그림이에요? |
| 하리 | 마늘 냄새가 나는 사람이 있어요. 냄새가 심해서 사람들이 피했어요. |

교사	이 카드를 고른 이유는 무엇인가요?
하리	다른 친구들도 저를 피해요. 제가 냄새나는 것처럼 저를 피해서, 저 그림처럼 혼자 남아 있는 것 같아요.
교사	친구들이 왜 자신을 피한다고 생각해요?
하리	모르겠어요. 그냥 놀자고 하면 피해요.
교사	두 번째 그림은 어떤 그림이에요?
하리	집에 숨어서 밖으로 큰 소리를 지르는 사람이요. 누군지를 모르겠어요.
교사	이 그림을 고른 이유는 무엇이에요?
하리	제가 친구들에게 화를 낼 때가 있거든요. 친구들하고 놀 때요. 답답하면 크게 소리 지르면서 말할 때가 있어서 골랐어요.
교사	친구들에게 화를 낼 때는 어떤 상황이에요?
하리	놀이를 하는데, 자기들끼리 짜고 규칙을 바꿀 때요. 반칙을 이야기해도, 친구들이 아니래요. 규칙을 왜 바꾸냐고 하면, 제가 규칙을 잘 모른다고 해요. 그럴 때 많이 화나요.
교사	세 번째 그림은 어떤 그림이에요?
하리	혼자 있는 사람이 있어요. 화가 나 있고, 무서워 보여요. 혼자 있어도 잘 있는 것 같아요.
교사	이 그림을 고른 이유는 무엇인가요?
하리	제가 혼자 있을 때가 많아요. 저는 혼자 있는 게 싫은데, 친구들은 제가 혼자 있는 걸 싫어하는 걸 모를 거예요. 혼자 있는 걸 좋아한다고 생각할 것 같아요.
교사	학교에서 혼자 있을 때, 주로 뭘 하는 편인가요?
하리	좋아하는 게임 캐릭터를 그리거나, 책을 읽어요.

<미래 - 내가 되고 싶은 나>

교사 첫 번째 카드는 어떤 그림이에요?

하리 사탕이랑 과자가 있는 그림이에요. 친구들이 함께 여행하고 있어요.

교사 이 그림을 고른 이유는 무엇인가요?

하리 저도 재미있는 것을 친구들과 함께하고 싶어요. 혼자는 싫어요.

교사 친구들과 함께 뭘 하면 재미있을 것 같아?

하리 제가 좋아하는 게임이요. 마인크래프트요.

교사 두 번째 카드는 어떤 그림인가요?

하리 이 그림은 4명의 친구가 똘똘 뭉쳐있어요.

교사 이 카드를 고른 이유는 무엇인가요?

하리 저도 친구들과 똘똘 뭉쳐서 무언가 하고 싶어요. 함께 있으면 힘이 될 것 같아요.

교사 혹시 최근 본 것 중에 함께 무언가를 해서 좋아 보이는 것이 있었어요?

하리 프로게임팀이 경기에서 이기고 나서 서로 엄청 좋아하는 거요.

교사   세 번째 카드는 어떤 그림인가요?

하리   마술사가 무대에서 마술을 보여주고 있는 그림이요.

교사   이 카드를 고른 이유는 무엇이에요?

하리   저도 제가 좋아하는 것을 친구들에게 알려주고 싶어요. 재밌을 것 같아요.

교사   예전에 친구들에게 그렇게 해본 경험이 있어요?

하리   제가 9살 때, 학교에 레고를 가져온 적이 있었거든요. 그때 친구들이 보여 달라고 왔었어요. 선생님에게 혼나고, 뺏겼다가 집에 갈 때 받았어요.

고른 카드와 대화를 종합해본 결과 하리의 마음을 알 수 있었습니다. '현재의 내가 보는 나'를 해석하면, 자신은 남들과 다른 것을 좋아하고 이를 추구합니다. 자신만의 스타일로 지내면서 동시에 다른 친구들과 함께 지내고 있었습니다. 친구들 사이에 힘든 일이 있어도 자존심 때문에 힘든 티를 내기 싫어했습니다. 동시에 친구들과 함께 지내고픈 마음이 가득하지만, 그 사이에서 힘들어했습니다.

'현재의 다른 사람이 보는 나'를 해석하면, 자기 스타일을 분명하게 추구했음을 알 수 있었습니다. 자신의 생각대로 되지 않으면 소리 지르고 화를 내거나 혼자 있었습니다. 그리고 친구들이 자신을 멀리하게 되었습니다. 그런데도 사과를 하며, 자세를 낮추고 친구들 사이에 들어가지는 않았습니다. 그리고 다른 사람에게 약한 모습을 절대로 보이기 싫어하는 것을 알 수 있었습니다.

'미래의 내가 되고 싶은 나'를 해석하면, 친구들과 잘 지내고 싶은 마음을 알 수 있었습니다. 동시에 친구들을 따라가기보다 자신이 좋아하고, 잘하는 것으로 친구들을 리드하고 싶은 마음도 있었습니다. 현재의 자신과 비교해봤을 때, 고른 카드와 그 해석이 커다란 차이가 있었습니다. 이는 자신의 모습에 만족하는 모습은 아니었습니다.

하리는 친구들에게 자신의 스타일과 자존심을 포기할 수 없었습니다. 그런데 동시에 겉으로 보기에 다른 친구들과 사이좋게 지내는 모습을 기대하니 힘들었습니다. 자신만의 스타일을 유지하면서 친구들과 잘 지낼 수 있는 법이 필요했습니다. 그런데 자신이 원하는 것을 명확하게 하지 못하고 막연히 친구들과 여럿이 잘 놀고 싶다고만 생각했습니다. 지금까지의 '친구들과 잘지내는 법'에 대한 생각을 전환할 필요가 있습니다.

뒤집어 생각하기 - 자신의 성향에 알맞은 방법

이 방법은 자신이 원하는 것이 무엇인지 면밀히 확인해볼 수 있는 방법입니다. 어떤 일을 애써 노력했지만, 그 결과가 마음에 들지 않을 때는 상황을 탓하기 쉽습니다. 하지만 '자신이 정말 원하는 것이 무엇인지 본인도 착각했을 경우'도 생각해야 합니다. 하리는 친구들과 여럿이 놀기만 하면 자신의 외로움과 같은 감정이 해결될 것이라고 생각했습니다. 정작 친구들과 함께 놀아도 즐겁지 않았기에, 하리 스스로 자신이 친구 관계에서 원하는 것을 정확히 알지 못했음을 알아야 합니다. 자신이 원하는 것을 면밀히 살펴보기 위해 '자신이 원하는 결과'와 '자신이 원하지 않지만, 일어날 수 있는 결과'를 놓고 각각의 장단점을 살펴보는 것이 좋습니다. 자신이 원하는 결과이기에 장점은 쉽게 생각할 수 있

	혼자 있을 때	여럿이 있을 때
좋은 점	친구에 대한 스트레스가 적다. 내 마음대로 할 수 있다. 같이 있을 때는 시끄러운데, 혼자 있을 때는 조용히 놀 수 있다. 혼자 있으면 내가 싫어하는 것을 안 할 수 있다.	많은 친구와 있으면, 인정을 받는다. 혼자 있을 때보다 더 즐겁다. 내 관심사를 친구들과 함께 나눈다.
나쁜 점	친구들이랑 놀고 싶은데 못 놀아서, 심심하다. 친구가 불쌍하게 본다. 내가 문제가 있는 것 같다고 느낀다.	친구들에게 화를 내게 된다. 내가 싫어도 해야 할 때가 많다. 친구가 내가 싫어하는 걸 좋아하는 줄 알고 자꾸 시킨다. 여럿이 있으면 너무 시끄럽다.

습니다. 동시에 자신이 원하지 않는 것의 단점도 쉽게 생각할 수 있습니다. 하지만 '자신이 원하는 결과'의 단점, '자신이 원하지 않는 결과'의 장점을 살펴보면 정말 자신이 원하는 것이 무엇인지 더 뚜렷하게 알 수 있습니다.

여기에서 주의해야 할 점이 있습니다. 혼자 있는 것과 여럿이 있는 것 중에 어느 것이 더 좋을까를 고르는 것이 아닙니다. 혼자 있을 때, 여럿이 있을 때 각각 어떻게 지내는 것이 자신에게 어울릴지를 살펴보기 위한 것입니다.

표를 작성하며 활동하는 것이 좋습니다. 이때 학생 혼자 작성하기보다 학생과 대화를 해나가며 만드는 것이 더 좋습니다.

교사　　평소에 혼자 있는 것과 여럿이 있는 것 중에 어떤 것이 더 좋다고 생각했나요?
하리　　여럿이 있는 거요.
교사　　그렇게 생각한 이유는 뭘까요?

하리	혼자 있으면 왕따가 된 것 같고, 친구들에게 무시당할지도 모른다고 생각했어요.
교사	그런데 실제로 더 편하고, 즐거운 건 언제였어요?
하리	사실 혼자가 더 편했어요.
교사	혼자 있을 때, 혼자 있기로 선택한 것과 혼자 남겨진 것 중에 어느 것이라 생각했어요?
하리	혼자 남겨진 거요.
교사	맞아요. 혼자 있는 것을 선택했다기보다 혼자 남겨졌다고 생각하기에 힘들었던 거예요.
하리	근데 혼자 있으면, 친구들이 저를 무시할지도 모르잖아요.
교사	그래서 혼자 있을 때가 중요해요.
하리	어떻게요?
교사	하리는 친구들이 원하는 대로 놀기보다 자신의 스타일대로 놀기를 원해요.
하리	맞아요.
교사	자신의 스타일대로 놀려면, 친구들에게 무엇이 필요할까요?
하리	친구들도 재밌는 거요.
교사	맞아요. 그래서 자신이 재미있는 것으로 친구들도 함께 재미있기 위한 방법을 생각해야 해요.
하리	어떻게요?
교사	혼자 놀 때 다른 친구들이 함께 놀 수 있을 방법을 준비하는 거예요. 준비가 다 될 때까지 친구들과 노는 건 잠시 참는 거예요. 그리고 준비가 되면 함께할 사람을 모아요. 개인적 모임을 만

들어도 좋고, 동아리를 만들어도 좋아요. 그 준비는 선생님이 도와줄게요.

구체적인 실천 방법 세우기

앞의 과정이 튼튼하게 이루어지면, 구체적인 실천 방법은 자연스럽게 나옵니다. 많은 상담에서 정답 같은 실천 방법을 알려주는 것에 힘을 쏟게 됩니다. 그런데 학생의 자신에 대한 믿음과 친구들과 함께 노는 것에 대한 믿음을 정확히 파악하기만 하면, 구체적인 실천 방법은 자연스럽게 떠오릅니다. 그다음부터는 선생님의 격려와 기다림만 있으면 됩니다.

하리가 좋아하는 것은 마인크래프트라는 게임이었습니다. 이 게임으로 친구들이 좋아할 만한 맵을 만들기로 했습니다. 바로 자신이 다니는 학교를 게임 속 맵으로 만드는 것입니다. 그 안에서 추격전을 하거나, 자신들이 하고픈 학교생활을 자유롭게 상상하며 역할 놀이 등을 하는 것입니다. 이전에는 자신의 스타일이 친구들을 불편하게 만들었다면, 이제는 친구들과 함께 재밌게 지낼 수 있게 되었습니다. 그리고 혼자 있는 시간을 의미 있게 만들었습니다. 혼자 남겨진 것이 아니라, 친구들과 같이 있기 위해 혼자 있는 것을 선택한 것이었습니다.

더 나은 활동을 위한 도움말

딕싯 카드로 자기 이해하기 활동은 주기적으로 하면 더 좋습니다. 학생의 마음이 어떻게 변해가는지도 살펴볼 수 있습니다. 자신에 대한 믿음과 친구들과 지내는 것이 어떻게 진행되어 가는지 구체적으로 확인할 수 있습니다.

이 활동의 핵심은 학생의 마음을 읽는 것입니다. 이미지를 활용해서 학생이 자신의 마음을 구체적으로 표현할 수 있도록 합니다. 그리고 교사가 자신의 마음을 있는 그대로 인정해주는 경험을 하는 것이 가장 중요합니다.

모두에게 적용되는 가장 좋은 실천 방법을 찾는 것이 아닙니다. 한 사람에게 맞았던 방법이 다른 사람에게는 나쁜 방법일 수 있습니다. 따라서 학생의 마음을 정확히 읽고, 그 학생에게 적합한 방법을 찾는 것입니다. 이 과정을 통해 학생은 '자신에 대한 이해'와 '자신만의 방법'을 더욱 분명히 알게 됩니다.

 함께 읽으면 좋은 그림책

『눈을 감아보렴』, 빅토리아 페레스 에스크리바 글, 클라우디아 라누치 그림, 조수진 옮김, 한울림스페셜, 2016

『알사탕』, 백희나 글·그림, 책읽는곰, 2017

『줄무늬가 생겼어요』, 데이빗 섀논 글·그림, 조세현 옮김, 비룡소, 2006

『까마귀 소년』, 야시마 타로 글·그림, 윤구병 옮김, 비룡소, 2000

친구와 다툰 아이

 수업 시간, 평소 활기차게 생활하던 민재(가명)의 표정이 어둡습니다. 항상 같이 어울리던 단짝 친구인 승기(가명)와도 떨어진 채 조용히 자신의 할 일만 하는 민재는 힘도 없어 보입니다. 그래서 아이들을 통해 무슨 일이 있는지 알아봤더니 승기와 싸운 뒤, 서로 말도 안 한다고 합니다. 민재와 시간을 내어 얘기를 해 봐야겠다고 생각하며 수업을 마쳤습니다.
 아이들의 다툼이 예전과는 조금 다르다는 생각을 하게 됩니다. 예전에는 다투고 나면 화해하기 위해 노력하고 결과적으로 잘 지내는 모습을 많이 보았는데, 요즘은 다투고 나면 말을 안 하고 그냥 지내다가 학년이 바뀌어 다른 반으로 배정을 받으며 자연스럽게 관계가 단절되는 경우가 많습니다. 다투고 나서 화해하는 법을 모르는 걸까요? 아니면 화해하고 싶은 마음이 없는 걸까요? 이처럼 다투고 나서 관계를 끊어버리는 행동이 사람과의 관계에서 습관처럼 굳어질까 걱정이 됩니다.
 아이들에게 있어서 친구는 같은 나이에 학교생활을 함께 경험하기 때문에 서로의 관심과 고민 등에 대해 공감하는 부분이 많습니다. 친구 관계가 좋은 아이들은 정서적 지지를 주고받으며 학교생활을 원만하게 유지할 수 있습니다. 나아가 자신과 자신의 삶에 대해서 긍정적인 정체감도 형성할 수 있습니다.

친구 간의 다툼은 같은 현상을 다르게 보거나 자기 생각과 감정을 제대로 표현하지 못해서 일어나는 경우가 많습니다. 아마도 과거에 비해 형제자매가 없는 외동이 많고, 대부분의 맞벌이 가정에서 가족 간 대화 시간이 부족하여 사회적 기술을 배울 기회가 줄어들었기 때문일 것입니다. 아이들의 세계에서 중요한 친구를 다시 찾도록 어떻게 도와줄 수 있을까요? 자신과 친구의 생각이 다를 수 있음을 이해하고 자기 생각과 감정을 잘 알아차리고 표현하는 방법을 안다면, 친구와의 다툼을 예방할 수 있고 다툼이 일어나더라도 스스로 해결할 수 있을 것입니다.

친구와 다툰 민재를 만나 다투게 된 상황을 바로 이야기 나누기보다는 먼저, 속상한 마음을 어루만져 주고 싶습니다. 그래서 친구와 싸운 내용을 다룬 『친구랑 싸웠어!』를 선택했습니다.

『친구랑 싸웠어!』 열어보기

온몸이 빨갛게 열이 오른 남자아이가 다다미 위에 누워 두 손을 머리에 받치고 있습니다. 두 눈에 눈물이 주르륵 흐르고 있지만, 치켜뜬 눈과 꽉 다문 입 모양을 볼 때 소리 내어 울지 않겠다는 고집과 분한 마음을 엿볼 수 있습니다. 아이의 얼굴과 팔, 다리, 옷에 얼룩이 묻어 있는 것을 볼 때 격렬한 싸움이 있었고 아직 감정을 추스르지 못한 듯합니다. 친구와 무슨 일로 어떻게 싸웠는지 그림책으로 들어가 볼까요?

이토 히데오 그림,
시바타 아이코 글, 이선아 옮김,
시공주니어, 2017

　'놀이섬'이라는 아이들의 놀이터에는 날마다 많은 아이가 놀러 옵니다. 매일 놀이섬에서 노는 다이는 가장 친한 친구 고타와 싸우게 됩니다. 발로 차고 주먹으로 때리며 싸웠지만, 힘이 센 고타에게 당해낼 수 없다는 판단에 다이의 눈동자는 흔들립니다. 결국 다이는 "싫어, 하지 마"라고 말했고, 고타는 "이쯤에서 끝내자!"라며 말하고 떠나버립니다. 남겨진 다이는 주저앉아 '으앙' 하고 울음을 터트립니다. '나는 왜 힘이 세지 않을까' 하는 생각에 분하고 속상했겠지요?

　다이와 고타는 신체를 이용해서 싸웠지만, 우리 아이들의 싸움은 신체를 이용하기도 하고 말을 이용하기도 합니다. 요즘은 휴대폰을 이용한 채팅으로 싸움을 하기도 하지요. 말싸움에서 아이들은 최선을 다해서 자신이 옳다는 것을 증명하려고 애를 씁니다. 감정적으로 흥분한 상태이다 보니 말도 안 되는 주장들과 우기기를 하기도 하고 상대방을 비난하는 말과 행동을 하여 또 다른 갈등의 불씨를 만들기도 합니다.

　다이는 울면서 집으로 뛰어가 엄마한테 매달려 엉엉 웁니다. 엄마는 다이를 다정하게 품어줍니다. 엄마의 품에서 위로받으며 분하고 속상한 마음이 눈물로 다 빠져나가도록 계속 웁니다. 세상에서 무조건 내 편을 들어줄 사람이 있다는 것이 참 다행입니다.

　마음을 추스르고 있는데 친구들이 다이의 집에 찾아옵니다. 친구들은 싸움이 있기 전에 함께 만들었던 만두를 같이 먹자고 합니다. 친구들 사이에 고타의 얼굴도 보입니다. 하지만 다이는 싫다고 합니다. 그러자 고타가 "미안해"라고 사과를 합니다. 그 말을 들은 다이는 갑자기 눈물이 나서 현관문을 얼른 닫았습니다. 나는 아직 분이 안 풀렸는데 사과를 하면 어떻게 하냐며 "으앙, 으앙, 으앙" 소리 내며 웁니다. 가장 친한 고타와의 싸움이었기 때문에 아직도 속상한 마음이 남아 있나 봅니다. 다이의 모습을 보니 친구 간에 다툼이 일어났을 때, 잘잘못을 따져서 사과하게 하기 전에 마음을 살펴주는 것이 먼저라는 생각을 해봅니다. 많이 울기도 하고 엄마가 대신 가져다준 만두를 먹으면서 속상한 마음이 풀어진 다이는 고타가 있는 '놀이섬'에 찾아가서 화해합니다.

　친구와 다툰 아이들의 마음도 다이와 같을 것이라는 생각을 해봅니다. 제가 만나는 많은 다이와 같은 아이들의 감정을 알아봐 주고 친구에게 자신의 마음을 잘 표현할 수 있도록 도와주고 싶습니다. 그리고 친구 간에 다툼이 발생했을 때 스스로 잘 해결하는 방법도 알려주고 싶습니다.

문제 탐색하기

　친구와 싸우고 의기소침해 있는 민재를 방과 후에 만나기로 약속했습니다. 중학교 1학년 남학생이고, 형제자매가 없는 외동아이로 부모님의 관심이 많은 편입니다. 배우려는 마음이 강하고 매사에 진지한 모습을 보여 믿음이 가는 학생이지만, 당황하면 급하게 판단을 내리고 회피하는 경향이 있습니다. 상담에 집중할 수 있도록 조용하고 편안한 분위기의 장소에서 민재를 만났습니다. 민재가 편안하게 자기 생각을 표현할 수 있도록 잘 들어주고 수용적인 태도를 보여주어야겠다고 생각하고 따뜻한 코코아도 두 잔 준비했습니다.

민재가 어깨를 축 늘인 모습으로 꾸벅 인사를 하고 들어옵니다. 민재가 자신의 문제를 교사와 얘기하고 싶다는 마음이 들어야 도와줄 수 있기에 마음을 열 수 있는 분위기를 만들어나갔습니다. 미리 준비한 달고 따뜻한 차는 감정의 뇌를 진정시키고 생각의 뇌가 잘 작동하도록 도와줍니다.

교사   승기와 다툰 문제로 힘들어 보이네요.

민재   네. 힘들긴 한데, 어쩔 수 없죠.

교사   친한 친구였는데 다투고 외면하는 사이가 돼서 속상하기도 하고 답답하기도 하겠어요.

민재   네.

교사   민재가 힘들어하는 모습을 보니 선생님도 많이 걱정돼요. 도와줄 수 있는 부분이 있다면 함께 하고 싶은데, 민재 생각은 어때요?

민재   좋아요.

교사   선생님과 함께 그림책을 같이 읽으며 마음을 조금 편안하게 한 다음에 두 사람의 다툼에 관해 얘기를 나눴으면 하는데, 어떤가요?

민재   그렇게 해요.

민재와의 만남에서 친구와의 다툼 문제를 해결하는 것도 중요하지만, 이런 문제를 해결하는 과정도 이 기회에 배웠으면 합니다. 학교에 다니며 경험하는 실패나 갈등은 사회적 기술을 기를 수 있는 좋은 기회입니다. 그래서 민재의 사례로 바로 접근하기보다는 그림책 주인공의 사례로 친구와의 다툼 문제를 해결하는 과정을 함께 나눈 후에, 민재의 문제에 비추어 보도록 했습니다.

그림책을 민재와 함께 표지부터 한 장 한 장 읽어 나갔습니다. 싸우는 아이의 표정을 보며 생각과 감정을 추측하게 해보고 장면마다 주인공의 감정을 작은 포스트잇에 붙여 보도록 했습니다. 감정을 표현하는 단어가 떠오르지 않으면 참고할 수 있도록 감정 목록을 보여주었는데 민재는 목록을 유심히 보며 차근차근 장면마다의 감정을 찾았습니다.

감정 목록				
기쁨	두려움	분노	불쾌	슬픔
감동적이다	걱정하다	답답하다	곤란하다	괴롭다
감사하다	긴장하다	밉다	귀찮다	그리워하다
기쁘다	깜짝 놀라다	분하다	부끄럽다	막막하다
든든하다	당황하다	억울하다	부담스럽다	미안하다
만족스럽다	두렵다	원망스럽다	부럽다	서럽다
반갑다	무섭다	지긋지긋하다	불편하다	서운하다
사랑스럽다	불안하다	짜증나다	어색하다	속상하다
설레다	혼란스럽다		지루하다	슬프다
신나다			피곤하다	실망하다
자랑스럽다			황당하다	안타깝다
자신 있다				외롭다
재미있다				우울하다
편안하다				허전하다
행복하다				후회하다
홀가분하다				
활기차다				

- ㈜한국콘텐츠미디어(부설)한국진로교육센터-

교사	주인공의 싸움은 어떻게 일어난 것 같아요?
민재	그림을 보면, 다이가 고타를 놀려서 일어난 거 같아요.
교사	그렇군요. 장면마다 다이의 감정을 적어 봤는데, 공감이 가는 장면이 있었나요?
민재	음. 주저앉아서 우는 장면이요.
교사	포스트잇에 '밉다'고 적어 놓았군요. 그 장면이 특별히 다가온 이유가 있었나요?
민재	네. 싸우고 싶은 게 아니고 분해서 싸운 건데, 져서 자신이 밉다고 생각했을 것 같아요. 저라도 그랬을 거예요.
교사	싸우고 싶은 마음은 없었는데, 분한 마음을 싸우는 것으로 다이가 표현했다는 거군요.
민재	네.

장면	장면	장면	장면
선생님과 아이들이 큰 탁자에 둘러 앉아 즐겁게 만두를 빚고 있다. 다이는 건너편 고타를 보고 있다.	다이와 고타가 밖에서 발로 차고 주먹으로 때리며 싸우고 있다. 친구들이 놀란 표정으로 싸움을 보고 있다.	다이가 힘에 밀려 "싫어, 하지마"라고 말하자 고타가 "봐줬다, 이쯤에서 끝내자!"하고 고타를 밀쳤다.	다이가 엉덩방아를 찧으며 "으앙!" 소리 내 울었다.
신난다	분하다	억울하다	밉다
장면	장면	장면	장면
다이가 엄마의 품에 안겨 엉엉 울고 있고 엄마는 미소를 띠며 안아주고 있다.	선생님이 오셔서 다이와 다이 엄마에게 함께 만두 먹으러 가자고 했고 다이는 가지 않겠다고 고집 부려 혼자 방안에 누워있다.	고타와 친구들이 만두 먹으러 가자고 집으로 찾아왔고 고타가 미안하다고 사과했다.	다이는 눈물이 또 나서 문을 닫고 '으앙'하고 다시 울며 분이 안 풀렸다고 말한다.
서럽다	원망스럽다	속상하다	부끄럽다

장면	장면	장면	장면
엄마가 싸온 만두를 먹으며 어느새 눈물이 그쳐 간다.	다이가 친구들이 있는 놀이섬 마당 앞 계단을 올라가는데 가슴이 막 뛰었다. 고타가 이층 창문에서 보고 있다.	고타가 사과하며 화해했다. 주위 친구들도 흐뭇하게 보고 있다.	다이는 다음에는 고타에게 꼭 이기겠다는 다짐을 마음속으로 한다.
홀가분하다	설레다	만족스럽다	자신있다

그림책 장면마다 붙인 포스트잇의 감정에 대해 이야기를 나누며 감정에 생각이 연결되어 있음을 민재는 알아갔습니다. 신난다, 분하다, 밉다, 서럽다, 홀가분하다 등 다양한 감정의 변화를 경험하는 주인공을 보며 민재의 표정도 조금씩 밝아졌습니다. 자신의 문제가 해결된 것처럼 가벼운 표정을 한 민재에게 그림책의 두 친구가 서로 만족스러운 결말을 맞은 것처럼 민재의 문제도 잘 해결되었으면 한다는 바람을 전했습니다. 그리고 민재에게 승기와의 다툼이 어떻게 일어나게 된 것인지 물어봤습니다.

교사 다툼이 일어난 상황부터 이야기해볼까요?

민재 네. 수업 시간에 필요한 자료를 조사해오는 숙제가 있었는데, 승기가 말도 없이 제 것을 가져가서 베꼈어요. 여러 번 그런 일이 있었는데, 제가 카톡 상태 메시지에 그 애 욕을 했어요.

교사 시간을 들여 조사한 것을 친구가 노력도 하지 않고 베끼니까 속상했겠군요. 베끼지 말라고 얘기해봤나요?

민재 아니요. 하지만 제가 싫은 표정을 지었거든요. 그런데도 계속 베껴갔어요. 그러면 안 되잖아요. 자기가 조사해야 하는데 그

건 옳지 않아요.

교사 옳지 않은 행동을 계속하는 친구를 보니 마음이 불편했겠군요.

민재 네. 그래서 갑자기 밤에 그 애가 더 미워져서 카톡 상태 메시지에 욕을 적었어요.

교사 뭐라고 적었는데요?

민재 '베끼지 말고 정당하게 점수 받아라. 멍청아!' 라고 적었어요.

교사 아! 승기가 베끼는 행동을 멈추었으면 하는 바람을 그렇게 표현했군요.

민재 저도 표현이 조금 안 좋았다고 생각은 하는데, 그때는 갑자기 너무 흥분해서….

교사 표현이 강했다고 생각하는군요. 그래, 그다음에 어떻게 되었나요?

민재 다음 날 아침에 승기가 화를 내며 "친구 숙제 볼 수도 있지, 그런 거 가지고 내 욕을 해?"라며 제게 화를 냈어요.

그런 말싸움이 오가며 주위 아이들의 중재로 다툼이 끝났지만, 그 이후로 서로 말을 안 하며 외면하고 있다고 했습니다. 민재가 말하는 내용을 포스트잇에 하나씩 적고 순서대로 배열했습니다. 그리고 민재에게 포스트잇을 주고 그때의 감정을 적어보라고 했습니다. 그림책 주인공의 감정과 생각을 알아본 방법으로 아이의 문제 상황을 구체적으로 탐색해나갔습니다.

장면 밤 늦게까지 조사한 자료를 다음 날 아침에 승기가 말 없이 가져가서 베꼈다. 매번 그러는 친구가 마음에 들지 않았지만 아무 말도 못했다.	**장면** 집에 가서 카톡 상태 메시지에 '베끼지 말고 정당하게 점수 받아라, 멍청아'라고 적었다.	**장면** 다음 날, 승기가 "친구 숙제 볼 수도 있지, 그런 거 가지고 내 욕을 해?"라고 큰소리로 화를 내었다. 나는 "그런적 없는데."라고 부인했다.
짜증나다	밉다	당황하다
장면 "맞잖아, 싫으면 말을 하지, 왜 욕을 해?"라고 승기가 말했다. "그래, 싫다"라고 소리를 지르고 교실 밖으로 나가 버렸다.	**장면** 그 후 승기와는 서로 말도 하지 않고 지내고 있다.	**장면** 승기는 친구가 많아서 다른 친구들과 재미있게 지내고 있지만 나는 친구가 없어 혼자 조용히 지내고 있다.
무섭다	속상하다	답답하다

내 생각을 표현하며 문제 해결하기

사과하기 3단계[20]

교사   승기와 있었던 일에 대해서 지금도 많이 답답하군요?

민재   네.

교사   승기가 민재의 조사한 내용을 베끼지만 않았어도 다투지 않았을 건데, 속상한 마음이 크겠군요.

민재   네.

교사   이 문제로 가장 힘들었던 건 무엇이었나요?

---

[20] 학급긍정훈육법 문제 해결 편, p.74 참고.

민재	제가 친구를 잘 못 사귀는데, 어렵게 사귄 친구와 싸워서 속상해요.
교사	다시 승기와 친하게 지내고 싶은 마음이 있어 보이네요.
민재	네. 그렇지만 무조건 사과하기는 싫어요.
교사	음. 이 문제를 해결하기 위한 방법을 생각한 게 있나요?
민재	네, 저도 욕한 거 사과하고 승기도 제 숙제 베낀 거 사과하면 잘 해결될 것 같아요. 그렇지만 승기에게 어떻게 사과하고 사과를 받아야 할지 방법을 모르겠어요.

민재는 내가 잘못한 것과 친구가 잘못한 것, 내가 해야 할 것과 친구가 해야 할 것을 구분하여 생각하고 있었고 표현 방법을 몰라 답답해했습니다. 사과하는 방법과 자기 생각을 표현하는 '나-전달법'을 알려주면 도움이 될 것 같습니다.

교사	사과하는 것도 방법이 있어요. 실수 회복하기 3R인데, 기억하기 쉽게 '인사해'라고도 해요. 첫 글자인 '인'은 '인정하기' 단계로 자신의 잘못된 또는 실수한 행동에 대해 먼저 인정하는 거예요. 두 번째 글자인 '사'는 '사과하기' 단계로 진심으로 사과하는 마음을 전달하는 거고요. 세 번째 글자인 '해'는 '문제 해결하기' 단계를 의미하는데, 피해를 회복시켜 주기 위한 노력이나 앞으로의 행동에 대해서 말하는 거지요.

민재에게 '인사해' 단계에 맞게 사과하기를 연습해보자고 했습니다. 자신의 마음을 종이에 적고 말해보게 했습니다. 사과하기에서 가장 중요

한 것은 상대방이 사과를 받아줄 마음이 있느냐입니다. 그래서 마지막으로 사과를 받아줄 것인지 물어보는 것도 잊지 않아야 한다고 강조했습니다. 민재는 답답했던 마음이 조금 풀어지는 것 같다고 했습니다.

<실수 회복하기 3R>	
1. 인정하기(Recognize): 실수 깨닫기 2. 사과하기(Reconcile): 미안하다고 말하며 사과하기 3. 해결하기(Resolve): 관련된 사람들과 함께 해결하기	1. 내가 카톡에 너를 욕하는 글 쓴 거 2. 미안하게 생각해 3. 다음부터 그런 일이 없도록 조심할게. 네 마음이 풀릴 방법을 알려주면 좋겠어.

나-전달법

교사   그리고 승기에게 사과를 받고 싶다는 것을 표현할 때는 나-전달법을 활용하면 좋을 것 같아요. 혹시 나-전달법에 대해서 들어본 적 있나요?

민재   국어 시간에 배운 것 같은데 정확하게는 기억이 안 나요.

교사   나-전달법은 다른 사람의 감정을 상하게 하지 않으면서 상대방 행동을 수정할 수 있도록 나의 바람을 표현하는 방법이에요. 사람들은 상대방이 나의 감정을 안다고 생각하지만 내가 효과적으로 감정과 생각을 표현하지 못한다면 다른 사람이 내가 느끼고 생각하는 것들을 정확하게 이해하지 못할 수 있거든요.

친구의 베끼는 행동에 대해 싫다는 표정을 지었지만, 좀 더 명확하게 상대방에게 자신의 의사를 표현할 필요가 있었습니다. 민재에게 나-전달법의 단계에 맞게 표현 방법을 자세하게 설명하고, 나-전달법으로 승기의 행동에 대해 사과를 바란다는 마음을 표현해보자고 했습니다. 종이에 한 자 한 자 자기 생각을 써나가는 민재의 손놀림이 뒤로 갈수록 점점 가벼워지는 듯 보였습니다. 마지막에 도움이 필요하면 언제든지 도와주겠다는 말을 덧붙이는 모습에서 친구를 생각하는 마음도 엿볼 수 있었습니다. 종이에 쓴 문장으로 역할극을 여러 번 해보고 친구와의 문제를 이번에 꼭 해결해보겠다는 의지를 다지며 상담을 마무리했습니다.

<나-전달법>	
1. 상대방의 행동을 비난하지 않고 표현하기	1. 네가 내 숙제를 말없이 가져가서 베꼈어.
2. 상대방의 행동이 나에게 미치는 영향 말하기	2. 선생님이 아시고 감점하실까 봐 걱정되기도 하고, 너무 쉽게 베끼니까 내가 노력한 것이 의미가 없는 것처럼 생각됐어.
3. 상대방의 행동으로 느낀 나의 감정 말하기	3. 그래서 속상했어.
4. 상대방이 해주기를 바라는 점 말하기	4. 난 네가 내 숙제를 베끼지 않으면 좋겠어. 대신 내 도움이 필요하면 도와줄게.

다음날 방과 후에 민재가 찾아왔습니다. 연습한 대로 사과를 했는데, 승기가 사과를 잘 받아주었고, 승기에게도 사과를 받았다고 했습니다. 악수하고 다시 친하게 지내자고 얘기는 했는데 서로 머쓱했다고 합니다. 그렇지만 화해를 했으니 마음은 가볍다고 했습니다. 먼저 사과하겠다는 결심을 한 용기에 격려의 말을 해주고 이번에 친구와의 다툼을 해결하면서 배운 사과하기 방법이나 나-전달법을 잘 활용해서 친구들과 서로 의지하며 잘 지냈으면 한다는 바람을 전했습니다.

더 나은 활동을 위한 도움말

『친구랑 싸웠어!』는 친구와 싸우고 나서 화가 난 아이가 친구와 화해하는 과정을 담고 있는 그림책으로, 실제 이야기를 바탕으로 하고 있습니다. 그래서 이 그림책을 수업에 활용하면 학생들이 몰입을 잘합니다. 그림책을 아이들에게 먼저 읽어주고 그림책의 주인공처럼 친구와 다툰 경험이 있는지 물어보면, 모두가 그런 경험을 해보았다고 대답합니다. 아이들에게 친구는 가장 중요한 관심사이기에 수업에 적극적으로 참여하는 모습을 보입니다. 자연스럽게 경청이 이루어지고 발표하는 목소리에 힘이 들어가 커지는 모습을 볼 수 있습니다. 아이들은 자신뿐만 아니라 다른 아이들도 같은 경험을 공유하고 있다는 점에서 즐거운 표정을 지으며 심리적으로 안정감을 느끼는 것 같습니다.

만약 자신이 그림책의 주인공이라면 친구와 싸운 문제를 어떻게 해결할 것인가를 질문으로 모둠활동을 하는 것도 좋습니다. 이러한 시간이 많으면 많을수록 실제 그런 일이 생겼을 때 여유를 가지고 잘 대처할 수 있을 것입니다.

 함께 읽으면 좋은 그림책

『친구를 모두 잃어버리는 방법』, 낸시 칼슨 글·그림, 신형건 옮김, 보물창고, 2007

『싸움에 관한 위대한 책』, 다비드 칼리 글, 세르주 블로크 그림, 정혜경 옮김, 문학동네, 2014

『동쪽 괴물 서쪽 괴물』, 데이비드 맥키 글·그림, 장석봉 옮김, 국민서관, 2007

『다들 왜 화가 난 걸까?』, 데이비드 맥키 글·그림, 김상일 옮김, 키다리, 2014

공부를 포기하려는 아이

교사의 마음을 참 안타깝게 만드는 아이가 많습니다. 그중에 교사를 기운 빠지게 하거나, 마음을 어렵게 하는 학생은 공부를 포기하고 안 하려는 학생입니다. 공부를 포기하려는 학생의 유형은 여러 가지입니다. 왜 공부를 하는지 몰라서, 공부보다 훨씬 재미있는 것에 빠져서 등 많은 이유가 있습니다. 그중에 교사의 마음을 더욱 아프게 하는 아이들을 함께 알아보고자 합니다. 이 아이들은 평소에 착하고, 성실하지만 수업 시간에는 공부를 너무 힘들어합니다. 너무 힘든 나머지 포기하는 마음으로 지냅니다.

하임(가명)이는 수업 시간에는 불안하고 긴장해있습니다. 다른 아이들이 열정적으로 참여하는 게임에도 무덤덤합니다. 특히 모둠활동을 하기 싫어합니다. 모둠끼리 경쟁하는 활동을 너무 힘들어합니다. 실패를 하거나 지는 것에 대한 두려움이 크기 때문이며, 시간에 쫓기고 친구들의 재촉하는 말도 힘들어하기 때문입니다.

수업 시간에 발표나 질문을 거의 하지 않습니다. 지목해서 물어보는 경우에는 아주 작은 목소리로 이야기합니다. 굉장히 쉬운 질문을 해도 자신감에 찬 대답은 듣기 어렵습니다. 자신이 모르는 것을 질문하면 입을 꾹 다뭅니다. 당황해하며, 마치 얼음이 된 듯 경직되기도 합니다. 수업 시간에 이야기를 잘하는 경우는 짝 활동을 할 때입니다. 그것도 마음에 맞는, 자신이 편안하게 여기는 친구와 짝을 할 때만 이야기를 잘합니다.

수업 활동에 꽤 오랜 시간이 걸립니다. 어떤 과제든 시작하기까지 시간이 많이 걸립니다. 빠른 아이들이 과제를 끝낼 때서야 막 시작하는 경우도 많습니다. 그림을 그리거나, 색을 칠할 때는 꼼꼼하고 세심하게 완성해나갑니다. 어떤 과제든 시간이 오래 걸리는 편이라, 마감 시간이 되어도 마무리를 못 하는 경우가 많습니다. 과제의 95%가 되어도, 5%가 마무리가 안 되면, 보여주고 싶어 하지 않습니다. 완성이 되어야만 비로소 보여주려고 합니다. 완성이 안 된 채로 제출하는 상황에서 스트레스를 많이 받습니다. 그런데 시간이 모자라 그냥 내는 경우 많이 힘들어합니다.

혼자 공부할 때도 어렵기는 마찬가지입니다. 교과서나 문제집을 볼 때 한 글자도 빼놓지 않고 천천히 읽습니다. 그러다가 이해가 안 되는 부분이 나타나면, 불안감이 커집니다. 불안감이 생기면 평소에 풀던 문제도 풀지 못하게 됩니다. 어떻게든 해보려고 하지만 그럴수록 자신이 이해를 못 하고, 문제를 풀지 못했다는 것을 계속 확인하게 됩니다. 그래서 멍하니 책상에 앉아 있는 시간이 늘기만 합니다.

그래서 이 힘듦을 견디지 못하면 아예 공부를 손에서 놓아버립니다. 그리고는 아무것도 안 하려고 합니다. 이런 학생들을 돕기 위해 함께 읽기에 좋은 그림책은 『정말 정말 한심한 괴물, 레오나르도』입니다.

『정말 정말 한심한 괴물, 레오나르도』 열어보기

　레오나르도는 자신을 정말 한심한 괴물이라고 생각합니다. 아무도 레오나르도를 무서워하지 않기 때문입니다. 다른 괴물들은 무섭습니다. 다른 괴물들은 엄청 크거나, 생김새가 무섭습니다. 그래서 쉽게 다른 사람들을 무섭게 만들 수 있습니다. 그러나 레오나르도는 그렇지 않습니다. 다른 괴물들에 비해서 아주 작습니다. 다른 무서워 보이는 것도 없습니다. 그래도 무섭게 보이려고 무지무지 애를 씁니다. 무서운 표정이나 소리를 연습하기도 합니다. 그러나 아무도 무서워하지 않습니다. 그래도 포기할 수 없기에, 최후의 시도를 합니다. 이 세상에서 가장 겁쟁이를 찾아서, 무섭게 하는 것입니다. 그러나 온 힘을 다했지만, 이마저도 실패합니다. 세상에서 가장 겁쟁이인 샘조차도 레오나르도를 무서워하지 않습니다. 레오나르도는 큰 결심을 합니다. 무서운 괴물 대신에 좋은 친구가 되어주기로 합니다.

　레오나르도 처음에는 다른 괴물들처럼 무서워지려고 노력합니다. 그래서 다른 괴물들을 따라 하다가, 좌절을 합니다. 본인에게 어울리는 것을 생각하지 않고, 무서워지려고 할수록 더욱 그렇습니다. 자신에게 맞지 않는 행동을 잘할 때까지 계속 노력하는 과정에서 힘들고, 답답함을 느낍니다. 그런데 다른 괴물들이 할 수 없는 것이 있습니다. 바로 겁쟁이 샘의 친구가 되어줍니다. 겁쟁이 샘에게 친구가 되어주는 것은 괴물 중에서도 레오나르도만 할 수 있는 일입니다.

　레오나르도가 잘하고 또 어울리는 일은 다른 사람을 무섭게 하는 것이 아니라 친절하게 친구가 되어주는 것입니다. 레오나르도는 샘의 이야기를 차근차근 들어줄 수 있습니다. 그리고 하나씩 질문도 합니다. 샘에게

모 윌렘스 글·그림,
고정아 옮김,
웅진주니어, 2007

강요를 하거나, 무리하게 이끌지도 않습니다. 천천히 그리고 묵묵히 함께 있어 줍니다. 레오나르도는 무서워지기를 포기하고 샘과 친구가 되었을 때, 자신에게 맞지 않는 일을 버리고 어울리는 일을 찾게 됩니다.

공부에 관련된 불편한 감정과 그 상황 탐색하기

자신에게 어울리는지, 어울리지 않는지 어떻게 알 수 있을까요? 바로 감정을 통해 알 수 있습니다. 감정은 그 사람의 마음을 알 수 있는 좋은 지표입니다. 예를 들어, 괴물 레오나르도는 겁쟁이 샘을 무섭게 하려고 했습니다. 그러나 샘이 무서워하지 않자 '좌절감'을 느꼈습니다. 이때 레오나르도는 '남들처럼 그리고 남들이 인정할 만큼 무서운 괴물'이 되고 싶어 한다는 것을 알 수 있습니다. 또한 가장 겁이 많은 샘조차도 놀라지 않자 '더 이상 놀라게 하는 것으로 인정받을 수 없다'라는 마음도 알 수 있습니다. 괴물 레오나르도가 느낀 감정을 잘 살펴보면, 레오나르도의 마음을 알 수 있습니다. 이처럼 학생이 공부하는 상황에서 어떤 감정을 느꼈는지를 찾고, 구체적으로 어떤 상황이었는지 살펴본다면, 공부에 대한 마음이 어떤지 훨씬 구체적으로 알 수 있습니다.

감정에는 좋은 감정과 나쁜 감정은 없습니다. 슬픈 감정을 나쁜 감정이라 여기고 빨리 해소하려 합니다. 이때 자신이 언제 슬펐는지, 슬픈 이유는 무엇인지 살펴보면 자신의 마음을 자세히 알 수 있습니다. 그런데 '슬픈 건 나쁜 거야' 하며 막연히 즐거우려고 하면 자신의 마음을 부정하는 것과 같습니다. 그래서 저는 좋은 감정과 나쁜 감정이라는 표현 대신 편한 감정과 불편한 감정이라고 표현합니다. 공부할 때 느낀 편한 감정들과 불편한 감정들을 찾고, 그 상황에 대한 학생의 마음을 면밀히 살펴봤습니다.

이때 활용하기 좋은 도구가 '카드'입니다. 여러 좋은 카드가 있지만 '감정 카드'[21]를 통해, 하임이가 '공부할 때 느끼는 마음'을 알아보았습니다. 먼저 공부할 때 느끼는 불편한 감정 3가지를 찾아보았습니다. 불편한 감정을 탐색하는 작업은 중요합니다. 불편한 감정이 어디에서 나타나는지 알아야, 자신의 환경을 조정하거나 생각을 바꿀 수 있기 때문입니다. 하임이는 공부할 때 느끼는 불편한 감정으로 '곤란하다, 불안하다, 우울하다' 3가지를 찾았습니다.

교사   공부가 싫은 이유를 말해줄 수 있을까요?
하임   그냥 힘들어요. 재미도 없고요. 해봤는데 잘 안되니까 더

---

21 『공감대화카드 - 감정카드』, 학지사. 스톰 앤 스톰(Storm & Storm, 1987)의 감정 단어 5개 군집(분노, 혐오, 슬픔, 두려움, 기쁨)을 참고하여 학생들이 가장 많이 쓰는 감정 단어를 선별하여 군집분류에 따라 색으로 구분한 67장의 카드로 구성되어 있다.

하기 싫어요.

교사   그럼 공부를 잘할 수 있게 되었다고 해보면, 어떤 생각이 들어요?

하임   엄청 좋을 것 같긴 해요. 그런데 그렇게 될 수 있을까요?

교사   그럼 선생님과 함께 공부에 대한 하임이의 마음을 함께 찾아봐요. 공부할 때 느꼈던 '불편한 감정' 3가지를 찾아볼까요?

하임   저는 '곤란하다, 불안하다, 우울하다'를 골랐어요.

교사   '곤란하다'라고 느낄 때는 어떤 상황이었어요?

하임   수학 시간이요.

교사   수학 시간에 '곤란하다'라는 감정은 언제부터 들고, 언제 들지 않을까요?

하임   음… 도형 단원에서는 그나마 괜찮았는데, 분수 뺄셈에서 통분을 하면서 '곤란하다'라는 감정이 생겼어요.

교사   '곤란하다'라는 감정이 드는 이유가 무엇일까요?

하임   글쎄요. 못 푸는 것을 계속해야 하니까요. 안 하면 혼나니까요.

교사   그때는 어떻게 해요?

하임   안 하면 혼나니까, 뭐라도 쓰면서 하는 척해요.

교사   그럴 때마다 많이 힘들었겠네요. 어려워서 못하는 것을 억지로 계속해야 한다고 생각이 드는데, 못한다고 티 내기도 싫고 그렇다고 하는 척하는 것도 선생님을 속이는 것 같을 거예요.

하임   맞아요. 뭔가 잘못하는 기분이에요.

교사   그렇다면 공부할 때 '곤란하다'라는 감정을 느꼈다가, 사라졌던 때도 있었어요?

하임	그런 경우는 거의 없어요. 아, 국어 시간에 그런 적 있어요. 주장하는 글쓰기 할 때요. 근거를 어떻게 만들어야 하는지 생각하니 어려웠어요. 그래서 시작도 못하고 있었어요.
교사	그런데 언제 '곤란하다'는 감정이 사라졌어요?
하임	다시 보니 주제가 그렇게 어려운 내용이 아니었어요.
교사	''곤란하다'는 공부가 어려울 때 느껴지는 감정이었네요. 공부 내용이 어려울 때도 있지만, 내용이 어렵지 않은 경우에 먼저 어렵다고 생각을 하기만 해도, 그다음부터 하고 싶지 않다는 생각을 하게 되는 거예요.
하임	네, 맞아요.
교사	'불안하다'라고 느낄 때는 어떤 상황이었어요?
하임	미술 시간이나 국어 시간에 자주 있어요.
교사	미술 시간에 어떤 상황이었는지 구체적으로 말해줄래요?
하임	지난번 컬러링 색칠하기 할 때요. 선생님이 5분 남았다라고 할 때, 막 불안해졌어요.
교사	그때 남은 5분 동안 어떤 생각을 했어요?
하임	빨리 대충 칠하고 내야 할 것 같은데 그건 너무 싫고, 완성을 못하고 내는 것도 싫어서 어떻게 해야 할지 몰랐어요.
교사	그때 그 과제는 어떻게 했어요?
하임	그냥 시간이 되니, 낼 수밖에 없었어요.
교사	그다음에 미술 시간에 과제할 때는 어떤 마음이 들었어요?
하임	어차피 다 완성 못하고 낼 것이 뻔하니까, 안 하고 싶어졌어요.

교사   그랬구나. 과제가 완성이 안 됐는데 시간이 모자라니까 매우 마음이 불편했던 거예요. '불안하다'라는 감정은 자신이 완성하기에 시간이 모자라는데, 결과물을 만들어내는 것이 싫을 때 드는 거예요.

하임   네, 맞아요.

교사   공부할 때 '우울하다'라고 느낄 때는 어떤 상황이었어요?

하임   그냥 친구하고 싸웠을 때요.

교사   친구랑 수업 시간에 싸웠을 때인가요?

하임   아니요. 아침에 친구와 싸웠어요.

교사   어떤 일이 있었어요?

하임   아침에 제가 인사했는데 친구는 저한테는 대충 인사하고, 다른 친구한테는 밝게 인사했어요. 그다음부터 화가 나서 친구가 말을 걸어도 잘 이야기 안 했어요.

교사   '우울하다'라는 감정은 언제 사라졌어요?

하임   수업 끝나고 나서요. 친구가 수업 끝나고 남아서 저를 기다렸어요. 그때 사과를 해줄 때 마음이 풀렸어요.

교사   친구와 다투고 마음이 많이 속상할 때, 그 감정이 오랜 시간 남아 있어요. 그럴 때 공부를 할 때도 그 감정이 계속 남아 있는 편인 거예요.

하임   네, 맞아요.

공부에 관련된 편한 마음 읽기

불편한 감정을 알았다면, 그다음은 편한 감정을 살펴봅니다. 공부할 때 편한 감정을 잘 이해해야 공부를 즐겁게 그리고 오래 할 수 있습니다. 자신의 마음에 어울리는 공부를 할 수 있어야 공부를 좋아할 수 있습니다. 남들에게 어울리는 공부를 자신에게도 적용하려고 하면 안 됩니다. 사람마다 마음이 다르므로 공부 또한 자신의 마음에 맞는 방법을 찾아야 합니다. 그래서 하임이가 공부할 때의 편한 감정을 자세히 살펴봄으로써, 자신의 마음에 맞는 자신만의 공부를 찾아주려고 합니다. 하임이는 공부할 때 드는 편안한 감정이 '사랑스럽다, 편안하다, 뿌듯하다' 입니다.

교사	공부할 때 '사랑스럽다'라고 느꼈어요?
하임	평소에는 이런 생각이 잘 안 들어요. 그런데 국어 시간 좋아하는 것 소개하기 글쓰기 할 때 느껴봤어요.
교사	좋아하는 것을 소개할 때 무엇을 소개했어요?
하임	제가 좋아하는 애니메이션이요.
교사	다른 때와 다르게 '사랑스럽다'라는 감정을 느꼈나요?
하임	제가 너무 좋아하는 걸 수업 시간에도 생각할 수 있어서 좋았어요.
교사	그때 글을 쓴 것이 어떤 점이 좋았어요?
하임	다른 글쓰기 할 때는 뭘 써야 할지 이런 거 계속 생각하느라 힘들거든요. 찾는 것도 어렵고, 쓰려고 정리하는 것도 어려워요. 그런데 제가 좋아하는 애니메이션은 잘 아니까, 준비가 어렵지 않았어요.

교사	그렇군요. 하임이가 정말 아끼고 좋아하는 것을 소재로 공부를 할 때 '사랑스럽다'라는 감정을 느끼는 거네요. 또 이런 주제로 공부할 때는 내용이 익숙하니까 훨씬 쉽다고 느끼기도 하구요.
하임	네, 맞아요.
교사	공부할 때 언제 '편안하다'라고 느꼈어요?
하임	그림을 그릴 때요.
교사	그때 이야기를 더 구체적으로 해볼래요?
하임	선생님이 하루 종일 출장 가셨을 때였어요. 다른 선생님이 들어오셨는데, 그때는 과제를 다음날까지 내도 된다고 하셨어요. 그래서 집에 가져가서, 천천히 다 그렸어요.
교사	그림 과제가 다른 때보다 더 쉽거나 어렵거나 했었나요?
하임	아뇨, 평소랑 비슷했어요.
교사	집에서 천천히 과제를 완성할 때는 어떤 점이 좋았어요?
하임	누가 보는 사람도 없고, 시간도 많아서 좋았어요.
교사	시간에 쫓기지 않을 때, 편안하다는 감정을 갖게 된 거군요.
하임	네, 맞아요.
교사	공부할 때 언제 '뿌듯하다'라고 느꼈어요?
하임	아까 이야기했던 그림 그릴 때요. 그때는 다하고 냈어요.
교사	그림을 그린 다른 때는 어떻게 느꼈나요?
하임	평소에는 시간이 모자라요. 그래서 다 못하고 내요.
교사	다 완성을 하고 낼 때만 뿌듯하다고 느끼나요? 아니면 다른 때로 뿌듯함을 느끼나요?
하임	다하지 못하면 뿌듯하다는 생각은 안 들어요.
교사	그렇군요. 시간이 충분하고 편안한 마음으로 다 완성해야

만 '뿌듯하다'고 느끼는 거예요.

하임　　네, 맞아요.

마음 정리하기

학생의 마음을 정확하고 구체적으로 읽는다는 것은 학생이 느낀 경험을 교사의 머릿속에도 그리는 것을 의미합니다. 이때 필요한 것은 질문입니다. 철저하게 내가 학생이라면 어떻게 느꼈을지 생각하며, 학생의 입장으로 물어보는 것이 중요합니다. 선생님이 학생 입장에서 상황을 바라보고 학생이 어떻게 느꼈을지를 느껴보고 이를 정리해서 학생에게 표현해준다면, 학생의 마음을 읽어주었다 말할 수 있습니다.

하임이가 공부할 때 느끼는 불편한 감정은 '곤란하다, 불안하다, 우울하다'였습니다. 각 감정이 이 학생의 어떤 마음을 말해주는지 천천히 하임이와 정리해보았습니다.

'곤란하다'라고 느낄 때는 과제가 본인이 하기에 너무 어렵다고 느낄 때였습니다. 어려운 문제를 만날 때마다 자신이 부족함을 계속 확인하게 되기 때문입니다. 노력해서 그 문제를 해결하고 싶은 마음보다 회피하게 되었습니다. 회피해도 힘들지만, 자신의 능력이 모자라는 것을 확인하는 것보다 덜 힘들기 때문입니다.

'불안하다'라고 느낄 때는 시간이나 결과에 대한 압박이 심할 때입니다. 하임이는 모든 일을 천천히 그리고 꼼꼼히 합니다. 동시에 완성이 되지 않으면, 끝날 때까지 굉장히 불안을 느낍니다. 그런데 빨리해야 하거나, 잘해야 한다는 압박이 생기면 불안은 더욱 크게 다가옵니다.

'우울하다'라고 느낄 때는 친구와 다투었을 때입니다. 공부 시간에 있었던 일이 아니어도, 그 전에 있었던 감정이 해결이 안 될 때 공부 시간 내내 그 생각을 하게 됩니다. 그래서 공부 내용이 그렇게 어렵지 않아도, 손에 잡히지 않기에 어렵다고 생각하게 됩니다.

하임이가 공부할 때 드는 편안한 감정이 '사랑스럽다, 편안하다, 뿌듯하다' 입니다. '사랑스럽다' 라고 느낄 때는 자신이 평소 좋아하고 아끼는 것을 소재로 공부할 때입니다. 좋아하지 않거나, 싫어하는 소재로 과제를 할 때는 성실하게는 하지만, 열정을 다해 노력한다는 느낌을 갖지 못했습니다. 그런데 자신이 좋아하고 아끼는 것으로 글을 쓸 때는 과제를 하면서 취미를 한다는 느낌도 받게 됩니다.

'편안하다' 라고 느낄 때는 시간과 결과에 대한 압박에 시달리지 않을 때입니다. 하임이는 압박이 심하면 심할수록 더욱 힘들어합니다. 평소에 할 수 있는 것도 다 못하게 됩니다. 그래서 과제를 다 마치지 못하고 제출합니다. 압박이 없는 상황에서는 천천히 자신의 속도대로 과제를 마무리할 수 있었습니다. 완성을 하고 나서야 비로소 '뿌듯하다' 라는 감정을 느낍니다.

그렇다면 이 학생에게 절대적으로 필요한 것은 '마음의 편안함' 입니다. 지금 정리한 내용들을 실제 수업 시간이나 공부할 때 어떻게 실천할 수 있을지 하임이와 함께 만들어보았습니다.

구체적 실천 계획 세우기

하임이가 공부할 때 드는 편안한 감정이 '사랑스럽다, 편안하다, 뿌듯

느낀 감정		자신의 마음	자신의 마음에 어울리는 행동
불편한 감정	곤란하다	과제가 어렵고, 힘들다.	내가 풀 수 있는 문제부터 푼다. 어려우면 작게 작게 쪼개어 작은 과제들로 만든다.
	불안하다	시간이 모자라거나 잘해야 한다고 생각하면 불안하다.	선생님에게 시간을 더 달라고 한다. 쉬는 시간이나 점심시간에 더 해서 낸다.
	우울하다	안 좋은 일이 있을 때, 공부하면 잘 안 된다.	마음이 불편하면 억지로 공부하지 않는다. 마음이 편해지면 공부한다. 마음이 편해지는 것부터 한다.
편한 감정	사랑스럽다	자신이 좋아하는 것을 가지고 공부할 때, 공부도 사랑스러워진다.	수업 시간에 가능한 내가 좋아하는 것을 가지고 한다.
	편안하다	시간이 넉넉할 때, 잘하지 않아도 될 때 편안하다.	평소에 내가 언제 편한 마음으로 공부했는지 찾아본다.
	뿌듯하다	다 완성을 해야 기분이 좋다. 완성이 안 되면 될 때까지 해야 뿌듯하다.	다른 친구들이 여러 개 만들어도, 나는 하나 만드는데 힘을 많이 쓴다. 그래서 더 좋은 하나를 만든다.

하다' 입니다. 자신이 공부할 때 느끼는 불편한 감정은 '곤란하다, 불안하다, 우울하다'였습니다. 각 감정이 자신의 어떤 마음을 말해주는지 천천히 하임이와 정리해보았습니다.

공부 감정 일기 쓰기

짧은 대화를 통해 알 수 있는 장면은 한정적입니다. 그래서 평소 공부할 때 자신이 공부에 가진 감정과 연관된 장면을 모을 필요가 있습니다.

2020년 (10)월 (12)일 (월)요일

공부 주제	공부 내용
국어2 지식이나 경험 활용	체험한 내용을 감상이 드러나게 글쓰기
사회2. 고려	몽골이 침입했을 때 고려가 한 대응알기
도덕2. 갈등해결	갈등을 평화롭게 해결하는 방법 이야기하기
느낀 감정	구체적 장면
사랑스럽다	바다동물을 좋아해서 아쿠아리움에 갔던 일을 썼다 그때 벨루가를 보고 기분이 좋고 사랑스러운 감정이 글을 쓰면서 다시 떠올랐다.
불안 하다	사회 공부할때 선생님의 설명이 길었다 중간에 집중을 못했다 그래서 그 뒤의 내용을 이해하기 어려웠다.
편안 하다	도덕시간에 짝과 하는 이야기 활동이 있었다. 짝이 바뀌어서 친한 친구가 짝이 되었다 그 친구랑 이야기할 수 있어서 편안했다.

감정 단어

순	감정	순	감정	순	감정	순	감정
1	감동하다	18	망설여지다	35	슬프다	52	자신만만하다
2	걱정되다	19	무섭다	36	신나다	53	조마조마하다
3	고맙다	20	미안하다	37	실망하다	54	즐겁다
4	곤란하다	21	밉다	38	싫다	55	지겹다
5	괴롭다	22	부끄럽다	39	심심하다	56	짜증나다
6	귀찮다	23	부담스럽다	40	쑥스럽다	57	편안하다
7	기대되다	24	부럽다	41	쓸쓸하다	58	피곤하다
8	기쁘다	25	분하다	42	아쉽다	59	행복하다
9	긴장되다	26	불안하다	43	안심이다	60	허전하다
10	놀라다	27	불편하다	44	안타깝다	61	혼란스럽다
11	답답하다	28	비참하다	45	얄밉다	62	화나다
12	당황스럽다	29	뿌듯하다	46	어색하다	63	황당하다
13	두근거리다	30	사랑스럽다	47	억울하다	64	후회스럽다
14	두렵다	31	서럽다	48	외롭다	65	흥분되다
15	마음 아프다	32	설레다	49	우울하다	66	힘나다
16	막막하다	33	섭섭하다	50	원망스럽다	67	힘들다
17	만족스럽다	34	속상하다	51	자랑스럽다		

이 장면들을 모으면 자신이 공부할 때의 모습을 다른 시각으로 알 수 있기 때문입니다.

그래서 가장 좋은 방법은 '공부 감정 일기 쓰기' 입니다. 우리가 일상을 기록하는 일기와 다릅니다. 공부를 할 때 느낀 감정과 그때의 상황을 그림 그리듯이 글로 적는 것입니다. 감성이 풍부한 사람은 이런 경험을 하나씩 하나씩 모을수록 자신의 공부에 대한 이해도 더욱 깊어집니다. 공부 감정 일기는 궁극적으로 자신에게 어울리는 공부 장면과 공부 방법을 찾도록 이끌어줍니다.

더 나은 활동을 위한 도움말

이 활동의 목적은 학생이 스스로 문제를 발견하고, 답을 찾아가게 하는 것입니다. 그래서 선생님이 가르쳐주기보다 학생에게 스스로 대답이 나올 때까지 천천히 하나씩 물어보는 게 정말 중요합니다. 간혹 대화 중간에 교사가 먼저 해결책을 알아차릴 때도 있습니다. 그래도 기다려주어야 합니다. 평소에 학생은 교사가 없는 상태에서 자신의 관점으로 상황을 바라보기 때문입니다. 자신이 스스로 자신의 상황을 살펴보고 판단하는 힘을 기르기 위해서, 선생님과 대화할 때는 학생 스스로 자신의 상황을 정리하고, 해결책을 떠올릴 수 있도록 하는 것이 필요합니다.

물론 이 과정은 시간과 노력이 굉장히 많이 듭니다. 그래서 모든 학생과 이렇게 하기는 쉽지 않습니다. 바꾸어 말하면, 학생들이 그동안 교사와 이렇게 차근차근 대화해본 경험이 적을 것이라는 생각도 듭니다. 조금이라도 일찍 자신의 마음에 대해서 차근차근 대화해보며 자신을 알아간다면, 더욱 행복하게 공부할 수 있을 것입니다.

 함께 읽으면 좋은 그림책

『걱정 상자』, 조미자 글·그림, 봄개울, 2019

『나는 다른 동물이면 좋겠다』, 베르너 홀츠바르트 글·그림, 박여명 옮김, 아름다운 사람들, 2012

『슈퍼 거북』, 유설화 글·그림, 책읽는곰, 2018

『틀려도 괜찮아』, 마키타 신지 글, 하세가와 토모코 그림, 유문조 옮김, 토토북, 2006

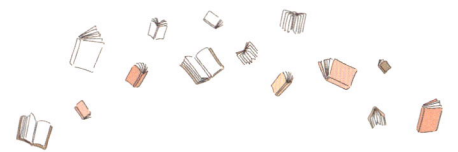

성적 스트레스로
힘들어하는 아이

고등학교 2학년이 되면 단위 학교 내 내신 등급이나 전국 단위 연합평가에서 과목별 등급을 대략 알 수 있습니다. 공부를 아예 포기한 학생들은 오히려 스트레스가 덜합니다. 간혹 내신은 1, 2등급으로 높은 데 반해, 모의고사에서 주요 과목의 등급이 중위권일 경우에 학생들이 극도로 불안해하며 학업 성적에 대한 스트레스를 많이 받습니다. 고등학교 2, 3학년에 되어서 아무리 공부를 해도 성적이 기대만큼 오르지 않기 때문입니다. 특히 국어, 영어, 수학 주요 과목에서 기초가 부족한 경우 좋은 등급을 받는 것은 현실적으로 쉽지 않습니다.

고3이 되면 매월 전국연합평가를 봅니다. 그런 날 아침이면 어김없이 등교 전에 문자 메시지가 옵니다. 전날까지 멀쩡하던 아이가 갑자기 배가 아프다거나, 생리통이라거나, 감기 기운이 있다며 시험을 볼 수 없다고 합니다. 물론 내신 성적에 반영되는 것은 아니기에 시험을 안 본다고 해서 불이익은 없습니다. 그러나 매번 회피하다 보면 정작 중요한 시험을 보는 실제 상황에서도 자신감이 부족하여 좋은 결과를 얻기가 힘들어집니다. 본인이 성적을 가장 잘 알고 있기에 주요 과목 등급이 안 나오면 또 절망할까 봐 두려워 아예 시험조차 보려고 하지 않습니다.

이런 아이일수록 부모의 기대는 높은 경우가 많습니다. 내신 등급은 좋기 때문에 으레 서울 안에 있는 좋은 대학을 갈 수 있을 거라고 기대합니다. 이처럼 부모의 은근한 기대는 아이들 마음을 더욱 불편하게 합니다. 그래서 학교에서 하는 교과 행사며 수업이며 수행평가에도 자신이 할 수 있는 최선의 노력을 다합니다. 매 과목 성적에 극도로 신경을 쓰며 수업을 듣다 보니 피곤함은 일상이고 작은 일에도 예민하게 반응합니다. 자신이 원하고 즐거워서 하는 공부가 아닌 의무감에 하는, 주위의 기대에 부응하고자 하는 공부는 아이들 영혼을 갉아먹습니다. 성적이 인생의 전부가 아니라는 말은 공허할 뿐입니다.

예서(가명)는 학기 말에 본인의 기대에 못 미치는 성적을 받았습니다. 시험이나 중요한 발표, 토론 수행평가 등 본인이 부담스러워하는 평가가 있으면 평상시 수업이나 연습 시간에 잘하던 것도 그만큼 해내지 못하는 경우를 자주 보았습니다. 시험을 보는 당일에 결석하거나 수행평가 실시하는 시간에 조퇴하는 등 스트레스의 징후가 몸이 아픈 것으로 나타난다고 합니다. 특히 자신이 원하는 만큼 준비가 안 되었을 때 더 심해집니다. 그 상황을 회피하고 애써 노력한 것도 쉽게 포기해버리는 것입니다.

예서와 만남을 통해 왜 극도의 스트레스를 받는지 원인을 찾아보았습니다. 열심히 공부한 만큼 성적이 나오지 않는다면 사고의 패턴이나 학습 방법에도 문제가 있지 않을까 생각하여 예서에게 맞는 효과적인 공부 방법도 함께 고민했습니다.

아놀드 로벨 글·그림,
김영진 옮김,
길벗어린이, 2014

『밍로는 어떻게 산을 옮겼을까?』 열어보기

『밍로는 어떻게 산을 옮겼을까?』는 불행에서 벗어나기 위해 커다란 산을 옮기기로 결심한 한 부부의 이야기를 다룬 그림책입니다. 밍로는 아내와 함께 커다란 산 밑에 있는 집에서 살고 있습니다. 산에서 툭하면 크고 작은 돌덩이들이 굴러떨어집니다. 밍로의 집 지붕에는 구멍이 뻥뻥 뚫렸고 산꼭대기에 늘 구름이 끼어 있어 구멍 뚫린 지붕 위로 비를 억수같이 뿌리기에 집은 늘 축축하고 눅눅합니다. 해가 나도 산그늘에 가려 따뜻하지 않았고, 마당의 꽃과 풀도 잘 자라지 않습니다.

아내는 산을 다른 데로 옮기자고 투덜댑니다. 밍로는 우리같이 작은 사람이 어떻게 저렇게 큰 산을 옮기냐고 대꾸합니다. 아내는 마을에 지혜로운 노인을 찾아가 물어보라고 합니다. 밍로는 옮길 수 없는 거대하고 큰 산을 옮길 방법을 묻기 위해 노인을 찾아갑니다. 노인은 오래 생각하다가 이상야릇한 처방을 내려줍니다. 밍로와 아내는 그가 말한 대로 실행하지만, 산은 결코 옮겨지지 않습니다. 세 번, 네 번 찾아가고 또 그대로 실행해보고 마지막까지 노인의 가르침을 따릅니다. 집을 모두 분해하고 살림살이를 꾸리고 뒷걸음질하는 이상한 춤을 추며 집을 옮긴 밍로 부부는 결국 소원을 이룹니다. 큰 산을 옮기는 대신 자신의 집을 옮겨 행복을 찾은 밍로 부부에게서 우리는 무엇을 배울 수 있을까요?

스트레스 상황 공감해주기

교사	몸이 많이 안 좋은가요?
예서	네, 어제는 배가 뒤틀리는 것처럼 아프고, 계속 화장실을 왔다갔다 했어요. 그래서 결국 학교도 나오지 못했어요. 죄송해요.
교사	예서가 죄송해할 건 아니에요. 그런데 저번에도 시험 볼 때 배가 아프고 허리도 아프다면서 지각했는데, 시험 때마다 예서가 너무 긴장하는 게 아닌가 해서 선생님이 걱정이 돼요.
예서	모의고사나 학교 시험이 있으면 음식을 많이 먹거나 급하게 먹는 것도 아닌데 이상하게 체한 것처럼 속이 안 좋고 배도 아프고 그래요.
교사	혹시 부모님과 함께 병원에는 가 봤나요?
예서	네. 검사를 해봤는데도 특별하게 이상은 없었어요. 신경성인 것 같다고 하더라고요. 저도 왜 그런지 잘 모르겠어요.
교사	그랬군요, 많이 속상하겠어요. 예서는 선생님이 보기에도 정말 열심히 공부하는데, 중요한 시험 때 꼭 컨디션이 안 좋으니까 원하는 만큼 성적도 잘 안 나오고, 선생님도 속상해요.
예서	네, 저도 많이 속상해요. 나름 열심히 한다고 하는데, 10시

까지 학원 갔다가 또 독서실에 가고 거의 1시까지 잠도 서너 시간씩 자면서 공부하는데, 시험을 보면 성적은 예상보다 잘 안 나오고. 속상해요.

교사 수업 시간에도 뭐든 열심히 하고 수행 활동을 해도 항상 다른 친구들 도와가며 잘하려고 애쓰는 거 선생님도 다 알아요.

예서 네, 생각해주셔서 감사합니다.

교사 선생님이 보기에 예서가 성적 때문에 스트레스를 많이 받는 거 같은데, 예서는 어떻게 생각해요?

예서 네. 시험이나 수행평가 있을 때 스트레스를 많이 받는 것 같아요. 부모님이 저에게 기대를 많이 하고 계세요. 사실 제가 모의고사를 보면 주요 과목 성적이 잘 안 나오니까 무조건 수시로 대학을 가야 해요. 그러다 보니 내신에 신경을 많이 써야 하는데, 내신이라도 잘 받아야 하니까요.

교사 그렇군요. 부모님이 예서에게 기대하시는 건 당연하지만, 그 기대가 또 예서에게는 부담이 되는군요. 그럼 선생님하고 이 카드 가지고 잠깐 이야기해볼래요? 이 중에서 예서가 마음에 와닿는 카드 있으면 몇 장만 골라볼까요?

소나무 카드로 대화하기

알스토리의 소나무 카드[22] 52장을 활용했습니다. 소나무 카드는 앞면

---

22 알story의 소나무(소통+나눔+무한상상) 카드 활용

에 그림, 뒷면에 긍정 키워드 단어와 2개의 질문이 있습니다. 여기에서는 앞면 그림 카드만을 활용하여 대화를 했습니다. 그림 카드는 자신의 마음을 솔직하게 털어놓을 수 있는 도구입니다. 예서가 6장의 카드를 신중하게 고르고 책상에 가지런히 놓았습니다. 그림 카드 한 장마다 질문하고 대화하며 그림 카드를 통해 떠오르는 예서의 현재 상황에 대하여 이야기를 나누었습니다.

교사 예서가 고른 카드가 이거네요.
예서 네. 이 카드가 먼저 눈에 띄었어요.
교사 왜 그럴까요?
예서 현재 제 모습인 것 같아요. 제가 아슬아슬하게 외줄을 타고 있는 거 같아요. 언제 떨어질지 몰라 불안하고 두려워요.

교사 이 카드는 왜 고른 거죠?
예서 화살표가 어디로 향하는지 늘 제 미래에 대해 불안하고 진로도 아직 잘 모르겠고 해서요. 공부를 왜 하는지도 잘 모르겠고요.

교사 이건 그림이 독특하네요.
예서 네. 나무가 허공에 떠 있는데, 너무 외로워 보여요. 뿌리를 박고 드러난 땅이 떠서 반은 햇빛, 절반은 달빛에 걸쳐 있어요. 저도 어떤 날은 기분이 좋다가, 또 어떤 날은 우울하기도 합니다.

교사 선생님이 보기에는 예서가 하루하루 성실하게 잘 생활해나가는 것 같아요.
예서 그런가요? 저도 고등학교에 와서는 하루도 편하게 쉬어 본 적이 없었던 것 같아요. 선생님. 사실 너무 힘들어요.

	**교사** 이 의자는 뭘까요? **예서** 제가 있어야 할 자리가 어디인지를 가끔 생각해요. 부모님은 학과는 상관없고 X 대학이나 Y 대학 정도는 가야 한다고 말씀하시는데, 저는 솔직히 자신이 없어요. 저 때문에 고생하시는 엄마 생각하면, 엄마의 소원을 들어드리고 싶지만, 솔직히 제 성적으로는 무리인 것 같아서요. **교사** 예서는 어느 대학, 학과를 가고 싶나요? **예서** 아직 정하지 못했어요.
	**교사** 새장 밖으로 새들이 날아가네요. **예서** 네. 지금은 제가 마치 새장에 갇혀 있는 거 같아요. 너무 답답해요. 제가 대학에 가면 답답한 새장에서 나와서 **훨훨** 자유롭게 날아갈 수 있지 않을까요? 하루빨리 여기에서 나가고 싶어요, 대학에 꼭 가고 싶어요. 제가 원하는 거 하면서 자유롭게 살고 싶어요.

자신의 문제 바라보기

예서의 스트레스 원인은 부모님의 큰 기대와 그 기대에 못 미치는 성적과의 차이 때문이라고 생각되었습니다. 그러다 보니 시험 때마다 과도한 스트레스로 몸에 이상 신호가 오고 그러한 징후들이 부정적 정서와 결합하여 몸과 마음이 모두 힘들게 되는 악순환을 반복하는 것이었습니다. 그림책을 통해 큰 산을 옮기고자 했던 밍로 부부가 어떻게 문제를 해결해나가는지, 삶의 대처 방식을 살펴보면서 이야기를 나누었습니다.

#1. 밍로가 처음 지혜로운 노인을 찾아갔을 때

밍로는 노인을 찾아가 물어봅니다. "저희 집 옆에 산이 하나 있는데, 그걸 다른 데로 옮길 수 없을까요?"라고 묻자 한참을 생각하던 노인은 근처에서 가장 크고 굵은 나무를 찾아 베어 내고, 그 통나무를 산에 대고 힘껏 밀어붙이라고 알려줍니다. 집으로 돌아온 밍로는 아내와 함께 노인이 가르쳐준 대로 해보았으나 산은 조금도 밀리지 않았습니다.

교사   이 부분에서 느낀 점이 있다면 뭘까요?

예서   제가 어려움이 있을 때 밍로 부부처럼 누구에게 가서 물어보려고 생각하지 않았던 것 같아요. 그냥 혼자 끙끙 속으로 고민만 하는 것 같아요. 그런데 여기 밍로 부부는 문제가 생기니까 마을 지혜로운 노인을 찾아가네요. 저도 앞으로는 고민이 있을 때 누구에게든 도움을 요청해야겠어요.

#2. 두 번째로 찾아갔을 때

밍로는 다시 노인을 찾아가 다른 방법이 있는지를 묻습니다. 노인은 오랫동안 생각하다 부엌에서 솥과 냄비를 모두 꺼내 두드리고 힘껏 목이 터져라 고함을 지르라고 알려줍니다. 그러면 산이 겁을 먹고 도망갈 거라고 합니다. 서둘러 집에 온 밍로는 아내와 함께 있는 힘껏 솥과 냄비를 두드리고 악을 썼습니다. 하지만 새들만 나무에서 푸드덕 날아오를 뿐 산은 꿈쩍도 하지 않습니다.

교사   이 부분에서는 어떤 생각이 들었나요?

예서   솥과 냄비를 두드린다고 큰 산이 밀리지 않는 건 당연한데요. 선생님, 저는 밍로 부부가 이 방법을 그대로 따라서 한 것이 조금 이상해요. 그래도 부부가 노인을 믿었다는 점이 이해되지 않지만, 누군가에게 도움을 요청했을 때 설사 그 방법이 조금 납득이 되지 않더라도 계속 신뢰하고 따라가 보는 것도 하나의 방법일 수도 있겠다는 생각이 들어요.

#3. 세 번째 노인을 찾아갔을 때

꼭 산을 옮겨야 한다는 아내는 또다시 노인에게 가보라고 합니다. 오랫동안 생각하던 노인은 빵과 떡을 아주 많이 만들어 산꼭대기에 사는 신령님께 가져다드리라고 합니다. 그러면 무슨 소원이든 다 들어줄 거라고 일러줍니다. 집에 돌아와 아내와 함께 빵과 떡을 잔뜩 만들어 신령님을 만나려고 가파른 비탈길을 올라가다 그만 높은 벼랑에서 거센 바람에 빵과 떡이 눈 깜짝할 사이에 하늘로 날아가 버렸습니다.

교사 두 번씩이나 노인의 말대로 했는데도 산은 꿈쩍도 하지 않았죠. 또 그 노인을 찾아가 보라는 아내의 말에 밍로는 다시 노인을 찾아가네요. 그리고 공들여서 만든 음식인데, 그만 벼랑에서 바람을 만나 다 날아가 버렸네요.

예서 네. 부부가 애써서 만든 빵과 떡이 신령님께 가기도 전에 바람으로 날아가 버려서 밍로 부부는 허탈했을 것 같아요. 신령님께 이야기하면 소원을 들어줄 거라는 노인의 말은 이번에는 조금 있을 법한 이야기 같아요. 그런데 이 방법은 그대로 실행하기가 어려웠던 방법인 것 같아요. 결국 저라면 여기까지 하면 그냥 포기했을 거 같아요. 노인을 믿지도 않았을 거 같아요. 그런데 이 부부는 포기하지 않았어요. 저는 이 점이 놀랍고 배울 점인 것 같아요.

#4. 네 번째 노인을 찾아갔을 때

이번에는 아내가 말하기도 전에 밍로가 먼저 지혜로운 노인에게 달려갔습니다. 제발 산을 옮길 수 있도록 도와달라는 간절한 밍로의 말에 노인은 아주아주 오랫동안 생각하고 마침내 말합니다. 집을 모두 뜯어내서 조각들을 한데 모으고 살림살이도 챙기고, 노끈과 밧줄로 적당한 크기로 묶고 그 꾸러미들을 죄다 이고 서서 산을 마주 보고 눈을 감으라고 합니다. 그리고는 춤을 추라고 합니다. 먼저 왼발을 오른발 뒤로 옮기고, 다음에는 오른발을 왼발 뒤로 옮기고, 이 춤동작을 계속 몇 시간이고 반복하고, 그러고 나서 눈을 뜨면 산이 멀리 옮겨져 있을 거라고 합니다.

교사   이번에는 아내가 말하기도 전에 밍로가 먼저 노인을 찾아가네요. 그런데 노인의 답변은 좀 더 황당하네요. 예서는 어때요?

예서   밍로는 그다지 적극적인 사람이 아니었던 것 같은데, 밍로가 달라졌어요. 저는 밍로의 변화가 도전이 돼요. 그런데 노인의 가르침은 더 이상해요. 집을 모두 뜯어내고 살림살이를 챙기라는 건 결국 이사를 하라는 건데, 그냥 이사를 하는 것도 아니고 이상한 춤을 추며 가라는 것이 이상해요. 그런데 이 말을 또 이 부부는 그대로 따라서 하네요.

교사   집을 잘게 쪼개라는 건 무슨 의미일까요?

예서   뭔가 해야 할 일이 있을 때 그 일을 크게 생각하면 못할 거 같은데, 작게 작게 일을 나누면 뭔가 나도 할 수 있을 거라고 생각하는 거 같아요.

교사   그렇죠? 바로 그거에요. 거대한 산 같은 문제, 큰 문제가 내 앞에 있을 때 그 문제를 그대로 보지 말고 잘게 나누고, 오늘 하루치 내가 할 일만 생각하는 거예요. 그 하루하루가 모여 나중에 실력이 되는 게 아닐까요? 공부도 그렇게 생각하면 되지 않을까요? 성적이란 결과만 너무 바라보지 말고, 내가 가진 것, 할 수 있는 것을 작게 쪼개면서 매일 해나가다 보면 그 과정이 결국 내 실력이 될 수 있어요.

예서　　네. 선생님, 밍로 부부가 한 것처럼 저도 문제를 해결할 때 작게 분해하는 방법을 생각해볼게요.

#5. 짐을 모두 싸고 산을 바라보며 춤을 출 때

이상한 춤이라고 생각했지만, 산을 옮길 수 있다는 생각에 집으로 돌아와 노인이 시키는 대로 짐을 꾸리고 꾸러미들을 등에 지고 가슴에 안고 아내와 밍로는 눈을 감고 산을 옮기는 춤을 춥니다. 이웃 사람들은 밍로 부부가 살림살이를 몽땅 싸 들고 들판을 뒷걸음질해 가는 것을 보고 어찌나 이상하던지 모두 눈을 동그랗게 뜨고 지켜봅니다. 한참 뒤 밍로와 아내는 눈을 뜹니다. "여보, 저길 봐요! 우리가 드디어 해냈어요. 산을 저만큼이나 옮겼소!"라고 밍로가 외칩니다. 두 사람은 짐을 풀고 다시 집을 지었습니다. 살림살이도 정리하고 탁 트인 하늘 아래 햇볕 잘 드는 집에서 오래오래 살았습니다. 조그맣게 멀어진 산을 바라보며 그때마다 스스로 산을 옮겼다는 생각에 아주 뿌듯해합니다.

교사　　그런데 왜 노인은 이 이상한 춤을 추라고 했을까요? 혹시 이게 아닐까요? 사람이 살던 집을 옮기는 것은 쉬운 일이 아니지만, 힘들고 어려운 것을 짜증 내면서 하지 말고 웃으며 이상하지만 즐기며 하라는 거 아닐까요? 그냥 선생님 생각이에요. 예서 생각은 어떠떤가요?

예서   그렇게 생각할 수도 있겠어요. 짜증 내지 않고 즐겁게요. 저는 마지막에 밍로 부부가 우리가 드디어 해냈다고, 산을 저만큼 옮겼다고 스스로 뿌듯해하는 장면에서 감동했어요. 그 지혜로운 노인의 말을 그대로 따라서 실행하다 보니 결국 그들이 원하는 소원을 이루었어요.

교사   맞아요. 그렇네요. 그럼 이 책에서 지혜로운 노인의 역할은 무엇이라고 생각하나요?

예서   처음에는 이상한 노인이라고 생각했는데, 지혜로운 노인이 맞는 거 같아요. 처음부터 집을 쪼개서 이상한 춤을 추며 옮기라고 했으면 이 부부는 안 했을 거 같은데, 같이 고민해주고 오래오래 생각해주니까 결국 부부가 끝까지 믿고 따라서 노인의 조언대로 행동한 거 같아요.

교사   그렇네요. 예서의 해석이 더 멋있어요. 노인이 밍로 부부의 어려움을 듣고 공감해준 거네요. 그러니까 끝까지 밍로 부부는 노인이 내려준 처방이 이상해도 믿었던 거구요. 결국 그 부부의 소원이 이루어진 거네요.

그림책으로 대화를 나누며 예서는 노력한 만큼 성적이 나오지 않을 때 엄청난 스트레스를 받는 자신의 모습을 바라보게 되었습니다. 시험이나 중요한 과제발표, 토론 수행평가 등 자신이 부담스러워하는 평가가 있으면 평상시 수업이나 연습 시간에 잘하던 것도 그만큼 해내지 못하는 자신을 본 것입니다. 결정적인 순간에 쉽게 그 자리를 피하고 포기해버리는 경향이 있었다는 것도 고백했습니다. 밍로 부부와 지혜로운 노인의 이야기를 통해 예서는 몇 가지를 배웠다고 했습니다. 자기 문제를 너무 크게 보지 말아야겠다고 생각하게 되었고 자신이 힘들 때 누군가에게 도움을 요청해도 괜찮다는 점을 알게 되었다고 합니다.

'2H1T' 다이어리 기록하기

흔히 우리가 알고 있는 다이어리는 그날그날의 해야 할 일을 잊지 않고 확인하는 용도로 간략히 일정을 메모하는 것입니다. 날마다 빈틈없이 할 일을 기록하고 최선을 다해 살아가는데 우리 삶은 왜 그다지 좋은 성과가 나타나지 않을까요? 노는 것도 아닌데, 부지런히 할 일을 기억하고 열심히 살아가는데 왜 그 하루하루는 의미 있는 내일을 보장해주지 않는 것일까? 라는 의심이 들 때가 있습니다.

2H1T 다이어리 기록법[23]은 해야 할 일의 목록을 적는 것이 아닙니다. 미래를 준비하고 오늘을 성실하게 살며 감사로 하루를 정리할 때 성장해 가는 나를 기억하는 과정입니다. 강사 김미경 선생님이 소개하는 다이어리 기록법으로 변화를 기대해보려고 합니다. 먼저 자신이 좋아하는 노트를 준비하고 형광펜과 볼펜, 사인펜 등 평소에 자신이 즐겨 쓰는 필기구를 준비합니다.

첫 번째 H는 'Highlight' 입니다. 자신의 삶에서 가장 중요한 것을 형광펜으로 그어가며 내가 앞으로 어떤 일을 했을 때 나의 미래를 바꿀 수 있

---

23 유튜브 김미경TV, 2H1T 다이어리 기록법: '다이어리만 잘 써도 인생이 바뀐다.' 강의 참고.

을지를 정하고 매일 얼마나 스스로 준비하고 있는지를 확인하는 것입니다. H에 해당하는 일은 본인이 가장 잘 집중할 수 있는 시간에 배치하는 것이 좋습니다.

두 번째 H는 'Habit' 입니다. 현재를 위한 것으로 내가 원하는 일이나 해야 할 행동들을 내 몸이 기억하도록 루틴을 만들어 현재를 튼튼하게 하는 습관을 갖는 것입니다. 현재에 대한 체크리스트를 만들고 매일 체크를 합니다.

마지막으로 T는 'Thank' 입니다. 하루 중 감사한 부분을 찾아서 잠들기 전에 2~3가지를 꼭 기록해보는 것입니다. 학생들이 가장 어려워하는 것이 이 부분입니다. 매일 비슷한 일상이 반복되는 평범한 하루에서 감사할 거리를 찾기는 쉽지 않습니다. 매사에 불안해하고 자신이 사전에

Highlight 하이라이트 정하기 (형광펜 사용)	• 나는 눈을 뜨고 가장 먼저 영어 공부를 1시간 하겠다. 아침 6시부터 7시까지 '1시간'이 나의 highlight이다. 이 시간은 나의 미래를 위한 빛나는 시간이다. 어느 학과를 가더라도 영어는 필수이고, 나는 영어가 많이 부족하다. 이 시간을 활용해서 특히 회화 문장을 따라 하고 실력을 쌓아야겠다.
Habit 습관 목록 정하기	내가 바꿔야 할 습관은? • 첫째, 시험 전 스트레스 때문에 그 상황을 피하지 말자. '이까짓 거!' 하며 성적이나 결과에 너무 연연하지 말자. 공부는 한 만큼 반드시 결과를 가져다준다. 나 자신을 믿자. • 둘째, 하루에 공부할 양을 많이 계획하지 말자. 하루에 할 수 있는 분량만큼 잘게 쪼개어 계획을 잡자. 매일 매일 내가 성취감을 느낄 수 있게 하자. • 셋째, 짜증 내지 말자. 좀 더 많이 웃자! '나는 지금 잘하고 있다!'고 생각하고 부정적 생각을 버리자.
Thank 하루 감사 일기 쓰기	• 과목 주제발표 수행평가에서 아이들 앞에서 많이 떨지 않고 준비한 내용을 3분 안에 발표할 수 있어서 감사하다. • 친구들 앞에서 영어 선생님께서 주제의 핵심을 잘 포착하고 정리도 깔끔하다고 칭찬해주셨다. 감사하다.

계획한 대로 되지 않을 때 주변 사람이나 환경에 대해 부정적 정서와 감정에 쉽게 휩싸입니다. 따라서 감사를 기록하게 함으로써 스스로 칭찬과 긍정, 감사로 하루를 정리하고 마무리하도록 할 필요가 있습니다.

학생과 만남을 마칠 때 즈음, 자신의 '2H1T'를 찾아서 다이어리를 기록하고 실행해보기로 결심했습니다.

더 나은 활동을 위한 도움말

그림책을 함께 읽고 나서도 일주일에 1회 만남을 갖고, 일상을 기록한 2H1T 다이어리를 통해 그간의 생활을 나누고 피드백을 해줍니다. 코로나 상황에서는 화상으로도 만남을 지속할 수 있습니다. 교무실에서 만날 때보다 저녁 오붓한 시간에 화상으로 만날 때 아이들은 오히려 편안하게 생각합니다.

마음이 전달되는 경로는 다양하게 시도해보아야 합니다. 학생이 생각하는 것보다 더 부모님은 학생을 아끼십니다. 성적이나 대학에 대해 마음을 터놓고 이야기해본다면 서로의 진심을 알게 될 것입니다. 실제로 예서는 만남을 가진 지 4주 후 엄마에게 직접 손편지를 써서 자신의 마음을 솔직하게 전했다고 합니다. 손편지를 받으신 어머님은 많이 가슴 아파하시며 대학에 대해 너무 부담 갖지 말라고 말씀하셨다고 합니다. 시험 때마다 몸으로 나타냈던 예서의 아픔을 어느 정도는 짐작하고 계셨지만, 딸의 편지로 인해 자신의 큰 기대가 아이에게 부담이 될 수 있음을 깨달으셨다고 합니다. 그림책으로, 손편지로, 카톡 문자로, 어떤 방법이든 서로의 속 깊은 마음을 전할 수 있습니다.

함께 읽으면 좋은 그림책

『뭐 어때!』, 사토신 글, 돌리 그림, 오지은 옮김, 길벗어린이, 2016

『비밀의 방』, 유리 슐레비츠 글·그림, 강무홍 옮김, 시공주니어, 2000

『이까짓 거!』, 박현주 글·그림, 이야기꽃, 2019

부모와 소통이
안 되는 아이

　수업 마치는 종이 울리자마자 한 학생이 교탁 앞으로 뛰어나옵니다. "선생님, 우리 엄마는 제가 정한 진로를 반대하는데 정말 미치겠어요. 어떻게 해야 하죠?" 진로를 주제로 한 수업에 적극적으로 참여하던 영희(가명)는 수업이 끝난 후에도 할 말이 많은지 얼굴을 찡그려 가며 자기 얘기를 합니다. 진로와 관련해서 어머니와 의견 차이가 있는 것 같습니다. 어머니와 대화하며 차근차근 말씀드려 봤냐는 물음에 "내 얘기는 듣지도 않아요" 하며 곧 울음을 터트릴 것처럼 속상해합니다. 자신의 고민을 솔직하게 표현해주는 아이의 마음이 고맙기도 하고 안쓰럽기도 합니다.

　청소년기 아이들은 신체적·심리적으로 성숙해지면서 부모로부터 심리적으로 독립을 하려는 욕구가 강해집니다. 또한, 부모와 자녀 사이에 일방적인 지시와 명령보다는 서로의 의견을 존중하는 민주적 가족관계가 일반화되면서 아이들도 당당하게 자기주장을 합니다. 이러한 아이들의 변화를 인식하지 못하는 부모는 여전히 아이가 미성숙하기 때문에 올바르게 이끌어줘야 한다고 생각합니다. 하지만 자의식이 강해진 아이는 권위를 내세우는 부모의 태도를 간섭과 통제로 받아들이고 자기 생각대로 행동하려고 합니다.

이렇게 부모와 아이 간의 상충된 생각들은 사소한 생활 습관에서부터 친구 문제, 학업 문제, 진로 문제 등 다양한 영역에서 갈등으로 나타납니다. 어떤 경우는 부모의 의견이 관철되기도 하고, 어떤 경우는 아이의 의견이 관철되면서 한쪽이 승리하면 다른 한쪽은 패배하는 형태의 결말을 맺습니다. 이와 같이 반복된 승과 패의 결과를 경험한 부모와 자녀는 '부모와는 말이 통하지 않는다', '아직 세상 물정을 모르는 철부지야' 라고 상대방을 단정짓고 소통을 단절해 버립니다.

부모는 자녀가 태어나 처음 인연을 맺는 소중한 존재이고 아이가 독립된 인격체로 성장할 수 있도록 환경을 제공해줍니다. 조건 없는 애정을 주고받는 특별한 관계인 부모와 자녀가 서로 이해하지 못해 미움의 대상이 된다면 매우 안타까운 일일 것입니다. 열린 마음으로 존중하며 서로의 이야기에 귀를 기울일 수는 없을까요? 부모의 입장에서, 또 아이의 입장에서 생각해보려고 노력할 수는 없을까요? 부모와 자녀 간의 원활한 소통을 위해서 양쪽 모두의 요구를 만족시킬 수 있는 방안을 아이와 함께 찾아보고 싶습니다.

『고함쟁이 엄마』 열어보기

연한 주황색 바탕의 표지에 까만 펭귄 엄마와 아기가 보입니다. 엄마 펭귄은 아기 펭귄의 손을 잡고 어디로 데려가려 하고, 아기 펭귄은 안 가려고 버티며 무슨 말을 하고 있는 것 같습니다. 아기 펭귄은 뒤꿈치에 힘

유타 바우어 글·그림,
이현정 옮김,
비룡소, 2005

을 실어 버티려고 애쓰지만, 엄마 펭귄의 강한 힘에 두 발이 허공에 떠서 엄마가 가는 방향으로 끌려가고 있습니다. 엄마 펭귄은 가자고 하고, 아기 펭귄은 안 가려고 하는 상황입니다. 무슨 일이 있었을까요? 무슨 일이 일어날까요? 그림책으로 함께 들어가 볼까요?

  엄마 펭귄은 아기 펭귄을 보며 입을 크게 벌려 고함을 지릅니다. 찌푸린 눈과 힘이 잔뜩 들어간 빨간 혀는 매우 화가 나 있다는 것을 보여줍니다. 아기 펭귄이 엄마 말을 안 듣고 자기 마음대로 무언가를 했나 봅니다. 엄마 펭귄이 도저히 참지 못하겠다는 표정으로 감정이 섞인 험한 말을 마구마구 쏟아냅니다. 목소리에 놀란 아기 펭귄은 그대로 몸이 굳고 신체가 조각조각 나서 흩어져 버립니다. 엄마 펭귄은 여전히 화난 얼굴로 아이를 지켜보고 있습니다. 머리, 몸, 두 날개, 부리, 꼬리가 사라지자 남은 두 발은 어쩔 줄 몰라 이리저리 방황을 합니다. 의견 차이로 다투는 부모와 자녀의 모습이 그려집니다. 서로의 생각 차이로 감정이 쌓이다 보면, 어느 순간 감정이 폭발하면서 마음에도 없는 험한 말들을 하게 됩니다. 그 말은 서로에게 비수로 꽂혀 마음에 큰 상처를 입게 합니다.

아기 펭귄의 두 발은 자신의 몸을 찾기 위해 무작정 길을 나섭니다. 마치 손상된 자아를 회복하기 위한 여정처럼 보입니다. 볼 수도 소리를 지를 수도 없고, 날 수도 없는 막막한 상황에서 하루 종일 자신의 몸을 찾아 헤맨 아기 펭귄은 지쳐서 석양 아래 절망하고 섰습니다. '어떻게 엄마가 나에게 그런 말을 할 수 있어? 아니야, 내가 잘못해서 엄마가 그랬을 거야. 아니야! 나도 내 생각이 있는데, 엄마는 자기 마음대로 하려고 해. 그래도 엄마가 없으면 나는 아무것도 할 수 없는걸.' 엄마에 대한 미움과 자신을 책망하는 마음이 반복되며 슬픔과 죄책감, 무력감을 느끼는 것 같습니다. 세상에서 가장 가까운 사람에게 인정받지 못하는 경험은 자존감을 무너지게 합니다. 상처받은 자존감을 회복해본 경험이 없기에 혼자의 힘으로 예전의 모습으로 돌아갈 수 있을지 걱정이 됩니다.

그때 흩어진 아기 펭귄의 조각난 몸을 찾아 헤매고 있던 엄마 펭귄이 아기 펭귄의 두 발을 찾아옵니다. 그리고 조각난 몸들을 모두 연결해주고 "아가야, 미안해"라고 말합니다. 다행입니다. 사람과의 관계에서 생긴 상처는 상처를 준 사람을 통해서 치유됩니다. 아기 펭귄에게 상처 주는 말을 한 엄마 펭귄도 마음이 불편했던 모양입니다. 잘못했다는 생각이 들자마자 아기 펭귄의 몸을 찾아 나선 것을 보면, 무심한 엄마는 아니라는 생각이 듭니다. 아기 펭귄도 엄마 펭귄이 자신을 잊지 않고 찾아와 주었다는 것에 안도하며 엄마 펭귄을 애정이 담긴 눈길로 바라봅니다. 부모와 자녀 간의 다툼이 있다면 엄마 펭귄과 아기 펭귄처럼 서로 사과하고 화해하면 좋을 것 같습니다. 물론 서로에게 상처 주기 전에 서로를 이해함으로써 상처로 인한 흉터도 남지 않으면 더 좋을 것 같습니다.

문제 탐색하기

진로 문제로 어머니와 소통이 되지 않는 영희는 중학교 2학년 여학생입니다. 감정이 풍부한 편으로 차분하지는 않지만, 의사 표현을 분명하게 합니다. 어떤 경우에는 상황을 고려하지 않은 채 우기기도 하고, 수행과제를 할 때마다 자신은 잘하지 못한다는 말을 자주 하여 자기 효능감이 부족한 모습을 보이기도 합니다.

7교시 수업을 마치고 지친 표정으로 온 영희를 반갑게 맞이했습니다. 달콤한 음료를 권한 후에 감격해 카드[24]에서 격려의 문구가 적힌 카드들을 주고, 지금 듣고 싶은 격려의 말을 골라 보라고 했습니다. 자기 능력에 대한 믿음이 부족해 보이는 아이에게 용기를 주기 위해 격려하기 활동으로 이야기를 시작해나갔습니다.

교사	지금 듣고 싶은 격려의 말이 있다면 어떤 말인지 골라 볼까요?
영희	('네가 뭘 잘해서 사랑하는 것이 아니라 너여서 사랑하는 거야'라는 문장의 카드를 고른다)
교사	이 격려의 말을 선택한 이유가 궁금하네요.
영희	오늘 수학 시간에 수행평가를 보았는데 잘 못 봤거든요.
교사	그렇군요. 선생님이 힘내라고 격려의 말을 해줄게요. 네가 뭘 잘해서 사랑하는 것이 아니라 너여서 사랑하는 거야.
영희	(배시시 미소를 짓는다)

24　감격해 카드, 에듀니티

진로 문제로 어머니와 소통이 안 되어 힘들어하는 영희에게 걱정되는 마음과 도와주고 싶다는 말을 전했습니다. 영희는 조용히 이야기를 듣더니 감사하다는 표현으로 동의했습니다. 그래서 편안한 마음으로 이 시간을 함께했으면 한다는 바람을 전하고, 『고함쟁이 엄마』를 보며 영희의 고민을 들어보았습니다.

교사   그림책에서 중요한 사건은 무엇인 것 같아요?

영희   엄마 펭귄이 아기 펭귄에게 소리 지르고 나중에 사과하는 거요.

교사   음. 왜 사건이 그렇게 진행되었을까요? 그러니까 엄마 펭귄은 왜 소리를 질렀을까요?

영희   아기 펭귄이 말을 안 들었어요.

교사   그렇군요. 그러면 엄마 펭귄은 왜 사과를 했을까요?

영희   아기 펭귄의 몸이 흩어지니까 놀라서 사과한 거겠죠.

교사   엄마도 아기 펭귄의 몸이 흩어질 줄 몰랐을 거라고 생각하는군요. 엄마 펭귄과 아기 펭귄을 비교했을 때 공통점과 차이점이 있다면 어떤 게 있을까요?

영희   공통점은 둘 다 서로 깊이 사랑하는 거 같고, 차이점은 엄마가 아기보다 세요.

교사   세다는 말을 조금 더 설명해주겠어요?

영희   자기가 하고 싶은 것을 강하게 주장하는 거요.

교사   그렇군요. 엄마 펭귄은 어떤 생각에서 아기 펭귄보다 더 세게 자기를 주장하는 것 같아요?

영희   엄마 생각이 더 옳다고 믿는 것 같아요.

교사	아기 펭귄이 어리니까 판단을 제대로 못 한다고 생각하는 군요.
영희	네.
교사	이 책에서 가장 기억에 남는 장면이 있다면 어떤 게 있을까요?
영희	엄마가 아기 펭귄의 몸을 다 꿰매고 사과하는 장면이요.
교사	그 장면이 기억에 남는 이유가 있을까요?
영희	잘못을 깨닫고 사과해서 보기 좋았어요. 실제로 부모가 화내고 나서 사과를 안 하는 경우가 많거든요.

먼저, 그림책의 사건과 등장인물들을 영희의 사례와 연결 짓기 위해 그림책의 내용에 관한 질문을 했습니다. 영희는 엄마 펭귄과 아기 펭귄은 힘의 차이가 있고, 엄마 펭귄이 아기 펭귄을 미숙하게 보고 있다고 합니다. 아기 펭귄에게 사과하는 장면이 인상 깊었다는 말에서 엄마에게 존중받고 싶어 하는 영희의 마음을 엿볼 수 있었습니다.

교사	그림책과 비슷한 경험을 한 적이 있었나요?
영희	음. 제가 웹툰 작가가 되겠다고 했더니 엄마가 생각도 하지 말라며 화를 냈어요. 매번 꿈만 꾼다며 정신 차리라고요.
교사	아! 그 말을 듣고 마음이 안 좋았겠네요.
영희	네. 하지만 내색은 안 했어요.
교사	강해 보이고 싶은 마음이 있었군요. 엄마 펭귄에게 말을 한다면, 어떤 말을 해주고 싶은가요?
영희	처음부터 소리 지르지 않았으면 좋잖아요. 아기 펭귄 말을

	좀 들으세요.
교사	아기 펭귄의 말에 귀를 기울여줬으면 하는군요. 그럼, 아기 펭귄에게 말을 한다면, 어떤 말을 해주고 싶은가요?
영희	엄마 펭귄의 말에 너무 상처받지 말라고 말해주고 싶어요.
교사	영희를 아기 펭귄과 비교한다고 했을 때, 같은 점이나 다른 점이 있을까요?
영희	엄마에게 상처받는 건 같지만, 펭귄처럼 몸이 흩어질 정도로 약하진 않아요.

영희는 자신을 인정해주지 않는 엄마의 태도에 상처는 입지만 씩씩하게 버텨나갈 수 있다고 말합니다. 자신에 대한 믿음을 가지고 있으니 안도감이 듭니다. 영희는 웹툰 작가가 좋은 직업이라는 것을 유명 작가의 사례로 자세히 설명했습니다. 독자들이 계속 늘어나고 있어서 전망이 밝다고 합니다. 무엇보다도 자신이 그림 그리는 것을 좋아하니까 적성에 딱 맞는다고 단언을 합니다. 그렇지만 어머니의 부정적인 말을 자주 들으니 자신감이 떨어지려고 해서 무척 힘들다고 합니다. 영희의 고민을 조금 더 구체화해서 해결 방안을 함께 찾아봅니다.

무패 방법[25]으로 문제 해결하기

사람과 사람 사이에서 일어나는 문제는 여러 가지 요인이 복합적으로 작용하여 발생합니다. 특히 가족 간의 문제는 장기간에 걸쳐 누적된 결과이기에 분명한 원인을 찾기가 매우 어렵습니다. 그래서 문제의 원인을 밝히기보다는 해결책에 관심을 가지고 상담을 했습니다. 구체적인 목표를 세우는 데는 척도질문을 사용하고 부모-자녀 간의 문제 해결 방안을 찾는 데는 토마스 고든의 무패 방법을 적용했습니다. 이 방법은 먼저, 갈등의 당사자들이 진짜 요구하는 것이 무엇인지 이해합니다. 그리고 가능한 한 여러 가지 해결 방안을 생각하고 함께 평가한 후, 서로의 요구를 모두 만족시키는 해결 방안을 결정하는 것입니다.

교사 엄마가 어떻게 달라지면 좋을 것 같아요?

영희 제가 웹툰 작가가 되는 걸 허락해주면 좋겠어요.

교사 그렇군요. 엄마가 허락해주시기를 바라며 무엇을 해 봤어요?

영희 웹툰 작가의 좋은 점도 얘기하고, 제가 열심히 할 거라고 말했어요.

교사 그렇게 했더니 엄마는 어떤 반응을 보이셨나요?

영희 똑같았어요. 안 된다고. 금방 흥미를 잃을 거라고요.

교사 음. 많이 답답했겠군요. 엄마 마음을 숫자에 비유해봤으면 하는데요. 1은 엄마가 웹툰 작가를 결사반대하는 것을 의미하고, 10은 문제가 해결되어 웹툰 작가가 되는 것을 적극 지지해주는 상태라고 가정했을 때, 지금 엄마는 1과 10 사이에 어디에 계시는 것 같아요?

영희 3쯤 되는 거 같아요.

---

25 Thomas Gordon, Judith Gordon Sands 지음, 『부모역할 배워지는 것인가』, pp.186~199 참고

교사	음. 그럼 문제의 상태가 3에서 4로 바뀌었다면 어떤 점이 달라졌을까요?
영희	엄마와 웹툰 작가와 관련한 공부를 하게 해주면 4는 될 것 같아요. 그것도 반대하시거든요.

영희는 그림 그리는 것을 좋아하고 주위 친구들에게 잘 그린다는 얘기를 듣는다고 합니다. 자신이 좋아하는 일을 직업으로 선택해서 살아가는 것은 아이에게 매우 중요한 일입니다. 그러나 어머니 입장에서는 영희의 선택을 마냥 지지할 수는 없습니다. 희망하는 직업이 자주 바뀌기 때문에 이번에도 오래 지속되지 않을 것이라고 생각합니다. '웹툰 학원에 다니는 것을 엄마가 반대한다' 라는 문제를 해결하는 것을 목표로 정하고 어머니와 아이가 무엇을 진짜 원하는지 아이와 탐색해보았습니다. 숨어있는 진짜 요구가 무엇인지 분명하게 안다면 해결 방안도 쉽게 찾을 수 있다는 믿음을 가지고 영희의 생각들을 종이에 정리해나갔습니다.

서로의 요구 이해하기

엄마가 원하는 것은?	<갈등 문제>	내가 원하는 것은?
웹툰 학원을 끈기 있게 다니지 못할 것이니 학교 공부에 열중하면 좋겠다.	웹툰 학원에 다니는 것을 엄마가 반대한다.	웹툰 학원 다니며 그림 그리는 실력을 길러 진로 준비를 하고 싶다.

어머니는 영희가 공부에 열중하기를 바라는 마음에 웹툰 학원에 다니는 것을 반대하고, 영희는 그림을 더 잘 그리기 위해서 웹툰 학원에 다니기를 원합니다. 한쪽의 요구를 받아들이면 다른 한쪽의 요구는 무시하는

것이 되기 때문에 어려운 문제입니다. 영희에게 자신과 어머니의 요구사항을 찬찬히 살펴보라고 한 후, 자신의 허용할 수 있는 범위에서 해결 방안을 생각해보라고 했습니다. 같은 방법으로 어머니 입장에서도 허용할 수 있는 범위에서 해결 방안을 마련해보라고 했습니다.

서로의 요구가 반영된 해결 방안 탐색하기

엄마가 바꿀 수 있는 것?	<무패 방법>	내가 바꿀 수 있는 것?
• 학교 공부를 소홀히 하지 않는다면 웹툰 공부를 허용한다. • 끈기 있게 한다면 웹툰 공부하는 것을 지원한다.	• 도구 구입비를 지원해 주고, 주말에 인터넷 웹툰 수업을 듣는다. • 학교와 학원 공부는 평소대로 한다. • 6개월 후에 인터넷 웹툰 사이트에 올린 작품으로 실력을 평가한다.	• 학교 공부를 예전만큼 하고 인터넷 웹툰 수업을 듣는다. • 주말 시간을 웹툰 공부하는 데 사용한다. • 인터넷 웹툰 사이트에 작품을 연재하여 피드백을 받는다.

영희는 그림을 잘 그리기 위해 학원이 아닌 인터넷 강의를 들어도 된다고 융통성을 발휘했습니다. 또, 학교 공부를 소홀히 하지 않기 위해 주말에 웹툰 공부를 하고, 끈기 있는 모습을 보여 드리기 위해 꾸준히 웹툰 사이트에 작품을 게재하겠다는 방안도 제시했습니다. 어머니는 영희가 학교 공부를 소홀히 하지 않고, 웹툰 공부를 끈기있게 할 것이라는 믿음이 생긴다면 학원에서 공부하는 것을 허락하실거라고 예측했습니다. 영희와 함께 여러 가지 해결 방안을 평가한 후 양쪽 모두의 요구가 반영된 무패 방법을 정했습니다.

어머니와 영희가 함께 해결 방안을 탐색하지 않은 것이 아쉽지만, 양측의 진짜 요구와 그 요구를 반영한 해결 방안을 찾아가는 방법을 배운 영희는 부모와의 의견 충돌 상황이 와도 예전처럼 무력감을 느끼지는 않을 거라 생각합니다. 집에 가서 어머니와 함께 오늘 경험한 것을 나누고 서로 이해하는 시간을 가지기를 권하며 상담을 마무리했습니다.

더 나은 활동을 위한 도움말

『고함쟁이 엄마』는 부모와 자녀 사이의 다툼을 자연스럽게 떠올릴 수 있는 그림책이기 때문에 부모와 자녀 간의 갈등 해결을 주제로 한 수업에 활용할 수 있습니다. 아이들과 그림책을 함께 읽은 후, 표지를 보여주며 아기 펭귄과 엄마 펭귄은 각각 무슨 생각을 하고 있는지 추측하게 합니다. "아기 펭귄은 조금 더 놀다 가고 싶은데, 엄마 펭귄은 그냥 가자고 그래요", "아기 펭귄은 저쪽으로 가자고 하는데, 엄마 펭귄은 이쪽으로 가자고 해요" 등 엄마 펭귄과 아기 펭귄의 요구가 다르다는 것을 이야기합니다.

아이들에게 부모님과 요구가 달라 갈등을 경험한 적이 있는지 잠시 생각해보게 한 다음 발표를 시킵니다. 짧은 시간에 아이들의 생각을 공유하기 위해 교실 오른쪽 맨 앞에 앉은 학생부터 줄 발표를 시키는 것도 좋습니다. 휴대폰 사용, 시간 관리, 진로진학, 성적 등 다양한 문제들로 칠판이 채워지고 아이들은 또래들이 어떤 문제로 부모와 갈등을 겪고 있는지 한눈에 알 수 있습니다.

활동지를 나눠주며 부모님과 요구가 달라 힘들었던 문제를 적어보라고 합니다. 그리고 각자의 요구와 문제 해결 방안을 탐색한 후, 무패 방안을 선정해보자고 합니다. 아이들은 지금까지 부모의 요구를 수용하거나 자신들의 요구를 관철시키는 방법만 있는 줄 알았는데, 무패 방안이 있다는 것을 알고 숨통이 트이는 것 같다고 합니다. 아이들이 성장하며 겪을 수 있는 많은 문제를 부모와 원활한 소통을 통해 해결하고 아이들이 책임지는 연습을 할 수 있었으면 합니다. 부모와의 관계에서 생길 수 있는 문제를 무패 방법으로 해결하는 것이 그 시작이 되기를 기대합니다.

 함께 읽으면 좋은 그림책

『너 왜 울어?』, 바실리스 알렉사키스 글, 장-마리 앙트낭 그림, 전성희 옮김, 북하우스, 2009

『메두사 엄마』, 키티 크라우더 지음, 김영미 옮김, 논장, 2018

『엄마를 화나게 하는 10가지 방법』, 실비 드 마튀이스윅스 글, 세바스티앙 디올로장 그림, 이정주 옮김, 어린이작가정신, 2016

『감자 좀 달라고요!』, 모린 퍼거스 글, 듀산 페트릭 그림, 김선희 옮김, 책과콩나무, 2015

꿈을 이루기 위해
좋은 습관 형성이 필요한 아이

청소년기는 자기 삶을 계획하고 바람직한 삶을 살아가기 위해서 많은 것을 배우고 경험하는 시기입니다. 미래에 대한 탐색을 통해서 자신이 되고 싶고, 바라는 것이 무엇인지 구체적으로 꿈도 꾸고, 그 꿈을 이루기 위해서 노력합니다. 하지만 하고 싶은 것이 많아서 뭘 해야 할지 몰라 혼란스럽기도 합니다. 너무 자주 바뀌어서 헷갈리기도 합니다.

이렇게 꿈이 많아서 고민하는 학생도 있지만, 자신에 대해 잘 알지 못해서 뭘 하면서 살고 싶은지 모르는 학생도 많습니다. 꿈이 무엇인지, 무엇을 하며 살아야 하는지, 자신이 좋아하는 것이 무엇인지조차 몰라서 "선생님, 저는 사소한 것도 결정하는 것이 너무 어려워요"라고 하는 학생들이 각자 멋진 꿈을 꾸게 돕고 싶습니다.

쉬는 시간과 점심시간에 친구들은 떠들고 노는데 항상 수학 문제집을 푸는 재란(가명)이가 눈에 들어왔습니다. '1학년인데 벌써 목표를 이루기 위해서 열심히 생활하고 있구나' 라고 생각했습니다. "재란아, 무슨 문제를 푸는 거야?"라고 물으니 "학원 숙제하는 거예요"라고 답했습니다.

"누가 시키지 않았는데도 열심히 하는구나"라는 말에 "열심히 하는 게 아니고요. 숙제라서 억지로 하는 거예요. 너무 하기 싫어요"라는 예상하지 못한 대답을 듣고 깜짝 놀랐습니다. 꿈을 위해서 열심히 하는 것으로 생각했는데 실상은 하기 싫은 학원 숙제를 억지로 하고 있었던 겁니다.

억지로 한다는 재란이의 말에 가슴이 답답했습니다. 그래서 억지로가 아니라 자신의 꿈을 위해서 아주 작은 한 가지라도 감사하면서 할 수 있도록 도와주고 싶었습니다. 직접적으로 재란이에게 선생님하고 책 읽고, 꿈을 이루는 좋은 방법을 공부하자고 하면 부담을 느낄 것 같았습니다. 그래서 가벼운 말투로 『고래가 보고 싶거든』을 읽어보라고 권했습니다. 재란이는 흔쾌히 읽어보고 싶다고 했습니다. 다음에 읽은 후에 만나서 인상적인 장면에 대해서 얘기를 나누기로 했습니다.

재란이가 원하는 꿈을 알아보고, 꿈을 이루는 데 도움이 되는 좋은 습관을 익히게 하고 싶었습니다. 좋은 습관을 익히려면 매일매일 해야 할 것을 잊지 않고 몸에 기억할 수 있게, '분명하게' 만들어야 하고, 습관을 시작하고 싶도록 '매력적으로 만들고', 어떤 습관이 지나치게 어려운 것이라면 '하기 쉽게 만들고', 꾸준히 할 수 있도록 '만족스럽게' 만들라고 이야기합니다.[26] 좋은 습관은 매일매일 꾸준히 실천해서 일정 시간이 지나면 몸과 마음에서 저절로 기억이 나 행동을 할 수 있게 만들어야 합니다. 습관을 몸에 배게 하기 위해서는 교사의 도움이 필요합니다. 『고래가 보고 싶거든』의 소년처럼 학생이 자신의 꿈인 고래를 찾아보고, 아주 작은 하나부터 실천으로 옮길 수 있게 습관으로 자리 잡는 것을 도와주려 합니다.

---

26 『아주 작은 습관의 힘』, 제임스 클리어 저, 비즈니스북스, 2019. 인용

줄리 폴리아노 글,
에린 E. 스테드 그림, 김경연 옮김,
문학동네, 2014

『고래가 보고 싶거든』 열어보기

    이 그림책은 고래를 기다리는 한 소년을 따라가며 간절히 바라는 일이 있다면 어떻게 해야 하는지 잔잔한 목소리로 들려줍니다. 고래를 보고 싶니? 고래가 보고 싶으면, 창문, 바다, 시간이 있어야 한다고 말합니다. '저것이 고래인가?'라고 헷갈릴 때는 깨달을 시간도 필요합니다. 너무 편한 의자나 담요도 안 된다고 합니다. 너무 편하고 따뜻해서 깜박 잠이 들면 고래가 와도 볼 수 없다고 합니다. 고래는 소년이 눈뜰 때까지 기다려주지 않는답니다. 고래를 놓치고 싶지 않다면 어여쁜 분홍색의 달콤한 향기가 나는 장미가 유혹을 해도 모르는 척하라고 합니다. 지나가는 작은 배도, 커다란 배도, 펠리컨의 감정도, 구름도, 초록의 작은 벌레도 고래를 기다리는 소년에게 도움이 되지 않으니 관심을 갖지 말라고 합니다. 다시 고래가 보고 싶니? 라고 질문을 합니다. 정말 보고 싶으면 바다에서 눈을 떼지 말라고 합니다. 바다를 바라보면서 기다리고 기다리고 또 기다립니다.

어느덧 소년은 배를 타고 바다를 항해하고 있습니다. 기다림에 지쳐 배를 멈추고 바다를 바라보며 또 기다립니다. 기다리는 소년의 배 밑으로 아주 커다란 고래가 조용히 지나갑니다. 마지막에 소년의 배 앞으로 고래의 아주 작은 부분인 입이 보입니다. 마지막 페이지에 독자는 그 입이 고래의 입이라는 것을 알고 드디어 고래를 만나게 되는 소년을 생각하면서 감동합니다. 그런데 소년은 그 입을 '고래'라고 생각했을까요?

'이렇게까지 해서 고래를 봐야 하나? 고래가 기다려도 나타나지 않으면 어쩌지?'라는 의문 반 걱정 반으로 그림책을 끝까지 읽게 됩니다. 마지막 장면에서 참고 견디면 꿈은 이루어진다는 것을 아이들의 시선으로 표현해놓은 그림책입니다.

자신의 욕구, 꿈 이미지, 꿈 설계하기

니드 카드를 이용하여 무엇을 바라는지 알아보기

니드 카드[27]를 이용하여 무엇을 바라는지 알아보기 이전에 그림책을 함께 읽으면서 재란이가 찾는 고래를 생각하고 찾아보게 하고 싶어 간단히 대화를 나눴습니다.

교사   그림책에서 가장 인상적인 장면이 무엇이었나요?
재란   소년이 많은 것을 포기하고 고래를 기다렸는데, 고래가 안 나오면 어떡하지? 하고 걱정하면서 읽었어요. 그런데 예상보다 큰

---

27   학토재의 니드 카드와 사용 방법을 활용함.

고래가 나와서 다행이라고 생각했어요. 그리고 마지막 장면이 멋지다고 생각했어요.

교사   왜 마지막 장면이 멋지다고 생각했나요?

재란   주인공이 고래를 보고 싶어 했는데 진짜 봤잖아요. 그리고 아주 큰 고래를 앞으로 만날 거잖아요. 그게 멋졌어요.

교사   고래가 무슨 의미인 것 같았나요?

재란   소년의 꿈이요.

교사   재란이에게도 간절한 고래가 있나요?

재란   (고개를 숙이며) 잘 모르겠어요.

대화를 마친 후 본격적인 활동을 시작합니다. 학생들의 꿈을 알아보기 위해서는 먼저 현재 학생의 욕구와 바람을 알아야 합니다. 그래서 인간이 행복한 삶을 살기 위해 필요한 기본적인 욕구와 바람을 담아 놓은 64장의 니드 카드를 활용합니다. 먼저 64장의 니드 카드를 주고 현재 학생에게 필요하다고 여겨지는 카드 6장을 고르고 선택한 이유를 함께 이야

고른 카드	선택한 이유
건강 (활력)	건강해야 오래 살 수 있어요.
희망	사람에게는 희망이 있어야 뭔가를 할 수 있어요.
우정 (친구)	친구가 있어야 즐겁게 지낼 수 있어요.
도전, 성장	희망이 있으면 새로운 것에 도전을 하고 자신의 좋은 점이 성장을 할 수 있기 때문입니다.
돈 (경제력)	돈이 있어야 하고 싶은 것을 할 수 있어요.

기해봅니다. 한 장의 카드에 두 개의 욕구가 있는 경우에는 학생에게 1가지를 선택하거나 2개를 모두 선택해도 됩니다.

교사	몇 살까지 살고 싶은가요?
재란	잘 모르겠어요. 근데 건강은 중요할 것 같아요.
교사	주변에 아프신 분이 계신가요?
재란	아니요. 엄마, 아빠가 건강하셨으면 해서요.
교사	돈은 얼마나 있으면 좋을까요?
재란	글쎄요. 한 천만 원쯤이요.
교사	천만 원으로 뭐 하고 싶은가요?
재란	외국 여행 가고 싶어요, 가족과 함께. 아니면 친구들이랑 가도 좋아요.
교사	커서 되고 싶은 것이 있나요?
재란	네, 스튜어디스가 되고 싶어요.
교사	멋진 목표가 있군요. 목표를 이루려면 무엇이 필요할까요?
재란	목표를 이루기 위해 도전하고 뭔가 실행으로 옮겨야 할 것 같아요. 그래서 도전이라는 카드를 뽑았어요. 그런데 무엇을 먼저 시작해야 할지 잘 모르겠어요.
교사	그럼, 선생님과 함께 목표를 구체화해보고 어떤 도전과 노력이 필요한지 알아볼까요?
재란	좋아요. 지금 내가 어떤 노력을 할 수 있는 알고 싶어요. 그리고 내가 가진 좋은 점을 성장시키는 사람이 되고 싶어요.
교사	그럼, 선생님과 함께 10년 뒤 네 모습을 그려보면서 바로 지금 할 수 있는 노력들을 알아봐요.

10년 뒤 자신이 되고 싶은 꿈 이미지 찾기

　자신이 되고 싶은 꿈을 상징하는 5장의 이미지를 찾아보는 이유는 말과 글로만 하는 것보다 10년 뒤 자신의 목표가 선명하게 보이고 기억하기 쉽기 때문입니다. 포털사이트에서 자신이 되고 싶은 꿈과 비슷한 이미지를 찾아보게 합니다. 찾으면 5장의 이미지를 캡처 도구나 앱을 이용하여 한 장의 이미지로 저장합니다. 저장한 한 장의 꿈 이미지를 학생의 핸드폰이나 노트북 또는 컴퓨터의 바탕화면에 저장하게 합니다. 핸드폰을 열거나 컴퓨터를 켤 때마다 자신이 되고 싶은 10년 뒤 모습을 보면서 그 꿈을 이루기 위해서 무엇을 해야 할지 생각하는 습관을 갖게 합니다.

　재란이와 핸드폰의 배경화면으로 저장한 5장의 이미지를 보면서 이미지가 의미하는 것이 무엇인지 이야기를 나눴습니다.

교사	장래 희망이 스튜어디스라고 했죠?
재란	네.

교사	10년 뒤면 24살이니까 졸업해서 진짜 스튜어디스가 되어 있겠네요. 어울리네요.
재란	어, 그러네요. 거기까지는 생각 못 했어요.
교사	두 번째 그림은 외국 같은데, 가고 싶은 곳인가요?
재란	네. 장소는 모르고요, 초등학교 때 가족이랑 외국 여행을 한 번 다녀왔는데 너무 좋아서 다시 한번 외국 여행을 가보고 싶어요.
교사	그래서 돈이 필요한 건가요?
재란	네.
교사	이 좋은 집은 뭔가요?
재란	좋은 집에서 가족이랑 살고 싶어서요. 엄마, 아빠, 남동생이 함께요.
교사	24살에 당장 좋은 집을 사드리는 것은 너무 힘들겠지요. 부모님을 생각하는 마음이 보여서 기특하네요. 마지막 이미지는 뭔가요?
재란	커서도 친구들과 사이좋게 즐겁게 지내고 싶어서요.

자신이 되고 싶은 이미지를 가지고 얘기를 나누지만, 중1 학생에게 10년 뒤의 꿈은 먼 미래이기에 간절함이 크지 않습니다. 대화를 통해서 학생은 자신이 바라는 것이 무엇인지 말로 설명하면서 자신의 꿈에 대해서 좀 더 분명하게 생각하는 기회가 됩니다.

10년 뒤의 나의 꿈

10년 뒤 자신이 되고 싶은 5장의 꿈 이미지를 보면서 자신의 꿈을 글로 작성해봅니다. 꿈을 이루기 위해서 지금부터 해야 할 일이 무엇인지도 생각해봅니다. 글을 쓰는 동안에 자신의 10년 뒤의 모습을 상상하게 되고 어떻게 살아야 할 것인지를 진하게 고민합니다. 재란이는 10년 뒤 자신의 꿈을 3가지 적었습니다.

첫째, 10년 뒤 스튜어디스가 되기 위해서는 스튜어디스 학과를 진학하고 졸업을 할 것입니다. 대학을 가기 위해서는 학원도 열심히 다니고, 공부도 잘하고, 배운 내용을 복습합니다.

둘째, 10년 뒤에 가족과 외국 여행을 가는 것입니다. 가족이 외국 여행을 가기 위해서는 가족이 건강해야 합니다. 그래서 가족 모두가 운동을 하고, 건강검진을 부모님이 꾸준히 받을 수 있게 말씀드릴 것입니다. 가족이 행복해야 여행을 갈 수 있기 때문에 지금부터 동생과 싸우지 않으려고 노력합니다. 부모님은 제가 해드리는 안마를 좋아하시니 안마를 해드리겠습니다.

셋째, 10년 뒤에 천만 원 갖기가 목표입니다. 돈을 모으기 위해서 일주일에 만 원인 용돈을 아껴 쓰겠다고 다짐합니다. 대학 가서 아르바이트를 부지런하게 하고, 꼭 필요한 물건만 사서 아껴 쓰겠다고 다짐을 합니다.

좋은 습관을 위한 목실감 작성하기

바라는 것을 이루어 내기 위해서는 하루하루 목표를 정하고 그것을 실천할 수 있어야 합니다. 좋은 습관을 만들기 위해 부담이 되지 않는 작은 목표를 매일 조금씩 실천해야 합니다. 7일, 14일, 21일 단계로 꾸준히 하는 것이 좋습니다. 처음에는 혼자 하기 어렵기 때문에 격려도 해주고 꾸준히 할 수 있게 도와주어야 합니다. 그리고 꿈을 꾸고 꿈을 이루는 사람들은 감사하는 긍정적인 마음을 갖고 있습니다. 학생들에게도 목표를 실천하는 습관을 갖게 하면서 동시에 꿈을 이룬 사람들의 감사하는 긍정적인 마음도 매일매일의 습관으로 만들어주고 싶습니다.

그래서 매일 저녁에 다음날 해야 할 '목표(꼭 할 수 있는 적은 양)'를 1~3가지 기록하고, 전날 작성한 목표가 얼마만큼 실천되었는지 '실천사항'에서 ○, ×로 자기 스스로 평가해서 표시하게 합니다. 목표를 실천할 수 있게 도움을 준 주변의 모든 것에 '감사하는 마음'을 1~3개 찾아서 매일매일 자기 전에 씁니다. 이 활동을 줄여서 '목실감'[28]이라고 합니다.

모바일 채팅방을 만들고 재란이를 초대하여 목실감이 무엇인지 설명을 한 후에 매일매일 작성해보도록 합니다. 처음에는 익숙하지 않아서 재란이가 목실감을 쓰는 것을 자주 잊었습니다. 재란이가 목실감 쓰는 것을 잊지 않게 응원의 문자 메시지를 보내주어 꾸준히 하게 도와주었습니다. 밀린 것도 쓰게 합니다. 처음에는 목실감을 하는 방법을 제대로 이해하지 못해서, 오늘 목표를 쓰고, 다음날 목표에 대한 실천을 ○, × 해야 하는데 목표가 아니었던 내용에 대해서 ○, ×를 적을 때도 있습니다. 그러나 짧은 2주간의 연습만으로도 목실감의 내용이 점점 길어지고, 목표를 정할 때 무리하게 욕심을 내는 것이 아니라 그날그날 꼭 실천 가능한 양을 적고, 사소한 감사라도 쓰려고 노력합니다. 다음은 재란이가 작성한 목실감 내용입니다.

14일 동안 목실감을 작성하기로 하고 마치는 날 재란이와 대화를 나누었습니다.

---

28 월급쟁이 부자들 카페https://cafe.naver.com/wecando7

목: 1. 숙제 다 끝내기 2. 책 5장 읽기 3. 10시 전에 일어나기 4. 숙제 2장 하기 감: 1. 숙제를 다 끝내게 해주셔서 감사합니다. * 처음 시작하는 날은 실이 없습니다. 다음 날부터 목표에 대한 실천이 나옵니다.	목: 1. 숙제 2장 하기 실: 1. 숙제 다 끝내기(○) 2. 책 5장 읽기(○) 3. 10시 전에 일어나기(○) 감: 1. 맛있는 음식을 먹게 해주셔서 감사합니다.	목: 1. 영어 숙제 다 하기 실: 1. 숙제 2장 하기(○) 감: 1. 학원이 빨리 끝나게 해주셔서 감사합니다.	목: 1. 숙제 다 하기 2. 점심 먹기 3. 학원에 늦지 않기 실: 1. 영어 숙제 다하기(○) 감: 1. 코로나 걸리지 않게 해주셔서 감사합니다. 2. 숙제를 끝내게 해주셔서 감사합니다. 3. 햄버거 사주셔서 감사합니다.
목: 1. 영어 숙제 다 하기 2. 8시에 일어나기 3. 지각하지 않기 4. 설거지하기 5. 12시 전에 자기 실: 1. 숙제 다 하기( ) 2. 점심 먹기( ) 3. 학원에 늦지 않기( ) 감: 1. 학원에 늦지 않게 해주셔서 감사합니다. 2. 오늘 5교시를 하게 해주셔서 감사합니다. 3. 예쁜 옷을 입게 해주셔서 감사합니다.	목: 1. 수학 숙제 다 하기 2. 8시에 일어나기 3. 12시에 자기 4. 저녁 먹지 않기 5. 수업 3분 전에 들어가기 실: 1. 영어 숙제 다 하기(○) 2. 8시에 일어나기(○) 3. 지각하지 않기(○) 4. 설거지하기(○) 5. 12시 전에 자기(○) 감: 1. 맛있는 음식을 먹게 해주셔서 감사합니다. 2. 지각하지 않게 해주셔서 감사합니다. 3. 아프지 않게 해주셔서 감사합니다.	목: 1. 10시 넘어서 일어나기 2. 밖에서 마스크 벗지 않기 3. 수학 숙제 1장 하기 4. 군것질하지 않기 5. 방 정리하기 실: 1. 수학 숙제 다 하기(○) 2. 8시에 일어나기(○) 3. 12시에 자기(○) 4. 저녁 먹지 않기(○) 5. 수업 3분 전에 들어가기(○) 감: 1. 코로나에 걸리지 않게 해주셔서 감사합니다. 2. 지각하지 않게 해주셔서 감사합니다. 3. 숙제를 끝내게 해주셔서 감사합니다.	목: 1. 나가지 않기 2. 수학 숙제 1장 하기 3. 저녁 먹지 않기 4. 12시 전에 자기 5. 1시 전에 일어나기 실: 1. 10시 넘어서 일어나기(○) 2. 밖에서 마스크 벗지 않기(○) 3. 수학 숙제 1장 하기(○) 4. 군것질하지 않기(○) 5. 방 정리하기(○) 감: 1. 코로나에 걸리지 않게 해주셔서 감사합니다. 2. 항상 행복하게 해주셔서 감사합니다. 3. 사진이 잘 나오게 해주셔서 감사합니다.

교사	목실감을 14일 작성했는데, 작성하면서 느낀 점이 있나요?
재란	처음에는 작성하는 데 시간도 오래 걸리고 자주 잊었는데, 이제는 좀 습관이 된 것 같아요. 쓰는 데 오래 걸리지 않아요.
교사	이제는 혼자서도 잊지 않고 매일 작성할 수 있을까요?
재란	아니요. 한동안은 선생님이랑 더 해야 잊지 않고 쓰는 습관이 될 것 같아요.
교사	그래, 그럼 혼자서 한 번 해보고, 잘되지 않으면 선생님이랑 다시 30일 목실감 쓰기를 해봐요. 목실감 쓰는 것이 습관이 되면 목표를 실행하는 데 어떤 도움이 될까요?
재란	계획한 것을 잊지 않게 해주는 것 같아요. 목실감을 쓰면서부터 오늘 하려고 했던 목표를 잊지 않고, 다 이루려고 노력해요.
교사	대단하네요. 그럼 다른 친구들에게도 목실감을 하게 소개해주면 도움이 될까요?
재란	네, 도움이 될 것 같아요.
교사	어떤 면에서 도움이 된다는 건가요?
재란	목실감을 하기 전과 후는 다른 것 같아요. 선생님이랑 하지 않았다면 목실감을 아예 몰랐을 거예요. 알지 못했으면 매일매일 전날에 다음날 할 일(목표)을 적고 실천하려고도 하지 않고, 감사할 것도 찾지 않았을 것 같아요. 그래서 다른 친구들도 목실감을 해보면 좋겠어요. 혼자 하는 것도 좋지만, 친구들과 같이 하면 좋을 것 같아요.
교사	친구들과 함께하는 것도 좋을 것 같군요. 서로 동기부여도 되고요.

재란이가 목실감을 꾸준히 작성하는 것을 보면서 점점 아이가 자기 주도적으로 목실감을 쓴다는 것이 느껴집니다. 스스로 목표도 찾고, 목표한 것을 실천하기 위해서 노력하는 것도 보입니다. 특히 점점 주변에서 감사한 것을 찾는 모습이 보입니다. 이 활동으로 학생의 꿈이 이루어지고, 좋은 습관이 바로 몸에 익숙해지는 것은 아닙니다. 하지만 지속적으로 학생과 만나 꿈에 대해서 얘기하게 되고, 학생은 스스로 자신의 꿈을 잊지 않게 됩니다.

14일이 끝나고 학생 혼자서 목실감을 해보도록 합니다. 가끔 잘 되는지 확인을 해보고, 잘 되면 격려를 해줍니다. 목실감을 작성하는 것을 자주 잊으면 다시 교사가 도와주어야 합니다. 학생에 따라서 습관이 되는데 걸리는 시간이 다르기 때문입니다. 교사는 따로 시간을 내야 하기에 힘들지만, 학생의 습관이 자리를 잡을 때까지는 관심을 가지고 교사가 도와주어야 합니다.

더 나은 활동을 위한 도움말

중학교 1학년은 꿈이 뭔지, 꿈을 위해서 뭘 해야 할지, 자기가 좋아하는 것이 무엇인지 잘 모릅니다. 막연하게 의사, 변호사 같이 한 번에 꿈을 찾게 하는 것이 아니라 의사나 변호사가 되기 위한 과정으로써 1년, 2년, 5년 뒤의 자신의 모습을 구체적인 이미지로 찾아보게 하는 것도 좋습니다.

목실감 쓰기는 혼자 해도 좋지만, 친구끼리 1~5명 정도를 한 팀으로 묶어서 해도 좋습니다. 친구들의 꿈이 무엇인지 듣다 보면 저절로 동기

부여도 되고 친구끼리 친밀감이 생겨서 학급 분위기도 좋아집니다. 카톡방에서 7일, 14일, 21일, 3개월, 6개월 과정으로 기간을 점점 늘려가면서 목실감 쓰기를 해도 좋습니다. 학생들이 정해진 기간별로 완성할 때마다 성취감을 느끼게 되어 자존감도 높아집니다. 친구들의 매일매일 목표와 실천사항, 감사일기를 보면서 학생들은 많은 것을 배우게 됩니다.

 함께 읽으면 좋은 그림책

『**내가 만난 꿈의 지도**』, 유리 슐레비츠 글·그림, 김영선 옮김, 시공주니어, 2008

『**샘과 데이브가 땅을 팠어요**』, 맥 바넷 글, 존 클라센 그림, 서남희 옮김, 시공주니어, 2014

『**용감한 아이린**』, 윌리엄 스타이그 글·그림, 김영진 옮김, 비룡소, 2017

『**감사해요**』, 이정원 글, 임성희 그림, 걸음동무, 2020

스마트폰에 빠진 아이들

'스마트폰 노출 실태 및 보호 대책 방안', '스마트폰 보급률 세계 1위', '스마트폰 중독에 빠진 아이들을 구하라' 등의 기사 제목을 심심찮게 봅니다. 방과 후에 학교 안을 돌아다녀 보면, 많은 학생이 친구들과 함께 뛰어놀기보다는 복도에 앉아 스마트폰을 들여다보고 있습니다. 운동장을 나가보아도 뛰어노는 아이는 몇 명에 불과하고, 스탠드에 앉아 스마트폰을 하는 아이가 더 많습니다. 교사의 잔소리도 잠깐이고, 집에 가면 스마트폰을 뺏기는 것을 아는 학생들은 학교에서 최대한 스마트폰 사용 시간을 확보하려고 버팁니다.

집이라고 다를까요? 부모는 자녀와 매일매일 '디지털 매체와의 전쟁'을 합니다. 자녀가 집에서 공부를 안 하고 인터넷 게임만 할까 봐, 컴퓨터 전선과 와이파이 공유기를 들고 출근하는 부모도 있습니다. 스마트폰 사용 시간을 제한하는 앱을 이용하기도 합니다. 하지만 '아이를 낳으면 스마트폰을 손에 쥐여주지 않겠다'고 다짐하던 부모들도 어느 순간 아이 손에 스마트폰을 슬그머니 쥐여주게 됩니다.

2020년 7월에 실시한 청소년 인터넷, 스마트폰 중독 실태 조사에서도 상담이나 치료가 필요한 학생이 늘었습니다. 여성가족부가 전국 초등학교 4학년, 중학교 1학년, 고등학교 1학년 학생의 인터넷과 스마트폰 사용실태를 전수 조사한 결과 전체 학생 133만여 명 가운데 위험군은 22만 8,000명으로 나타났습니다. 이는 지난해보다 2만 2,000여 명 늘어난 수치로 조사대상 모든 학년에서 증가했습니다. 코로나19의 장기화로 원격수업이 이루어져서 인터넷과 스마트폰 접근이 더 늘어난 상황을 감안한다고 해도 심각한 수치입니다. 예외 없이 우리 반에서도 중독 고위험군에 속하는 6명의 아이가 발견되었습니다. 그래서 집단상담을 통하여 스마트폰의 과도한 사용에 대한 대안을 찾고자 했습니다.

『스마트폰 괴물이 나타났어요!』 열어보기

민율이는 엄마의 전화 통화가 끝나기만을 기다립니다. 통화가 끝나자 민율이는 재빨리 엄마의 스마트폰을 들고 가 잠금 모드를 풀고 자주 보던 만화와 게임에 빠져듭니다. 그런 민율이를 동생이 엄마에게 이르고 엄마는 민율이의 스마트폰을 빼앗고 민율이는 큰 소리로 울어댑니다. 다음 날 민율이네 가족은 다 함께 놀이동산에 갑니다. 마냥 즐거웠던 민율이는 식당에서 옆 테이블에서 들려오는 스마트폰 소리에 엄마에게 스마트폰을 달라고 독촉합니다. 안 된다는 엄마의 말에 민율이는 밥도 먹기 싫고 조바심이 납니다. 민율이는 식당에서 나와서 이상하게 생긴 동굴을 보게 됩니다. 스마트폰을 좋아하면 표를 안 사도 들어갈 수 있고 아이 혼자 들어가도 된다는 말에 민율이는 동굴 속으로 들어갑니다.

박혜정 글,
김혜린 그림,
하늘콩, 2014

   동굴 속은 갖가지 만화와 게임, 광고들로 가득한 스마트폰 세상입니다. 그때 민율이 앞에 스마트폰 괴물이 나타나 자신을 따라와 보라고 합니다. 스마트폰 괴물을 따라간 옆방에는 인형들이 연극을 하고 있습니다. 어떤 인형은 스마트폰으로 책을 보면서 공부를 하고 있고, 영상통화를 하거나 물건을 사는 인형도 있습니다. 괴물이 말합니다. "봐! 우린 저렇게 똑똑해. 못 하는 것이 없지. 사람들 생활을 편리하게 해주고, 시간도 절약해주고, 많은 것을 알게 해주지!" 그러자 민율이가 반문합니다. 그런데 왜 부모님은 스마트폰을 오래 쓰지 못하게 하는 거냐고. 스마트폰이 쓸쓸한 표정으로 말합니다. 처음 우리 주인은 사람들이었는데 점점 우리를 너무 좋아해서 다른 일은 전혀 하지 않고 하루 종일 우리와 함께 놀기만 했다고 말입니다. 굉장히 재미있겠다며 나도 그러고 싶다는 민율이를 괴물은 다음 방으로 데려갑니다.

   이번 방에는 인형들이 기다란 줄 끝에 매달린 채 움직이고 있었고 그 줄을 움직이는 것은 팔 달린 스마트폰입니다. 무서운 광경을 본 민율이는 놀랐고, 스마트폰 괴물도 고백합니다. 우리도 점점 사람들을 이상하게 만드는 괴물로 변해갔다고. 민율이는 스마트폰 괴물에게 중독이라는 말의 뜻을 알게 됩니다. 스마트폰을 어떻게 사용해야 스마트폰의 주인이 되는지 깨닫습니다.

질문 만들기로 자신의 상황과 직면하기

직면이란 내담자의 행동과 언어 사이에 불일치하거나 상충되는 부분을 찾아 상담가가 모순점을 알려주는 방법으로 내담자가 자신의 문제를 파악할 기회를 제공하는 역할을 할 수 있습니다. 이를 통해 내담자는 자신의 모순된 행동과 왜곡된 부분, 그리고 상충되는 부분을 인식하게 되고 자신의 문제 해결을 탐색하는 대안을 고민하게 합니다.

교사	여러분과 질문 만들기를 해보려고 해요. 선생님이 문장을 하나 준비했어요. 문장은 '한 아이가 하루에 6시간씩 스마트폰을 합니다' 이에요. 돌아가면서 질문을 만들어볼까요?
학생 A	그 아이는 6시간 동안 게임만 하는 걸까?
학생 B	그 아이의 부모님은 왜 말리지 않을까?
학생 C	그 아이는 행복할까?
교사	왜 이런 질문을 만들었나요? 의미를 설명해줄 수 있나요?
학생 C	그 아이가 잘하는 것도 없고 좋아하는 것도 없고 그래서 스마트폰만 하는 게 아닐까 생각돼서요. 그래서 행복하냐고 질문한 거예요.
학생 D	아이는 학교는 안 가나?

학생 E	그 아이는 왜 스마트폰에 중독되었나?
학생 F	스마트폰 중독을 막을 방법이 무엇인가?
교사	선생님이 여러분의 질문을 다 들어보니 저 아이를 긍정적으로 보지 않는다는 걸 알았어요. 여러분도 스마트폰을 오래 사용하나요?
학생 A,D	네, 3시간은 하는 것 같아요.
학생 B,C,E,F	부모님이 못 하게 해서 평일에는 1시간 하는데, 주말에는 3시간 이상 하는 것 같아요.
교사	여러분도 스마트폰을 오래 사용하는 것이 문제라고 생각하는 것 같은데, 왜 그렇게 생각하나요?
학생 B	스마트폰으로 게임하다가 숙제도 안 하고, 일기도 안 쓰고 잔 적이 있어요. 제가 숙제 안 해온 날이 바로 그날이에요.
학생 C	밤새 스마트폰 하다가 늦잠 자서 지각한 적 있어요.
교사	저번에 늦은 그날이군요.
학생 F	전 하교할 때 스마트폰을 보면서 계단을 내려가다가 구른 적도 있어요. 하하, 안 다쳤지만요.
학생 A	전 스마트폰 하다가 아빠 말씀에 대답 안 했다고 혼난 적이 있어요.
교사	그런데 여러분 스스로 스마트폰 사용 시간을 줄여보려는 노력을 해봤나요?
학생들	아니요. 없어요.

상담을 한 6명의 학생은 자신들의 스마트폰 사용에 대한 문제점을 알고 있었습니다.

역할극으로 갈등 상황 재연하기

교사　　　두 명씩 짝지어서 그림책에 나온 엄마와 민율이의 대화를 우리 엄마랑 한다고 생각하고, 또는 내가 엄마가 되었다고 생각하고 역할극으로 해보는 건 어떨까요? 선생님이 모형 스마트폰을 준비해봤어요. 나머지 친구들은 역할극을 보고 느낀 점을 써주면 좋겠어요. A가 민율이, B가 엄마 역할을 해봅시다.

학생 A　　야호! 스마트폰은 이제 내 꺼! 틱* 해야지!

학생 B　　(스마트폰을 뺏으며) 민율아! 그만해라!

학생 A　　(큰 소리로 울며) 하고 싶단 말이야. 학원도 갔다 오고 숙제도 다 하면 해도 된다며~. 스마트폰! 스마트폰!

학생 B　　조용히 하지 못해! 학원 갔다 오고 숙제만 하면 다야? 공부 안 해? 스마트폰도 엄마가 사준 거니까 이제 일주일 동안 압수야!

이번에는 C가 민율이, D가 엄마 역할을 해봅니다.

학생 D　　(화난 목소리로) 민율아! 지금 밥 안 먹고 뭐 하는 거야? 밥 다 식고 있잖아!(스마트폰을 뺏는다)

학생 C　　엄마, 스마트폰 주세요! 빨리요! 지금 레벨업 구간이었단 말이에요. (징징대며) 옆 테이블 애들도 다하는데 왜 나만 못 하게 하냐고!! 스마트폰! 스마트폰~~!

학생 D　　식당에서 이게 무슨 소동이냐! 주위 창피하게~ 스마트폰 다 정지시킨다!

교사　　　돌아가면서 역할극을 해봤는데, 엄마 역할을 한 친구들은 평상시에 엄마한테 자주 듣던 말을 대사로 한 건가요? 엄마 역할을 한 친구들 이야기를 들어보고 싶어요.

학생 D   저도 스마트폰 달라고 식당에서 고집 피워서 엄마랑 저랑 서로 뺏으려고 하다가 바닥에 떨어뜨려서 화면이 깨진 적 있어요.

교사   아~ 그런 경험이 있었군요. 엄마가 어떤 기분이었을 것 같아요?

학생 D   많이 화나고 당황하셨을 거예요.

교사   그때 상황을 다시 생각해보니 엄마 마음도 조금 이해가 되지요? B와 D는 엄마 역할을 하고 나니까 어떤 기분이 들었어요?

학생 B   엄마도 속상했을 것 같아요. 전 제 기분만 생각했던 것 같아요.

학생 D   친구들이 웃었지만, 역할극을 하는 순간에는 저도 화가 나서 엄마처럼 소리 질렀어요.

교사   역할극을 본 친구들 소감도 듣고 싶어요.

학생 A   제가 민율이 역할을 할 때는 잘 몰랐는데, 민율이 역할을 하는 C를 보니까 저를 보는 것 같아요. '제가 저렇게 엄마한테 버릇없이 했구나' 하고 반성이 돼요.

교사   스마트폰을 잘 사용한다면, 엄마와의 갈등도 일어나지 않을 거예요. 음~ C는 식당에서 스마트폰으로 무엇을 하려고 한 거예요?

학생 C   게임이요.

교사   그때 꼭 해야 했나요??

학생 C   친구들이 다 하니까, 저도 하고 싶었어요. 어*** 게임 안 하는 친구가 없단 말이에요. 옆 테이블에 그 친구도 어*** 게임 하고 있었어요.

교사 남들이 다 하니까 따라 하는 건 합리적 이유가 아닙니다. 여러분은 어떻게 생각해요? 옳지 않은 일을 남이 한다고 다 따라 하지 않듯이 말이죠. 선생님이 책을 볼 때 책에 집중하고, 운전할 때 운전에 집중하듯이 말이에요. 밥을 시켜 놓고 숟가락도 들지 않고 있다면 부모님은 화가 나실 게 당연해요. 언제까지 식당에 앉아 있을 순 없으니까 재촉하셨을 거고.

학생 C 네. 선생님 말씀 듣고 보니까, 제가 잘못한 거 같아요.

교사 다음에도 이런 상황이 생긴다면 어떻게 해야 할까요? 밥을 먹으며 스마트폰하기, 길을 걸으며 스마트폰하기, 친구와 대화하며 스마트폰하기… 이런 상황이 다시 생긴다면?

학생 F 밥 먹는 데 집중해요.

학생 E 길을 걸을 때는 주위를 잘 살피며 걸어요.

학생 C 친구의 얼굴을 보고 대화해요.

교사 네, 그래요. 스마트폰에 주의를 뺏기지 말고 그 시간에 정말 해야 할 거 해야 합니다. 식사 시간이면 밥 먹고, 집에 가는 길이라면 주위 살피면서 안전하게 걷고, 친구와 대화중이라면 친구 눈을 보며 대화를 나눠야겠지요.

학생 B 선생님, 그럼 아무것도 안 해도 되는 자유 시간에는 스마트폰 해도 되는 거예요?

교사 해도 되는데, 멈춰야 할 때를 알면 좋겠어요. 그리고 스마트폰보다 더 재미있는 다른 놀이를 찾으면 좋겠고요. 선생님은 여러분이 자유 시간에도 스마트폰의 주인이 돼서 슬기롭게 사용하길 바라는 거예요. 자유 시간이면 다른 사람들은 친구랑 나가서 뛰어 놀기도 하고, 운동도 하고, 책도 읽는데, 자신은 그 시간을 모두 스마트폰에 쓴다면 문제가 있지 않을까? 그건 스마트폰 괴물에 끌려다니는 거랍니다. 여러분이 스마트폰 사용을 조금씩 줄이는 데 선생님이나 부모님이 어떤 도움을 주면 좋을까요? 아니면 우리가 서로 도움을 주는 방법은 없을까요?

학생 E 매일 스마트폰 사용 시간을 체크해서 학교에 오는 날 기록하면 어떨까요? 가장 적게 사용한 사람한테 선생님이 상 주세요.

교사 좋은 생각이네요. 또? 선생님이나 부모님이 도와줄 일은 없을까요? 스마트폰 사용 제한 앱을 부모님께 설치해달라고 할까요?

학생들 으~ 우리가 스스로 해보고 안 되면 그때는 스마트폰 사용 제한 앱 설치할게요.

교사 좋아요. 우리 스스로 스마트폰 주인이 되는 연습을 조금씩 해보는 거예요. 그래도 안 되면 앱의 도움을 받아요.

스마트폰보다 더 스마트한 놀이 만들기

상담을 하면서 학생들이 한목소리로 말하는 것은 "스마트폰 아니면 놀 게 없어요. 지금 코로나잖아요. 밖으로 나가서 놀지도 못해요"였습니다. 그래서 밖에 나가지 않고도 할 수 있는 간단한 수 놀이 등을 가르쳐주고, 선생님을 이기기 위한 필승전략을 알아 오라고 과제를 내주었습니다. 또 Nim 게임(두 명의 놀이 참가자가 1~3개 사이의 수를 부를 수 있고, 마지막 숫자를 부르면 이기는 게임), 13 만들기 게임, 페그 게임 등으로 같이 놀아보고, 이

게임들의 변형 놀이를 만들어보자고 제의했습니다. 학생들은 Nim 게임을 마지막 숫자를 부르면 지는 게임으로 변형하기도 하고, 숫자를 21, 31로 늘려가면서 놀이를 하기도 했습니다. 13 만들기 게임을 15 만들기 게임으로도 변형하여 놀기도 했습니다.

상담하면서 느꼈던 것은 학생들의 놀 거리가 없고, 놀이 여건도 충분치 못하다는 것이었습니다. 교실에서 학생들과 짝이나 모둠을 이루어 놀이를 한다고 해도 집에 가면 혼자였고, 놀이 친구가 없었습니다. 그래서 혼자서도 할 수 있는 페그 게임 '최소 이동으로 자리 바꾸기 게임'을 안내하고, 각자 집에서 과제(바둑알을 늘리면 최소횟수는 몇 회가 되는지 알아 오기)를 해결해오는 방식을 취하기도 했습니다. 또 혼자서도 할 수 있는 체스 페이퍼 폴딩처럼 종이를 접고 오려서 할 수 있는 놀이도 안내했습니다. 학생들은 이런 다양한 놀이를 하며 스마트폰 사용 시간을 점점 줄여갔습니다. 놀이의 규칙을 바꾸어 새롭게 만들고, 놀이를 즐겼습니다.

페그 게임과 체스 페이퍼 폴딩은 그림에서 놀이 방법을 쉽게 알 수 있고, 인터넷 검색으로도 놀이 방법을 알 수 있어 여기에서는 13 만들기 게임에 대해서만 자세히 설명하고자 합니다.

<13 만들기 게임 방법>

1. 숫자판 한 장과 숫자 카드 4부를 준비합니다.
2. 숫자 카드를 모두 섞은 후, 학생들이 세 장씩 나누어 갖습니다.
3. 남은 카드는 가운데에 뒤집어 놓습니다.
4. 가위바위보를 하여 순서를 정하고, 첫 번째 학생이 원하는 곳에 자신의 숫자를 내려놓고, 뒤집어놓은 카드 중에 한 장을 가져갑니다.
5. 이런 방식으로 놀이를 진행하면서 수직, 수평, 대각선 방향 중 4장의 카드로 합이

13이 되도록 만들어지면 마지막 네 번째 카드를 내려놓은 학생이 그 4장의 카드를 모두 가져가는 것입니다.

6. 모든 학생이 더 이상 카드를 내려놓을 수 없으면 게임은 종료되고 각자의 점수를 계산하여 승부를 정합니다.

<13 만들기 게임 규칙>

1. 놀이 참가자 손에는 항상 3장의 카드가 있어야 합니다.

2. 자신이 모은 4장의 카드는 따로 보관하고, 4장의 카드가 합쳐서 1점이 됩니다.

3. 수직, 수평, 대각선 방향으로 13이 넘으면 카드를 내려놓을 수 없습니다.

4. 마음대로 카드는 1~9까지의 숫자 중 자신이 원하는 숫자로 정하여 내려놓을 수 있습니다.

13 만들기 게임
수직, 수평, 대각선 방향 중 4장의 카드로 합이 13이 되게 만드는 게임

숫자판

숫자 카드

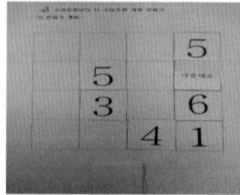
놀이 장면

페그 게임
한 칸씩 이동하거나 다른 색의 바둑돌을 뛰어넘어 최소한의 횟수로 자리를 모두 바꾸는 게임

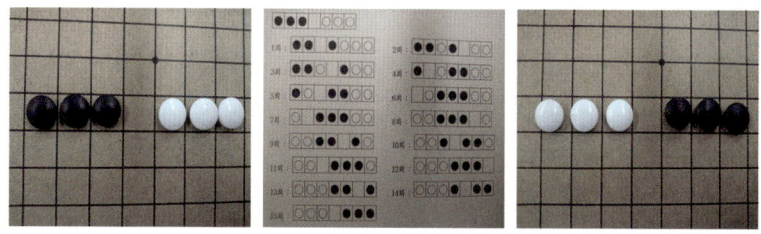

놀이 시작 　　　　　 놀이 과정(정답: 15회) 　　　　　 놀이 종료

체스 페이퍼 폴딩
양면으로 1에서 8까지 쓰여진 종이를 그림(3)과 같이 반으로 접고 가운데 실선까지 오린 다음, 이리저리 접어 같은 숫자 4개가 보이도록 하는 놀이

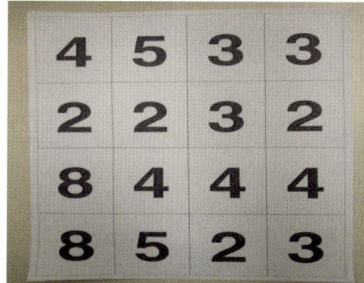

그림(1) 　　　　　 그림(2)

그림(3) 　　　　　 그림(4)

더 나은 활동을 위한 도움말

학생들과 상담을 하면서 스마트폰 중독에 빠진 학생일수록 책을 읽지 않는다는 것을 알았습니다. 책에 흥미를 갖게 된다면 스마트폰 의존도도 떨어지므로 그보다 더 좋은 해결책은 없을 것입니다. 하지만 그보다도 학생들에게 놀이할 수 있는 환경이 주어져야 하고, 놀이 친구가 있어야 했습니다. 교실에서 그림책을 많이 읽어주고 책 놀이를 한다고 해도 집에 가면 혼자인 아이들은 다시 스마트폰을 손에 들기 일쑤였습니다. 그래서 우선 교사들은 학부모연수나 교육을 통해 스마트폰에 과의존하는 가정환경을 없애야 한다는 공감대를 형성해야 합니다.

"부모가 힘들고 귀찮더라도 직장에서 지쳐 쉬고 싶을지라도 아이들에게 스마트폰을 던져주면 안 됩니다. 스마트폰을 쥐여줄 시간에 아이들과 눈을 맞추고 더 많은 대화를 하고, 아이의 심리를 파악하고, 대화를 넘어 깊이 있는 주제로 가족 토론을 해보는 것이 좋습니다. 아이들 앞에서 부모님이 스마트폰 하시면 이미 지신 거예요. 아이들 앞에서 책을 보세요. 벌과 보상으로 스마트폰을 사용하지 마세요. 그러면 그럴수록 스마트폰은 대단한 것이 되고, 아이들은 더 집착합니다." 제가 학부모총회 때 항상 하는 말입니다.

예전에는 '스마트폰 하루 안 쓰기 서약서' 같은 것을 했습니다. 그런데 이 활동은 별로 효과를 거두지 못했습니다. 학생들의 안전한 등하교를 전화로 확인하는 학부모가 많기도 했지만, 하루 스마트폰을 참은 학생들은 금단현상으로 그 이후 스마트폰을 더 많이 사용하는 경향을 보였습니다. 그리고 스마트폰의 긍정적인 측면은 모두 무시한 채 무조건 하면 안 된다는 부정적인 시각만 언급하니, 이에 동의하지 못하는 학생들은 스마트폰을 몰래 하려는 시도가 늘었습니다.

 수업 시간에 다양한 놀이를 함은 물론 그 놀이가 학생들의 생활에서도 이루어질 수 있도록 권장하고, 재구성하고, 장려해야 합니다. 단지 학교에서만 하는 놀이로는 스마트폰 중독을 멈출 수 없습니다. 학교에서 한 놀이가 아이들의 삶 속으로 이어져야 합니다.

 함께 읽으면 좋은 그림책

『내 친구 스마트폰』, 최정현 글, 대성 그림, 꿈터, 2013

『돌려줘요, 스마트폰』, 최명숙 글·그림, 고래뱃속, 2017

『스마트폰에 갇혔어!』, 앨리센다 로카 글, 크리스티나 로산토스 그림, 김정하 옮김,
  노란상상, 2017

『컴퓨터 게임에 빠진 저팔계』, 천추스 글, 윤세열 그림, 나한기획, 2016

마음 들여다보기가
필요한 아이들

　반 친구들과 친하게 지내고 싶은데 어떻게 해야 할지 고민될 때, 마음 들여다보기 소그룹 상담을 하면 좋습니다. 자신의 마음을 보여주려고 하면 왠지 어렵습니다. 청소년기는 자아정체감이 발달하는 자연스러운 시기입니다. 학생들의 마음을 있는 그대로 보여주기 어려운 이유는 어릴 때보다 자신의 말에 대한 친구들의 반응이 중요해지기 때문입니다. 청소년기는 내가 느끼는 '나'와 타인이 보는 '나' 사이에서 조화와 균형을 찾아가려고 노력합니다. 또 자신의 과거 노력과 현재의 문제점들, 미래의 기대 속에서 나는 누구인가에 대한 일관된 답을 찾으려는 시기입니다.
　마음 들여다보기의 핵심은 겉모습이 아니라 자신의 자아를 잘 들여다보는 것입니다. 그리고 자기를 솔직하게 표현할 수 있는 용기를 내고 건강한 자기 수용을 할 수 있는 힘을 기르는 것입니다. 자기 개방을 하기에는 편안한 분위기 형성이 중요해서 인원을 소수로 정한 소그룹 상담 형태가 적절합니다.
　이 과정에서 남과는 다른 자신만의 특성을 알아가며 자신이 사랑받을 만한 가치가 있는 소중한 존재이며, 자신의 능력에 대한 믿음이 생겨납니다. 이렇게 형성된 긍정적인 자아 정체감은 공부하거나 친구를 사귀거나 동아리, 봉사 활동 등을 할 때 능동적인 태도로 나타납니다. 이러한 능동적인 학교 생활의 경험은 주도적인 성인의 삶으로 이어집니다.

『마음여행』 열어보기

『마음여행』은 마음을 잃어버렸을 때, 그것을 인식하고 찾아가는 과정, 찾은 다음에 어떻게 되는지를 보여줍니다. 한 소녀가 얼굴에 웃음을 띤 채 손은 여행 가방끈을 움켜잡고 있습니다. 들떠 보이면서도 뭔가 굳은 결심을 한 표정처럼 보입니다. 사람들 대부분이 휴대전화를 보거나 앞쪽을 응시하면서 걷고 있는 일상의 어느 하루입니다. 소녀가 거리를 걸어가다가 가슴에 조그마한 흔적이 보여서 멈춰 섰는데 조금씩 그 자국이 동그랗게 진해지더니, 가슴에서 둥그런 것이 똑 떨어져 달아나 버립니다. 마음이 뚝 떨어져 굴러가 버립니다. 마음을 잃어버립니다.

그날 이후, 갖고 싶은 것도, 하고 싶은 것도, 되고 싶은 것도 없이 일상이 공허하고 허전합니다. 소녀는 뒷모습을 보이거나 누워 있고 힘들어합니다. 그러다가 소녀는 자신의 마음을 찾기 위해 여행 가방을 꾸리고 자리를 박차고 떠납니다. 그렇게 시작된 여행 길에서 사자, 상어, 곰, 벌, 뱀도 만나고 눈사태를 만나 눈덩이가 되어 구르기도 합니다. 추운 곳, 외나무다리를 지나면서 많이 고단하고 힘들어합니다. 그중 소녀를 제일 힘들게 했던 것은 끝없는 외로움입니다.

포기하고 싶을 때, 주인 없는 마음들이 모여 있는 마음 언덕이라는 곳

김유강 글·그림,
오올, 2020

에 도착합니다. 그 많은 마음 더미에서 묘한 끌림으로 소녀의 마음을 찾습니다. 그런데 마음이 쪼그라져 있습니다. 소녀가 너무 속상해서 울고 있었는데 마음 요정이 나타납니다. 요정은 마음이 작아진 것이 아니라 소녀의 마음자리가 커진 것이라고 알려 줍니다. 마음여행을 하면서 두려움과 고단함을 지날 때, 마음자리가 조금씩 조금씩 자라난 것입니다. 그리고 마음 요정은 마음 씨앗도 바람에 담아 소녀의 마음속으로 날려 보냅니다. 마음 요정은 이제 마음자리 크기에 맞게 새 마음을 잘 가꾸면 된다고 말해줍니다. 소녀는 마음 새싹을 품고 다시 길을 떠납니다. 소녀는 집에 잘 도착했을까요? 아직도 소녀는 여행하면서 마음을 키우고 있습니다.

　소그룹 상담 전 환경 조성이 필요합니다. 소녀의 마음여행처럼 함께 마음여행을 떠나기 위해서 3가지 환경에 대해 설명하고 분위기를 형성해야 합니다. 환경에는 심리적 환경, 물리적 환경, 인지적 환경이 있습니다. 심리적으로는 이 소집단을 신뢰해서 어떠한 이야기를 해도 괜찮고 비밀보장이 된다는 믿음을 줄 수 있어야 합니다. 물리적으로는 동그랗게 앉아 서로 평등한 관계에서 친구들의 눈을 마주치고 바라보면서 이야기할 수 있도록 배치합니다. 인지적 환경 조성이란 친구들의 생각이나 발표에 어떠한 질문이나 대답을 해도 된다는 것을 받아들이는 것입니다.

『마음여행』 함께 읽기

아이들과 책을 읽으면서 마음여행이 무엇인지, 마음여행을 왜 하는지, 주인공의 마음이 힘들 때 어떻게 했는지, 마음여행을 하면 무엇이 좋은지 같이 나눠 보았습니다.

교사	왜 제목이 '마음여행'일까요?
학생 A	마음이 방황 될 때, 어디로 훌쩍 여행을 떠나잖아요. 마음을 알기 위해서는 여러 가지를 경험해봐야 한다는 것 같아요.
교사	동의해요. 여기 표지에 마음을 왜 동그랗게 표현했나요?
학생 B	세모나 네모난 마음들이 여기저기 부딪히고 상처받으면서 동그랗게 된 것 같아요.
모두	와~
교사	그럼 상처는 받는 사람만 받나요?
학생 C	아니요. 누구나 다 받아요. 모두 다 받아요. 상처받은 표가 안 날 뿐이에요.
교사	똑같은 상황에서 어떤 사람은 상처를 더 받고 어떤 사람은 덜 받기도 하지요. 상처에 대한 다른 생각은 또 뭐가 있을까요?
학생 D	상처받은 것을 화로 표출하는 사람도 있어요. 숨기기도 하

고요.

교사 　맞아요. 우리의 상처도 이 소그룹 상담을 통해서 조금이라도 나았으면 해요.

학생 B 　선생님, 주인공만 혼자 멈춰 있고, 사람들은 휴대전화를 보거나 앞쪽만 보고 있는 이 장면에 뭔가 있어요.

학생 D 　주인공 마음에 동그란 자리가 희미하게 있다가 진해져요.

교사 　아, 훌륭해요. 선생님이 혼자 볼 때는 몰랐는데 같이 보니까 보이네요.

학생 E 　마음이 뚝 떨어졌어요.

교사 　여러분도 이런 날이 있지요. 마음이 뚝 떨어지는 날.

학생 B 　시험 결과 나왔을 때요. 친구랑 싸웠을 때요.

학생 C 　수행평가 준비를 열심히 했는데 실전이 잘되지 않을 때도 그렇고, 엄마에게 혼난 날도 그래요.

교사 　그렇군요. 마음이 허전하고 무기력해지잖아요. 그럴 때 어떻게 하는지 오늘 함께 찾아봐요. 마음은 안 보이는 건데 이 그림책에서는 왜 뚫려 있는 것처럼 표현했을까요?

학생 C 　마음이 없다는 것을 강조해서 표현한 거라고 생각이 들어요. 추상적인 것을 있는 것처럼 표현한 거죠.

학생들 　와우.

교사 　마음여행에서 주인공은 자기 마음을 어떻게 찾았나요?

학생 B 　끌림이 있대요. 주인공이 마음 언덕에서 자기도 모르게 막 찾아가요.

교사 　오늘 우리가 잡지 콜라주를 하려고 하는데 여러분의 마음이 막 끌리는 것을 잡지에서 찾으면 돼요. 그림책을 읽고 난 소감이 어때요?

학생 A   저는 제 빈 마음을 메꿀 수 있다는 희망을 품게 되었어요.

학생 B   마음을 잃어버린 사람들도 자신의 마음을 찾아서 단단하게 그 구멍을 채워 넣으면 좋겠어요.

학생 C   나만 힘든 줄 알았는데 다른 사람들도 힘듦이 다 있네요. 그래서 솔직히 마음이 안심되었어요.

학생 D   제 마음을 크게 하기 위한 극복 여행을 해서 새 출발을 하고 싶어요.

학생 E   이 책의 주인공은 자신의 마음을 잃어버린 것을 알았는데, 바쁘게 사는 우리들은 자신의 마음을 잃어버렸다는 것조차 인식 못하는 것 같아요. 허둥지둥 다들 시간에 쫓겨 사니까요. 저도 그 잃어버린 마음도 뭔지 알면 좋겠고 저만 힘든 것이 아니라는 것을 알았어요.

학생 F   그림책에서 마음들이 쌓여 있는 언덕들이 있었잖아요. 그 언덕은 누군가의 마음에서 나온 조각들이 모여 된 것인데 그 마음들이 서로 힘이 되면 좋을 것 같아요.

교사   우리도 우리의 마음을 잘 표현해 서로 같이 이야기해봐요.

잡지 콜라주로 마음 표현하기

잡지 콜라주는 잡지에서 자신이 좋아하거나 싫어하는 것을 중심으로 사진, 글, 이미지, 색깔을 찾아서 종이에 모은 것들을 재배치하고 제목을 붙이는 활동입니다. 막연하게 자신의 마음을 그리거나 표현하라고 하면 어려울 수 있지만, 잡지를 보면서 찾아내는 것은 누구나 쉽게 할 수 있습니다. 잡지를 보면서 인식하지 못했던 자신의 취향을 찾아볼 수 있고 친구들의 마음도 볼 수 있어서 좋습니다.

자신의 마음을 잡지에서 찾아보라고 안내해줍니다. 학생들이 잡지를 훑어보면서 그중에서 마음에 드는 장면, 글자, 이미지들을 찾습니다. 싫어하는 것도 괜찮다고 하고 그 부분을 찢거나 가위로 오려서 모아 보라고 합니다. 10~15분 정도의 시간을 줍니다. 그다음 B4 크기의 종이를 주고 그 위에 배치를 해보고 마음에 들면 붙이라고 합니다. 거기에 어울리는 적절한 제목도 붙여보라고 합니다. 이렇게 종이를 자르고 붙이면서 자기 일상의 소소한 것들을 이야기할 수 있는 분위기가 형성됩니다.

예를 들면, 잡지 콜라주를 하면서 다음과 같은 이야기가 자연스럽게 오고 갑니다.

학생 A	나는 단 것이 너무 좋아.
학생 B	먹는 것은 거의 다 붙였네.
학생 C	왜 이렇게 많이 붙였어. 나는 3개만 했는데.
학생 E	(C에게) 그럼 잡지 책 바꿔서 찾아볼래?
학생 C	선생님, 다른 잡지에서 해도 돼요?
교사	물론이에요. 친구랑 잡지를 바꿔도 되고 (잡지들이 모여 있는 곳을 가리키며) 여기서 가져가서 찾아봐도 돼요.
학생 D	너희 요즘 드라마 뭐 봐?
학생 E	(D에게) 아 맞다. 너 드라마 촬영이나 편집에 관심이 많더라.
학생 A	이 활동을 하다 보니까 내가 좋아하는 것이 무엇인지 알 수 있어서 좋아.(자신이 붙여놓은 것들을 쭉 둘러보면서) 변화하고 역동

적인 것을 좋아하네.

학생 B 다들 여행하는 것을 좋아하네.

한 명씩 자신이 만든 잡지 콜라주를 보여주면서 발표합니다. 다른 학생들은 발표를 듣고 나서 든 생각이나 느낌을 편안하게 발표한 학생에게 해줍니다.

학생 A의 발표 제목은 '나의 행복, 웃음, 기쁨'이라고 지었고 내가 생

각하기에 나는 그릇이야. 왜냐하면 음식들과 어울리는 그릇처럼 나도 모두와 어울리고 싶고, 그릇 안에 담겨 있는 맛있는 음식들을 먹으면 바로 기분이 좋아져서 나도 그릇 같은 사람이 되고 싶어.

학생 B   활기찬 사람, 밝고 착한 사람~

학생 C   A는 긍정적이에요.

학생 D   A는 다 받아줘요.

학생 A의 반응   (부끄러워하며) 부끄스. 내가 그릇과 같았네.

교사   A가 그렇게 다 받아주다 보니 마음이 힘들 수도 있을 것 같아요.

학생 A   그렇기도 해요.

학생 B   힘든 자신의 마음을 조금 더 보살피는 시간이 필요할 것 같아.

학생 A   이렇게 이야기하니까 전에는 잘 알지 못하던 친구들인데 많이 친근해진 느낌이 들어서 좋아. 좋은 친구인 것 같아. 다들 너무 착해서 큰일이야.

학생 D   마음여행에서도 어떤 사람들은 자신의 마음이 빠졌는지도 모르고 살고 있어. 그런데 너는 알고 있잖아.

학생 C   A는 항상 다른 친구의 이야기를 다 들어주는데, 자신의 이야기를 조금 더 많이 해주면 좋겠어.

학생 A   네 말에 나도 그러고 싶은 생각이 들어.

교사   혹시 다른 사람의 시선이 신경 쓰이나요?

학생 A   다른 사람이 무시할까 봐 두렵기도 하고 옛날에 친구가 내가 말한 것을 다른 친구에게 이야기해서 곤란한 경험이 있었어요.

교사   물론 자신의 마음을 열었는데 안 좋은 기억이 있을 수도 있어요. 그래도 내가 어디에 의미를 두고 더 신경을 써야 하는지 고민하는 것은 중요한 일이에요. 다른 친구들은 어때요? A에게 해주고 싶은 말을 해주세요?

학생 C   마음여행처럼 조금씩 네 마음을 이야기해보는 것은 어때? 그러다 마음을 잊어버리면 찾기가 힘들 거야.

학생 D   나도 A처럼 나의 이야기를 잘하지 못했는데 남의 시선에 내가 신경을 쓴다는 것을 알았어. 이제라도 남의 시선에 신경 덜 쓰고 나의 행복을 찾아가는 방법을 너희랑 찾으면 좋겠어.

활동을 하면서 학생들은 다른 친구들이 자신의 성격이나 의견에 대해 다양한 관점에서 이야기하는 것을 들을 수 있었습니다. 친구들이 잘 들어주고 공감하는 가운데 자신의 마음을 열고 따뜻하게 수용되는 경험을 했습니다.

저널 치료 기법

저널 치료의 기법 중 '내 가슴이 기뻐하는 일 하기', '순간 포착 기법'을 이용해서 자신의 마음을 조금 더 알아갈 수 있도록 합니다. '저널'이란 자신이나 인생에 대해 성찰과 이해를 위해 생각과 느낌을 표현하는 글을 의미하며 '저널 치료'란 치료의 효과를 증진시키기 위해 고안된 글쓰기입니다. 캐슬린 아담스(1990)가 『저널 치료』라는 책으로 대중적으로 쉽게 다가갈 수 있게 만들었고 여기서 적용한 것은 이명희가 적용한 저널 치료[29] 방법입니다.

박민혜의 '내 가슴이 기뻐하는 일 하기'를 차용해서 내 가슴이 기뻐하는 일이 무엇인지 써 보게 했습니다. 여기서 주의할 점은 시간을 짧게 주고, 일단 글을 쓰기 시작하면 많이 생각하거나 고민하지 말고 계속 쓸 수 있도록 안내해야 합니다. 이렇게 쓴 것을 두 명씩 짝을 지어 짝끼리 말하게 하고 느낀 점을 말하게 합니다. 자신이 무엇을 좋아하는지 더 많이 발견하게 됩니다. 다음은 학생들이 한 결과물입니다.

나 (이 ○○)의 가슴이 기뻐하는 일 하기

- 내 가슴이 기뻐하는 일은 어떤 일들일까요? 다음 시를 읽고 (   )를 완성해봅시다.

내 가슴이 기뻐하는 일 하기

박민혜

넌 무얼 하면 기분이 좋아?

난 걸으면 기분이 좋아지는데./ 난 아직도 달콤한 것을 먹으면 기분이 좋아지고
난 엉뚱한 상상하며 멍하니 있을 때도 기분이 좋아져.
난 그림 그릴 때도, 만들기 할 때도 기분이 좋고

---

29 이명희, 자아를 창조하는 시간, Just ten minutes – 저널치료를 활용한 청소년 진로상담 –, 2013, 인용.

난 그냥 물보다 현미차 마실 때 기분이 좋아.

난 얼음을 입 속에 넣고 머리 식힐 때가 기분이 좋아.

난 여름의 초록빛 냄새가 나는 길을 걸으면 기분이 좋아져.

난 바지보다 치마를 입을 때 기분이 좋고

난 사람들의 얼굴을 종종 바라볼 때 기분이 좋아.

난 여러 가지 소리를 듣고 웃을 때가 기분이 좋아.

난 식물들이 하나둘 자라나 있을 때가 기분이 좋아.

난 노래 듣는 것보다 부를 때가 기분이 좋아.

난 이런 나를 좋아하는 사람을 만나면, / 그러면 아마 정말 기분이 좋을 거야.

년 무얼 하면 기분이 좋아?

난 (맛있는 거 먹으면   ) 기분이 좋아지는데.

난 (운동을 할 때   ) 기분이 좋아지고

난 (밤에 산책을 하며   ) 기분이 좋아져.

난 (운동할 때   ) 기분이 좋고

난 (요리할 때   ) 기분이 좋아.

난 (좋아하는 사람을 볼 때   ) 기분이 좋아져.

난 (누웠을 때   ) 기분이 좋고

난 (사람들과 이야기할 때   ) 기분이 좋아.

난 이런 나를 좋아하는 사람을 만나면, / 그러면 아마 정말 기분이 좋을 거야.

<느낀 점>
각자의 성향 때문에 서로 좋아하는 걸 발표할 때 공감되는 부분이 있으면서도 공감되지 않는 부분도 있어서 새로웠다. 내가 여기에 쓴 좋아하는 것 이외에도 다른 친구들이 말해준 걸 생각해보는 시간을 가져서 좋았고 서로 공유해서 좋은 시간을 가진 것 같다.

또 하나는 순간 포착 기법입니다. 카메라의 셔터가 한순간을 포착하듯이 눈을 감고 가장 행복했던 나의 모습을 상상하면서 오감이 잘 드러나도록 쓰는 것입니다. 그리고 글을 쓴 느낌을 친구들과 공유하면서 내면의 근육을 키우고 따뜻한 시간을 보낼 수 있습니다. 다음은 학생의 결과물입니다.

가장 행복했던 나(이○○)의 모습

- 카메라의 셔터가 영원 속의 한 순간을 필름에 포착하듯이 순간포착은 감동의 순간을 보존합니다.
- 눈을 감고 지금까지 살아오면서 자신이 가장 행복했던 순간을 떠올려 보세요.

- 오감(五感)을 활용하여 그 순간을 구체적으로 떠올려 보세요.
- 가장 행복했던 내 모습을 빠르게 써봅시다.

> 배구에 관심이 많아서 배구부에 들어갔고 담당 선생님이 체육 선생님이어서 연습을 꾸준히 하게 되었다. 8월 첫 대회를 나가게 되어 학교 끝나고 나서도 한 시간씩 남아 같이 연습했다. 첫 경기고 첫 경험이었는데도 열심히 해왔던 노력이 보였던 건지 예선전에서 1위를 하여 결승 진출을 하게 되었다. 결승전이 11월에 잡혀 연습경기도 하고 리시브, 서브 등 열심히 실력을 쌓아왔다. 결승전에서 부원들과 "열심히 한 만큼 보여주고 오자"라며 서로 응원했고 결과는 3등을 했다. 우리는 첫 경기였기에 경험도 많이 부족했다고 생각하여 이 결과에 만족했다 나는 내가 가장 좋아하는 운동 종목을 열심히 하고 대회까지 나가는 이 경험이 가장 행복했던 것 같다.

- 가장 행복했던 내 모습을 한 단어로 하여 이름을 지어 봅시다.

이름 : 소중한 추억

이유 : 정말 나는 신체적으로 움직이는 것을 좋아하고 사람들을 함께 활동하는 것을 좋아하기 때문에

- 위 글을 쓰고 난 느낌은?

기억을 되돌아보면서 내가 가지고 있는 추억들을 다시 생각해보면서 "내가 행복했던 적이 이렇게 많았구나"라는 생각을 해서 내가 살고 있는 삶에 만족했다

더 나은 활동을 위한 도움말

정리하는 활동으로 이 시간에 무엇을 중요하게 생각하는지를 돌아보고 다음 소그룹 상담으로 어떤 주제를 하면 좋을지 생각하기 위해 빙고 게임을 하면 좋습니다. 학생들에게 5×5 빙고칸을 그리게 합니다. 마음 들여다보기 시간에 나왔던 단어 중에서 의미가 있었던 단어들을 학생들이 돌아가면서 말하게 하고 5×5 빙고 중 10칸을 작성하게 합니다. 그다음 교사가 학생들에게 하고 싶은 질문을 5~8개 정도 준비합니다.

예를 들면, 나를 가장 두근거리게 하는 것은? 이 학급에 있으면 좋을 것 같은 가치는 무엇? 그림책 수업 중에 가장 기억이 남은 그림책은? 친구들에게 보여 주고 싶은 나의 가치는? 앞으로 가장 필요한 능력은 무엇일까? 등입니다. 교사가 질문을 하고 학생들이 대답을 하는 것 중에서 학생들이 그 대답을 인정한다면 그 단어도 빙고 판에 쓰게 합니다. 이렇게 질문 하나당 대답을 2~3개를 할 수 있게 하고, 25칸이 다 채워질 때까지 진행합니다. 그리고 원빙고나 투빙고를 진행합니다.

그리고 잡지 콜라주, 가장 행복했던 나의 모습, 순간 포착 기법 등등 이러한 자신의 특성을 파악할 수 있는 학습지, 성취물, 경험, 사례 등을 체계적으로 모아 포트폴리오를 만듭니다. 그것들을 보면서 자신의 마음을 파악할 수 있고 취향이 파악되면 어떤 일을 하고 싶은지 어디로 갈 수 있는지 명확하게 알 수 있습니다.

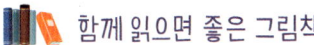 **함께 읽으면 좋은 그림책**

『내 안에 내가 있다』, 알렉스 쿠소 글, 키티 크라우더 그림, 신혜은 옮김, 바람의아이들, 2020

『잃어버린 영혼』, 올가 토카르축 글, 요안나 콘세이요 그림, 이지원 옮김, 사계절, 2018

『줄리의 그림자』, 크리스티앙 브뤼엘 글, 안 보졸렉 그림, 박재연 옮김, 이마주, 2019

마음 회복이 필요한 아이들

　상담이 필요하다고 교사에게 찾아오진 않지만, 과도한 경쟁으로 인한 스트레스, 반복되는 성적 하락으로 인한 학습된 무기력, 교우관계에서 오는 스트레스 등으로 학교생활이 원활하지 않은 아이들이 있습니다. 일대일 상담을 통해 이야기를 들어주고 지지해주는 시간으로 아이들을 지원해줄 수도 있지만, 담임교사가 모든 학생과 밀도 높은 상담 시간을 가지고 해결책을 주기는 어렵습니다. 소그룹 상담을 통해 친구들이 서로 지지하고 응원하는 시간을 통해 혼자 일어서는 힘을 기르는 것이 필요합니다.

　크고 작은 다양한 역경과 시련과 실패에 대한 인식을 도약의 발판으로 삼아 더 높이 뛰어오르는 마음의 근력을 회복탄력성[30]이라고 합니다. 회복탄력성은 문제를 인식하고 그것을 해결하려는 노력보다는 좀 더 행복한 경험, 여유 있는 생각을 통해 성장합니다. 친구들과 함께하는 산책, 수

---

30 『회복탄력성』, 김주환, 위즈덤하우스, 2011

다, 낙서 등을 통해 자신이 처한 어려운 상황을 이겨낼 수 있는 힘을 기르게 됩니다. 과도한 학습 경쟁으로 위축된 아이들에게 힘을 뺀 수다와 낙서 같은 활동을 통해 회복탄력성을 길러주고 싶었습니다. 심각하고 무거운 활동으로 아이들의 문제를 찾아내고 해결책을 찾는 것도 필요하지만, 좀 더 가볍고 쉽게 아이들에게 다가가고 싶었습니다.

『마음먹기』는 귀여운 그림과 재치 있는 표현으로 쉽게 아이들에게 접근할 수 있는 그림책입니다. 『마음먹기』를 활용하면 아이들과 수다와 낙서를 하며 즐거운 경험을 할 수 있습니다. 모둠별 또래 상담으로 활용했으나 학급 전체 활동으로 활용해도 좋습니다.

『마음먹기』 열어보기

'오늘은 어떤 마음을 먹었나요?' 라고 물어보는 작가의 질문에 어떤 하루를 보낼지 생각합니다. 그림책을 한 장 한 장 넘기면서 계란 후라이를 닮은 마음이의 이야기에 빠지게 됩니다. 좋아하는 사람이 생겼을 때는 '마음찜', 마음을 전하고 싶을 때는 '마음전', 찢어진 마음을 붙이고 싶을 때는 '마음부침', 마음이 커질 때는 '마음 뻥튀기', 마음을 쫙 펴고 싶을 때는 '마음피자', 마음을 캐묻고 싶을 때는 '마음꼬치' 등 다양한 마음요리 메뉴판을 보고 먹고 싶은 마음요리를 고민합니다.

주인공 마음이가 자신이 요리 당하는 모습들을 보여줍니다. 두들기기도 하고, 뒤집기도 하고, 들들 볶다가 마구 뒤섞기도 합니다. 바싹 졸이고, 돌돌 꼬았다 풀고, 엄청 뜨겁게 데웠다가 아주 차갑게 얼리기도 하는 마음요리를 통해 자기 마음이 변하는 모습을 시각적으로 보여줍니다. 스

자현 글,
차영경 그림,
달그림, 2020

르르 녹기도 하지만 새카맣게 타버리기도 하는 마음을 어떻게 하면 좋을까 생각하는 독자에게 새로운 해결책을 제시합니다. 새카맣게 탄 마음을 미련 없이 버리고 새로운 마음으로 시작하기를 제안합니다.

본격적인 상담이 필요하진 않지만, 힘들어하는 아이들을 돕고 다시 일어날 수 있는 힘을 주고 싶어 하는 선생님들께 『마음먹기』를 권합니다.

마음요리 선택하기

4명 1모둠으로 『마음먹기』를 읽은 후 가장 마음에 와닿는 장면이나 문장을 모둠 안에서 공유했습니다.

학생 A   마음이 새까맣게 타면 미련 없이 버리라는 내용이 인상 깊었어요. 시험 기간 첫날 시험을 망치면 그 이후의 시험에도 영향을 받고 후회하는 일이 종종 있었는데 앞으로는 첫날 시험에서 실수

해도 이후 일정에 영향을 덜 받을 수 있을 거 같아요.

학생 B '어떤 마음을 먹는지에 따라 세상 사는 맛이 달라져요' 라는 표현이 인상 깊었어요. 평소에 마음을 먹는다는 표현을 즐겨 썼는데 제가 세상 사는 맛을 조절할 수 있다는 생각이 들어서 왠지 자신감이 생겨요. 앞으로는 긍정적으로 살자고 마음먹어야겠어요.

학생 C 마음이 뜨거워지고 차가워지는 내용과 그림이 마음에 와닿았어요. 감동받고, 냉정해지는 것을 잘 묘사한 거 같아요. 금방 감동받았다가도 작은 일에 쉽게 상처받고 차가워지는 제 마음을 보는 거 같았어요. 마음이 스르르 녹는 장면도 인상 깊었는데 제 마음도 스르르 녹아서 편한 마음으로 살고 싶어요.

학생 D   마음을 들들 볶고 태우는 장면이 인상 깊었어요. 정말 수행평가, 2차 지필평가가 끝나면 등급이 나올 때까지 제 마음이 들들 볶이고, 속이 타들어 가는 거 같아서 너무 힘들어요. 시험 때마다 받는 스트레스 때문에 학교 나오기가 힘들 때도 있어요. 시험에 대한 부담감이 너무 커요.

인상 깊은 장면의 그림과 문장을 공유한 다음에 『마음먹기』에 나온 마음요리 메뉴판을 참고하여 두 가지 질문에 답을 해봅니다.

첫 번째 질문. 현재 자신의 마음 상태와 가장 비슷한 마음요리는 무엇인가요?

학생 A   마음정식세트요. 요새 수행평가, 학생자치회, 선거관리위원회, 지필평가 준비 등 여러 가지 일 때문에 마음이 너무 복잡해요. 어떤 걸 먼저 해야 할지, 뭐가 더 중요한지를 계속 고민하고 생각해야 해요.

학생 B   마음말이요. 선거관리위원회 떨어졌는데 서운했어요. 사실 지금도 아쉽고 왜 이렇게 지원하는 것마다 떨어지는지 모르겠어요. 그냥 깔끔하게 접고 공부에 몰두하고 싶어요.

학생 C   마음꼬치요. 얼마 전에 제 물건을 누군가 허락 없이 썼어요. 분명 의심 가는 친구가 있는데 그 친구한테 좀 캐묻고 싶네요. 왜 허락 없이 쓰고도 말을 하지 않았냐고요.

학생 D   마음쌈이요. 계속 앞으로 하고 싶은 일이 뭔지, 꿈이 뭔지,

어떤 직업이나 학과에 관심이 있는지 물어보는데, 저는 너무 여러 가지에 관심이 많아서 제 관심이 좀 더 한 곳에 집중되면 좋겠어요. 제가 가장 신경 쓰는 부분이에요.

첫 번째 질문으로 학생들의 현재 마음 상태를 확인했습니다. 대부분의 학생이 각각의 이유로 상처가 있고 그것을 위로받기 원했습니다. 두 번째 질문으로 학생들에게 진짜 필요한 것이 무엇일까 생각해보았습니다.

두 번째 질문. 자신이 희망하는 마음 상태와 유사한 마음요리는 무엇인가요?

학생 A   마음피자요. 마음 좀 쫙 펴고 편안하게 살고 싶어요. 해야 할 게 너무 많아요. 수행, 지필평가, 각종 활동까지 하느라 너무 정신이 없어요.

학생 B   마음부침이요. 1학기부터 동아리, 학생회, 선관위까지 계속 면접마다 떨어졌는데 제 찢어진 마음이 잘 붙으면 좋겠어요.

학생 C   마음빵이요. 갈수록 예민해지고, 친구들과의 관계도 소원해지는데 마음이 헛헛해요. 마음이 빵빵하게 채워져서 남들이 제 물건에 손대는 거 같은 사소한 문제는 쉽게 넘겨버릴 수 있는 마음이 되면 좋겠어요.

학생 D   마음만두요. 시간이 지날수록 제게 높은 성적, 좋은 성격, 화려한 스펙을 요구하는 거 같은데, 제 마음 상태에 대해서 저 스스로 확인을 못 하는 거 같아요. 제 마음이 가장 중요하니 마음을 아끼고 보듬어야겠어요.

나만의 마음요리 레시피

두 가지 질문에 답변한 뒤에는 각자의 마음요리 레시피를 작성합니다. 아이들은 평소 상담보다는 좀 더 가볍고 즐겁게 참여했습니다. 5개 항목에 답하는 방식으로 마음요리 레시피를 작성했습니다. 학생들이 참고할 수 있도록 교사의 마음요리 레시피를 먼저 공유했습니다.

① 마음요리가 필요한 사연: 18개월 아기를 힘겹게 키우고 있는데, 작은 일에도 화내고 성질을 부리는 부끄러운 내 모습을 매 순간 발견한다.
② 마음요리 재료 및 도구: 시원한 바람, 매콤한 요리, 마음이 편해지는 그림책 1권, 자전거, 에어프라이어(전자레인지), 독서대
③ 조리 방법, 요리 제목: 마음 스르르 녹이기, 마음 덮밥
④ 효과: 화낸 부분에 대해 사과할 수 있는 마음의 여유와 함께 지적에 성질내지 않는 인성 탑재
⑤ 마음요리를 선물하고 싶은 사람과 그 이유: 운전할 때마다 빵빵 클랙슨을 울려대는 운전자들, 좀 더 안정되고 안전한 운전 환경 조성을 위해

교사의 마음요리 레시피를 보고 학생들도 마음요리 레시피를 작성했습니다. 모둠활동 때 그림책을 읽고 인상 깊었던 장면의 그림이나 문장을 말한 부분과 마찬가지로 성적 관련 사연이 많았습니다. 적은 내용을 돌아가며 공유했습니다.

마음먹기 - 나만의 마음요리 레시피

① 마음요리가 필요한 사연

　　속 마음을 털어내고 싶을 때, 고민을 이야기하고, 나누고 싶을 때

② 마음요리 재료 및 도구

　　솔직한 감정 소스, 편안한 밀가루, 기쁜 맛 토핑, 슬픈 맛·후련한 맛 치즈, 뜨거운(따뜻한) 불로 나를 녹여주고 씻겨주는 화덕

③ 조리 방법, 요리 제목

　　먼저 편안한 밀가루로 피자 반죽을 만들어요. 그리고 그 위에 솔직한 감정을 이야기할 수 있는 소스를 바르고 이야기를 공유하면서 드는 기쁨, 슬픔, 후련한 맛 치즈를 솔솔 뿌려주세요. 마지막으로는 고민들을 싹 씻겨내려주고 나를 따뜻하게 녹여줄 수 있는 화덕에 구워주면 마음피자 완성이에요!

④ 마음요리를 먹었을 때 나타나는 효과

　　혼자서 고민하고 앓았던 걱정거리를 후련하게, 속 시원하게 풀어낼 수 있답니다.

⑤ 마음요리를 선물하고 싶은 사람과 그 이유

　　'나'와 걱정이 들고 우울한 기분이 드는 사람들에게 주고 싶다. 마음피자를 먹고 얼굴뿐만 아니라 마음 속도 활짝 펴지면 좋겠다.

학생 A　　제 마음요리는 속마음을 털어내고 싶을 때, 고민을 이야기하고 나누고 싶을 때 먹어요. 솔직한 감정 소스, 편안한 밀가루, 기

쁜 맛 토핑, 슬픈 맛, 후련한 맛 치즈, 뜨거운(따뜻한) 불로 나를 녹여주고 씻겨주는 화덕이 필요해요. 먼저 편안한 밀가루로 피자 반죽을 만들어요. 그리고 그 위에 솔직한 감정을 이야기할 수 있는 소스를 바르고 이야기를 공유하면서 드는 기쁨, 슬픔, 후련한 맛 치즈를 솔솔 뿌려주세요. 마지막으로는 고민들을 싹 씻겨 내려주고 나를 따뜻하게 녹여줄 수 있는 화덕에 구워주면 마음피자 완성이에요. 혼자서 고민하고 앓았던 걱정거리를 후련하게, 속 시원하게 풀어낼 수 있습니다. '나'와 걱정이 들고 우울한 기분이 드는 사람들에게 주고 싶어요. 마음피자를 먹고 얼굴뿐만 아니라 마음 속도 활짝 펴지면 좋겠어요.

학생 B 니가 비벼봐라 국수는 수행평가, 지필평가로 지친 사람, 시험을 핑계로 화를 내는 사람들에게 필요한 요리예요. 젓가락, 시원한 공기, 얼음, 라면, 매운 소스가 필요해요. 이 요리를 먹고 나면 마음이 풀리고, 매콤한 맛이 화를 잊게 해주는 역할을 해줘요. 이 요리는 제가 먹고 싶기도 하고, 잠시 동안 그 상황을 잊고, 그것을 계기로 좋지 않은 상황을 극복하고 싶은 사람에 선물하고 싶어요.

학생 C 마음 푸딩은 모두를 이해하는 부드러움과 어떤 일에도 지치지 않는 단단함이 필요할 때 먹는 요리예요. 마음요리 재료로는 감칠맛을 더할 초심 한 스푼, 상대방을 이해하는 아이럽 우유, 활력을 더할 설탕, 마음을 단단히 굳혀 줄 젤라틴 한 판이 필요해요. 기분을 좋게 할 간식을 먹고 침대에 누워서 상대방의 입장을 곰곰이 생각해요. 초심을 되새기고, 마음을 굳게 먹으면 마음요리가 완성돼요. 이 마음 푸딩을 먹으면 상대방을 포옹해줄 너그러움을 갖고, 어떤 일이든 해내겠다는 굳은 마음을 먹을 수 있게 되요.

학생 D   요즘 왜 사는지 의문이 들 때가 좀 많아지고 있어요. 여러 생각이 얽혀서 생각이 꼬리에 꼬리를 물고 있어서 복잡한 생각들을 먹어치우고 싶어요. 명상, 산책, 운동이 마음 볶음밥이 필요한데요. 산책하고 와서 씻고 집에 가만히 앉아서 명상해요. 생각을 비우는 시간을 가짐으로써 삶의 이유를 다시 생각해 볼 수 있어요. 마음 볶음밥을 먹고 나면 생각이 정리되고 마음에 안정이 찾아올 수 있어요.

이렇게 나머지 3명의 레시피를 공유한 다음 마음요리를 선물해주고 싶은 사람에게 선물하기 활동을 했습니다. 핸드폰을 활용하여 사진 촬영 후 SNS나 문자 메시지를 보내 마음요리 레시피를 선물했습니다. 부모님께 마음요리 레시피를 선물한 학생의 경우에는 부모님께서 감사와 사랑의 답장을 주시며 그동안 공부하느라 너무 고생했고 사랑한다는 메시지를 주시기도 했습니다.

갑자기 성적이 올라가거나 생활 습관이 눈에 띄게 달라지고 학습 태도가 변화하는 등의 일은 일어나지 않았지만, 자기가 가지고 있던 고민을 친구도 가지고 있다는 걸 알고 그걸 해결할 방안을 함께 고민하는 것만으로도 의미 있는 시간이었습니다.

더 나은 활동을 위한 도움말

『마음먹기』는 마음을 돌아볼 수 있는 그림책 중 비교적 밝고 가벼운 책입니다. 그림책을 읽어줄 때부터 마음요리 선택하기, 나만의 마음요리 레시피까지 학생들과 활동을 하는 동안 아이들의 웃음이 끊이지 않았습니다. 좀 더 자연스러운 분위기에서 자신의 아픔을 내어놓고 그것을 소재로 친구들과 거리낌 없이 말할 수 있는 상황을 만들어주는 것이 그림책 『마음먹기』의 힘입니다. 학급 담임 시간을 활용하여 하기에 좋은 간단한 활동이지만, 완성된 레시피를 상담의 자료로 쓸 수 있습니다. 마음요리가 필요한 사연과 먹었을 때 나타나는 효과를 보면 학생 마음의 상태나 필요한 도움이 무엇인지 파악할 수 있어 상담 전 활동으로 활용하기 좋습니다.

마음요리 레시피를 작성할 때 구글 프리젠테이션을 활용하면 모둠별 작업도 가능하고 자신이 만들고 싶은 요리의 이미지도 쉽게 검색할 수 있기 때문에 학생들의 흥미를 돋우기 좋습니다.

 함께 읽으면 좋은 그림책

『너는 특별하단다』, 맥스 루케이도 글, 세르지오 마르티네즈 그림, 아기장수의날개 옮김, 고슴도치, 2002

『너의 마음은 하늘과 같아』, 브론웬 발라드 글, 로라 칼린 그림, 이재석 옮김, 뜨인돌, 2019

『슈퍼 거북』, 유설화 글·그림, 책읽는곰, 2014

『여름의 잠수』, 브사라 스트리츠베리 글, 사라 룬드베리 그림, 이유진 옮김, 위고, 2020

소집단 진로 상담

　진로 상담은 학생이 현재 겪고 있는 진로 문제를 해결하고, 학생의 성장을 도와주는 과정입니다. 진로 상담을 중학생은 고등학교 선택, 고등학생은 대학교 입학의 문제만으로 한정해서는 안 됩니다. 사회가 급변하고 있는 요즘, 우리 학생들은 4차 산업혁명과 관련된 과학, 정보 기술 등에 관한 정보습득과 인구 및 사회 경제 구조 변화에 따른 직업 세계 탐색 능력을 길러야 합니다. 앞으로는 한 개의 직업으로는 평생을 살 수 없습니다. 아무도 겪어보지 않았던 직업이나 일을 선택해야 하는 경우가 많아집니다. 그래서 학생 자신의 내적 욕구와 가치관을 잘 인식해야 적절한 선택을 할 수 있고 추진력을 발휘할 수 있습니다.

　학급을 둘러보면 자기 일을 묵묵히 잘 해내는 학생들이 있습니다. 담임이 특별히 신경 쓰지 않아도 태도와 행동이 준비된 학생들입니다. 그런데 이 학생들과 개인 상담을 해보면 속내를 잘 드러내지 않습니다. 특히 학급에서 불편한 점을 말해보라고 하면 이야기하지 않는 경향이 있습니다. 다른 친구들을 먼저 배려하고 자신이 참는 방법을 선택해 친구들과의 갈등을 만들려 하지 않기 때문입니다. 그런 학생들의 마음을 들여다보면 불편함과 상처가 있습니다.

이러한 학생들을 소집단으로 구성해 진로 상담을 하면 장점이 많습니다. 성향이 비슷한 친구들이 모이다 보니 서로 신뢰하고 허용적인 분위기에서 자기 마음을 쉽게 열 수 있습니다. 친구들의 솔직한 이야기를 듣고 있으면 친구들의 상황과 입장이 이해되고 그로 인해 자신도 이해와 수용되는 상호 역동적인 경험을 할 수 있습니다. 다른 친구들은 문제를 어떻게 해결하는지 알 수 있고 자신의 해결 방식과 비교하면서 문제를 해결하는 태도와 행동을 간접적으로 배울 수 있습니다.

『내가 만난 꿈의 지도』 열어보기

전쟁이 일어나자 주인공 가족은 모든 것을 잃고, 동쪽으로 멀리 떨어진 다른 나라로 피난을 갑니다. 그곳은 진흙과 지푸라기, 낙타 똥으로 지은 집들이 있고 땡볕이 내리쬐고, 먼지바람이 휘몰아치는 거친 들판으로 둘러싸인 곳입니다. 주인공의 가족은 낯선 부부와 함께 자그마한 방에서 지냅니다. 장난감, 책도 없고 무엇보다 먹을 것이 부족합니다.

어느 날 아빠가 빵을 사러 시장에 갑니다. 저녁이 되어도 아빠가 돌아오지 않아서, 가족은 아빠를 걱정하면서 허기진 채 기다리고 있습니다. 그때 아빠가 옆구리에 둘둘 말린 종이를 자랑스러운 듯 내밀며 말합니다. "내가 지도를 사 왔어. 그 돈으로는 손톱만 한 빵밖에 못 사겠더라고. 그걸 먹어도 배고프긴 마찬가지일 거야." 주인공은 화가 납니다. 아빠를 절대 용서하고 싶지 않습니다. 그날 배고픈 채 잠자리에 든 주인공은 같

유리 슐레비츠 글·그림,
김영선 옮김,
시공주니어, 2008

은 방을 쓰는 사람들이 내는 딱딱한 빵 씹는 소리를 듣지 않으려고 담요를 머리끝까지 뒤집어씁니다.

다음 날 아빠는 지도를 벽에 걸어줍니다. 지도는 한쪽 벽을 다 덮을 정도로 큽니다. 지도의 알록달록한 색으로 방이 환해집니다. 주인공은 지도에 빠져들기 시작했고, 몇 시간이고 지도를 들여다보면서 이상한 지명들을 마법의 주문처럼 되뇌기도 하고, 지도를 그리기도 하면서 방에서 한 발짝도 나가지 않고 상상으로 멀리멀리 여러 나라를 돌아다닙니다. 주인공은 마법에 홀린 듯이 상상의 나래를 펼칩니다. 뜨거운 사막도 가고, 시원한 바닷가도 달리고, 눈 덮인 산, 신비한 사원, 과일나무가 가득한 숲 등을 돌아다닙니다. 그리고 건물이 빼곡한 도시로 가서 창문을 세다가 까무룩 잠이 듭니다. 배고픈 것도, 힘든 것도 모두 잊은 채. 주인공은 아빠를 용서합니다. 결국 아빠가 옳았다는 것을 깨닫습니다.

『내가 만난 꿈의 지도』는 작가의 자전적인 이야기로 아버지에 대한 인식이 어떻게 달라졌는지 보여줍니다. 그림책 뒤편에 있는 작가의 이력을 보면 아버지가 작가에게 어떤 영향을 끼쳤는지도 알 수 있습니다. 학생들도 자신의 과거를 되돌아보면서 과거의 사건이 자신에게 어떤 의미로 남았는지 살펴보고자 합니다. 그런 후 각자의 경험을 친구들과 나누면서 이야기를 나누고자 합니다. 그리고 미래의 그 어느 날 이 시간을 떠올리면서 이 그림책 작가처럼 따뜻한 시간이었다고 말하면 좋겠습니다.

인생 그래프 그리기

그림책을 읽고 나서 주인공이 인생 그래프를 그린다면 어떻게 그렸을까 하고 질문합니다. 주인공이 어린 시절을 즐거운 일로 기억할지 슬픈 일로 해석할지 자신의 의견을 말하게 합니다. 한 사건에 대해 학생마다 기쁨이나 슬픔으로 받아들이는 것도 다를 수 있고 느끼는 강도도 달라서 숫자를 사용해 감정의 정도를 나타나게 합니다.

인생 그래프는 과거의 사건과 미래의 일들을 한눈에 보기 편하게 정리해서 그리는 것입니다. 인생 그래프를 그리다 보면, 자신의 성장 과정을 되돌아보게 되고 어릴 때 겪은 그 사건의 의미를 되새기는 분위기가 형성됩니다. 그리고 다 그린 그래프에서 내가 좋아하는 것과 싫어하는 것, 잘하는 것과 성격 등 일상의 패턴이 보일 수도 있다고 안내합니다.

첫 번째 단계는 현재 기점으로 자신을 먼저 살펴봅니다. 휴대전화에 있는 사진을 보면서 인상에 남았던 최근 사건을 2~3개 정도 찾아보게 합니다. 시간 여유가 좀 있다면 다음과 같은 질문에 해당하는 사진들을 소그룹 상담 단체대화방에 올리는 것도 재밌습니다. '휴대전화 사진첩을 살펴보면서 최근에 가장 즐겁고 기쁜 일은 무엇이었나요? 최근에 가장 슬프고 힘든 일은 무엇이었나요?' 와 같은 질문들입니다. 학생들 사이에서 웃음이 피식피식 번지면서 재미난 사진을 올리기도 합니다. 반에 생기와 열기가 돕니다. 그러면 휴대전화를 내려놓고 최근 말고 좀 더 과거의 시간에서 2~3개 정도의 사건을 생각하거나 찾아보게 합니다.

교사는 준비한 활동지를 주면서 휴대전화에서 찾은 사건을 포함해 과거부터 현재까지 기억에 남는 사건 4~6개 정도를 정하고 기간을 쓰고, 사건 키워드를 작성하게 합니다. 그리고 미래를 생각하면서 어떤 사건들이 있으면 좋을지 2~5개 사건이나 일도 작성하게 합니다. 학생들이 미래의 사건을 쓰는 것을 어려워한다면 10년 주기로 작성해보게 하거나 아니면 고등학교, 대학교, 20대 후반 등으로 쓸 수 있게 안내합니다.

두 번째 단계는 기쁨과 슬픔의 정도가 절대적인 가치가 아니라 자신에게 어떤 정도였는지를 그 사건 옆에 쓰도록 합니다. 주의할 점으로 기쁨은 숫자 1~10으로 선택하도록 하고 슬픔은 숫자 −1~−10에서 어느 정도인지 표시하도록 해야 합니다. 그래서 하나의 사건마다 학생에게 어떠한 감정의 세기로 존재하는지를 알 수 있게 합니다.

세 번째 단계는 활동지에 쓴 것을 보고 인생 그래프를 그립니다. 가로축은 해당 사건이 되고 세로축은 기쁨과 슬픔의 정도를 곡선이나 막대로 표시하게 합니다.

자신이 그린 인생 그래프를 보여주면서 발표합니다. 그리고 친구의 발표가 끝나면 궁금하거나 느낀 점을 이야기해도 좋다고 합니다.

학생 A 태어나서 좋았고요. 다섯 살 때 동생이 태어나서 좋았을 것 같아요. 10 정도로. 4학년 때 독도 여행 갔는데 3 정도로 좋았어요. 그러나 12살 때 인라인스케이트 타다가 무릎을 심하게 다쳤어요. −9 정도로 슬펐어요. 16살에 편도 수술을 했는데 수술실에

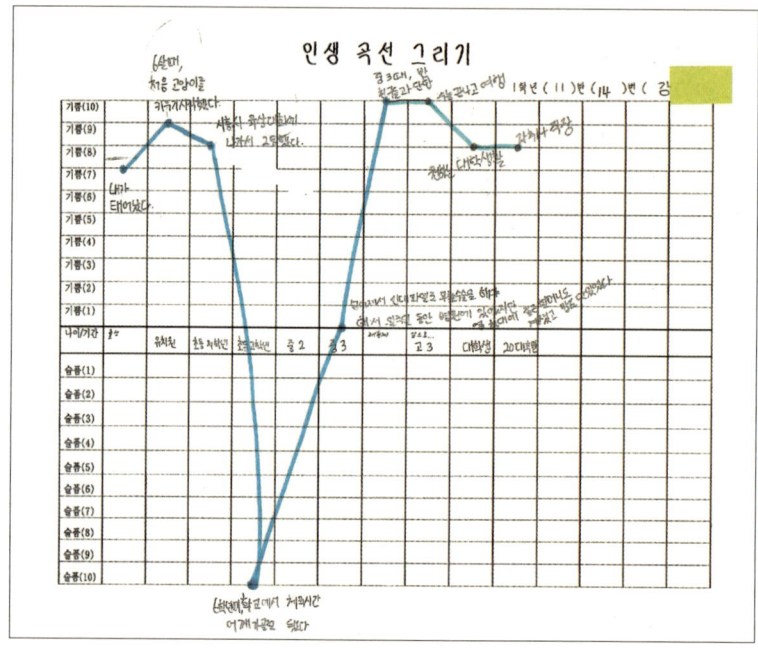

혼자 들어가는 것이 정말 무서웠어요. 이 정도는 -7이었어요. 중3 때 친구들이 깜짝 생일파티를 해주었을 때, 정말 10 정도로 기분이 좋았어요. 중학교 졸업식 날 친구들과 헤어져서 -8만큼 슬펐어요. 지금 공부를 잘하지 못해서 1 정도로 기쁘고 20살에 대학을 가서 기쁨 3 정도로, 30살에 경찰의 꿈을 이뤄서 여행도 가고 버킷리스트로 이루면서 5 정도로 살 것 같아요.

학생 B   동생이 태어난 것이 그렇게 좋았니?

학생 A   응, 잘 기억이 나진 않지만 난 동생이 너무 좋아.

학생 C   난 언니가 너무 좋은데. 많은 고민을 언니에게 이야기하고 언니가 정말 많은 조언을 해줘. 언니랑 이야기하면 안심이 돼.

학생 D   편도 수술은 왜 했어?

학생 A   음식이 끼면 입에서 이상한 냄새가 나서. 2주 동안 말이 나오지 않았고 간신히 미음 같은 죽만 먹었어. 살이 5kg 빠졌어. 지금은 편도가 없어서 목감기 걸려도 목이 붓지 않고 아프지 않아서 좋아.

학생 E   꼭 수술이 나쁜 것은 아니네. A가 긍정적으로 생각해서 그런 것도 있어.

학생 D   B 표정이 재밌어. 너는 이걸 들으면서 어떤 생각 했어?

학생 B   A가 행복하게 산다는 생각이 들었어. 정말 가족을 소중하게 여기는 마음이 전달되었어. 그리고 노는 것을 좋아해서 너무 많이 움직이다 보니 다친 것 같아.

학생 C   뛰어놀아야 다치지. 많이 움직이다 보니까 다치는 것 같아. 재밌게 하다 보니까 더 하게 되고 다쳐도 좋아하게 되는 것 같아.

학생 D   나도 깁스를 여섯 번 했어.

학생 A   어머, 나도 여섯 번 했는데.

학생 D   깁스에서 나는 냄새 지독하지. 그리고 다시 깁스했던 발을 풀고 움직이는데 한 달 동안 펴고 연습하느라 고생했어.

학생 C   그렇구나. 그래도 너(A)는 매일 웃고 다녔을 것 같아.

학생 D   응. A는 긍정적이야.

학생 E   매일 웃어서 힘든 일이 없는 줄 알았어.

학생 A   (해맑게 웃으면서) 너희도 그래.

교사   A는 공부를 잘하지 못하지만 현재 기쁨 1로 표현한 것이 인상적이네요. 왜 그렇게 느꼈어요?

학생 A   저는 지금이 좋아요. 공부는 잘하지 못해도 친구들이랑 학교 다니는 게 재미있고 좋은 친구를 많이 만들고 사귀고 싶어요.

학생 B   나는 공부가 입시, 미래와 연관되어서 부담스러워서 힘들어. 부모님의 기대가 부담스럽고 잘해야 한다는 생각 때문에 결과가 두려워. 그래서 고1 현재 '시험이 싫다'라고 썼고 －10으로 느껴져.

교사   B의 그래프를 보니 학원 다니는 것이 재미있다고 기쁨 5 정도로 표시한 과거도 있네요. 그런데 현재는 왜 그렇게 느끼나요?

학생 B   제가 중간고사를 망친 적이 있어서 더 그런가 봐요. 그래서 요즘은 부담감보다는 바로 눈앞에 있는 것만 생각하려고 노력해요.

교사   B가 공부를 잘해서 다른 친구들에게 잘 가르쳐준다고 들었는데 그런 고민을 하는지 몰랐어요.

학생 D   아까 놀다가 다치는 것처럼 너도 공부를 열심히 하다 보니까 더 기대가 큰 것이겠지.

학생 E   그래, 우리 다들 열심히 살고 있어서 자신이 중요하게 생각하는 부분이 더 크게 다가와서 그런가 봐요.

인생 그래프를 그려본 후의 느낌은 '되돌아볼 수 있어서 좋았다. 생각보다 힘들었던 것을 더 많이 기억하는 것 같다. 다들 성적으로 고민이 많은 것 같다. 내가 이상한 줄 알았는데 다들 비슷한 고민을 하는 것 같다' 등이었습니다. 생각보다 학생들이 인생 그래프를 보면서 이제까지 많은 일을 이루어왔고 그래서 앞으로 닥칠 일도 잘 헤쳐나갈 수 있을 것이라는 기대도 할 수 있었습니다.

발표를 하면서 대부분은 친구들과 어울려 노는 것을 좋아하고 입시나 시험, 공부에 스트레스를 많이 받고 있다는 것을 알게 됩니다. 또 자신만이 했을 것 같은 다리 다친 경험을 다른 친구들도 했다는 것에 놀라워하기도 합니다. 친구들에게 모두 슬픔과 기쁨이 공존하고 그러한 느낌을 해석하는 것도 다르다는 것을 자연스럽게 느낍니다. 긍정적인 학생들은 인생 그래프가 기쁨 칸에 많이 배치되어 있고, 자신에 대해 부정적으로 느끼는 학생들은 미래를 구체적으로 그리지 못하거나 느끼는 정도의 수치가 기쁨 쪽에서 낮게 배치되어 있거나 슬픔 쪽에 배치되어 있음을 알 수 있습니다. 그래프를 그릴 때 교사가 유심히 지켜보면서 피드백을 해 줘야 하는 부분입니다.

인생 그래프를 보면서 이야기를 나눌 때, 이야기를 듣는 학생들이 자신의 상황과 감정의 정도를 잘 이해할 수 있도록 자세히 말합니다. 그런 다음 자신의 인생 그래프를 보면서 관련된 키워드가 무엇인지 파악하도록 합니다. 예를 들면 인간관계인지, 체육 관련인지, 공부와 관련된 것인지 등을 파악해봅니다. 키워드가 '체육' 위주로 나타났다면 '체육'과 관련이 있을 때 기쁨을 얻는 친구라는 것을 알 수 있습니다. '체육'을 잘해서 체육 관련 대회에서 수상하면 행복한 일이 되지만, 몸을 다쳐서 신체적인 활동을 잘하지 못한다면 슬픔으로 인식한다는 것을 알 수 있습니다. 또한 이 키워드에 대한 학생들의 생각과 경험을 나누는 피드백 활동을 하면 좋습니다. 그러면 그 학생의 느꼈던 감정의 정도를 수정하거나 경험의 가치를 다르게 인식하는 경우가 많습니다.

가로축에서 기쁨의 정도가 가장 높이 있는 사건들을 살펴보면서 '내가 가장 기쁨을 느끼거나 행복한 시간이 언제인지' 또 '무엇 때문에 기쁘거나 행복해질 수 있었는지'를 알 수 있습니다. 또 가로축의 슬픔 정도를 나타내는 수치를 보면서 가장 낮은 곳에 있는 사건을 통해 '나를 힘들게 하는 요인'을 알 수 있습니다.

미래 명함 만들기

미래 명함 만들기로 앞으로의 일에 긍정적 기대를 품고 자신의 꿈을 위한 준비 활동을 계획할 수 있습니다. 자신의 꿈에 다가가는 적극적인 탐색 활동이나 변화의 과정에서 능동적인 태도를 형성할 수 있습니다. 교사가 아래의 상황을 진짜처럼 읽어주면서 인터뷰 역할극[31]을 할 것이라고 알려줍니다.

> 오늘은 2033년 5월, 내가 30살에 맞이한 봄입니다. 오늘 신문 1면 머

> 리기사에 내가 '성공한 젊은이'로 실렸습니다. 내가 활짝 웃고 있는 모습이 사진으로 크게 실렸네요. 내가 어떻게 성공했는지, 사회에 어떻게 공헌했는지에 대한 인터뷰 기사가 실려 있네요. 이제부터 인터뷰를 시작하겠습니다.

두 명씩 짝을 지어 인터뷰 활동을 합니다. 그런 다음 서로 역할을 바꾸어 다시 인터뷰를 합니다. 이런 인터뷰 역할극의 장점은 자신이 미래의 일 현장에 있는 듯한 느낌을 생생하게 가질 수 있다는 것입니다. 다음과 같은 인터뷰 질문을 합니다.

Q. 우선 '성공한 젊은이'에 선정된 것에 대한 소감과 어떤 분야에서 성공하신 것인지 말씀해주세요.

A. 우선 사명감을 가지고 더 좋은 모습으로 비행기 승객들을 모신 것뿐인데 이렇게 저의 의무를 다한 것뿐인데 좋게 봐주셔서 감사할 따름입니다. 승객들이 비행기를 탔을 때 마음이나 몸이 편안함을 느끼기 위해서 중간 이벤트로 앉은 자리에서 우리나라 음악을 배경으로 가벼운 댄스를 만든 것이 인상적으로 봐주신 것 같습니다.

Q. 이렇게 성공하게 된 비결을 말씀해주시겠습니까?

A. 진실한 마음으로 승객들을 대하는 것이 우선입니다. 맡은 일에 최

---

31 이명희, 자아를 창조하는 시간, Just ten minutes – 저널치료를 활용한 청소년 진로상담 –, 2013. 인용

선을 다하고 하루하루를 행복하게 살려고 하다 보니 그것이 얼굴에 미소로 나타나고 몸을 움직이게 만든다고 생각합니다.

Q. 앞으로의 계획이 궁금한데요, 이 분야에서 어떤 비전을 품고 있는지 말씀해주세요.

A. 지금처럼 최선을 다하고 승객 여러분이 최고의 서비스를 받을 수 있도록 밝게 웃고 빠른 일 처리 능력, 외국어 능력, 서비스 마인드를 키워 말하기 전에 재치 있게 다른 사람을 도와주는 일을 하고 싶습니다. 그리고 이런 일에 종사하고 싶은 후배들에게 실질적인 도움을 줄 수 있는 자리도 많이 만들고 싶은 계획이 있습니다.

성공한 직업인으로 자신을 상상해봄으로써 자신의 꿈을 선명하게 인식하고 그 느낌을 유지하면서 미래 명함에 표현하도록 합니다. 명함에는 직업명, 회사 로고, 직위, 전화번호, 메일 등을 쓰고 자신이 이 직업을 통

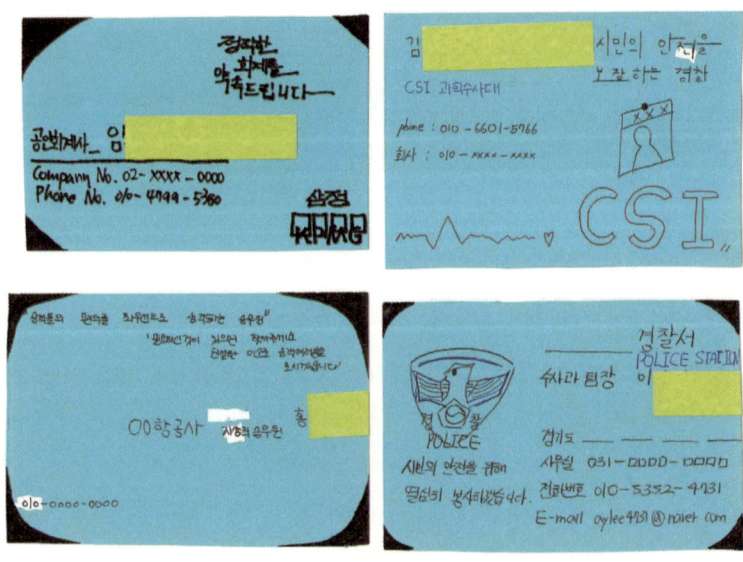

해 얻고 싶은 점이나 선택한 이유 등이 드러나게 쓰도록 합니다. 종이와 사인펜 등을 준비하고 학생들에게 나눠줍니다. 다음은 학생들이 만든 미래 명함입니다.

더 나은 활동을 위한 도움말

비전 만들기를 해볼 수 있습니다. 학생들에게 꿈을 뭐라고 정의할 수 있는지 물어봅니다. 그런 후에 다음과 같은 질문을 합니다. 돈과 관련 없이 내가 제일 하고 싶은 일은 무엇인지, 5년 안에, 3년 안에, 1년 안에 가장 이루고 싶은 꿈은 무엇인지 써보게 합니다. 그다음은 이런 꿈을 왜 이루고 싶은지, 이러한 꿈을 이루기 위해서는 어떤 노력을 하면 좋을지 써보게 합니다. 마지막으로 이것을 표현할 수 있는 비전, 짧은 문구를 만들어봅니다. 자신의 비전은 자신의 가치를 담아서 짧고 쉬우면서 영감을 줄 수 있는 것으로 하는 것이 좋다고 안내합니다. 그 비전을 실천할 수 있는 노력할 약속 3가지만 만들어서 책상이나 자신이 잘 볼 수 있는 곳에 두어도 좋습니다.

 함께 읽으면 좋은 그림책

『100 인생 그림책』, 하이케 팔러 글, 발레리오 비달리 그림, 사계절, 2019

『나의 엄마』, 강경수 글·그림, 그림책공작소, 2016

『리디아의 정원』, 사라 스튜어트 글, 데이비드 스몰 그림, 시공주니어, 1998

관계 고민 상담

담임을 맡아 학생들과 상담을 해보면 친구 관계로 인한 고민을 가진 학생들을 만나게 됩니다. 친구 관계가 중요한 시기이기에 친구들과 함께 보내는 시간도 많다 보니 여러 갈등이 생기기도 하고 때로는 친구의 말과 행동에 상처를 받기도 하고 관계가 깨지기도 합니다. 교우 관계뿐만 아니라 가족관계, 교사와의 관계 등 관계로 인한 고민을 가지고 있는 학생이 많습니다.

그렇지만 눈에 보이는 큰 갈등이나 싸움이 생기지 않는 한 먼저 교사에게 용기 내어 상담을 요청하는 학생은 많지 않습니다. 자신에게는 큰 고민이고 혼자서는 답을 찾지 못하는 상황이지만, 상담을 신청하기에는 가볍게 느껴지기도 하고 또 애매하게 느껴지기도 하여 교사에게 상담을 요청하지 못한 채 혼자 끙끙 앓기도 합니다. 큰 싸움이 나거나 외톨이가 되고 난 이후에 하는 상담도 중요하지만, 고민의 장면을 다루는 상담도 중요합니다. 이런 학생들에게는 교사의 작은 도움으로도 문제가 쉽게 해결되기도 하고, 다른 사람의 사례를 듣는 것만으로도 자신의 문제에 대한 통찰을 얻기도 합니다. 이런 계기를 제공하기 위해서 일대일 상담이 아닌 반 전체 학생과 함께 하는 상담을 기획했습니다.

관계에 어려움을 겪고 있는 학생을 어떻게 도울 수 있을까요? 고민 끝에 그림책 『핑!』과 공감대화 카드를 이용하여 관계로 인한 어려움을 겪고 있는 학생의 마음을 공감해주는 시간을 가졌습니다. 관계의 어려움처럼 민감한 사안을 툭 터놓고 이야기하려면 용기가 필요합니다. 다른 학생들에게 선뜻 자신의 사례를 이야기하는 것은 쉬운 일이 아닙니다.

이때 그림책이 큰 도움이 됩니다. 안전하게 자신의 사례를 그림책과 연결하여 부드럽게 이야기할 수 있는 분위기를 만들어냅니다. 관계에 대한 그림책 『핑!』을 읽은 후 관계에 대한 고민을 모둠원에게 이야기하고, 모둠원이 서로 공감을 하는 과정을 진행합니다.

『핑!』 열어보기

혹시 탁구 게임을 직접 해본 적이 있나요? 탁구는 다른 운동에 비해서 움직임도 적고 쉬워만 보였는데, 직접 해보니 생각보다 어렵게 느껴졌습니다. 특히 공의 방향을 예측하기가 너무 어려웠습니다. 상대방을 배려해서 공을 쉽게 주려고 노력을 해보고 이런저런 자세를 바꿔보기도 했습니다. 어떨 때는 손목에 힘을 꽉 주기도 하고, 어떨 때는 힘을 쭉 빼보기도 합니다. 이런저런 시도를 해보지만 결국 탁구공을 그저 저 건너편에 보내는 것 그 이상을 하기가 어려웠습니다. 내가 보낸 공을 상대가 어떻게 다시 나에게 보낼지는 미리 알 수가 없습니다. 그저 나에게 오는 공을 쳐 내는 것에 집중할 뿐, 내가 보낸 공을 상대가 어떻게 다시 나에게 보낼

니 카스티요 글·그림,
박소연 옮김,
달리, 2020

지는 상대에게 전적으로 맡길 수밖에 없다는 것을 깨달았습니다.

'핑!'은 탁구를 의미하는 핑퐁에서 따온 말입니다. "여러분, 이 세상에서 우리는 '핑'만 할 수 있어요. '퐁'은 친구의 몫이에요. 우리가 '핑'을 하면, 친구가 '퐁'을 해요." 이렇게 시작하는 그림책은 우리가 살면서 던지는 '핑'과 나의 핑으로 인해 생기는 여러 '퐁'에 대한 이야기를 담고 있습니다. 핑은 환한 웃음일지라도 퐁은 다를 수 있습니다. 퐁은 미소일 수도 있고, 두려움, 언짢음, 무반응일 수도 있습니다. 저자는 우리의 기대처럼 퐁이 돌아오길 바라지만 그렇지 않더라도 실망하거나 움츠러들 필요는 없다고 이야기합니다. '퐁'은 친구의 몫이므로 어떤 대답이 돌아올지는 우리가 정할 수 있는 것이 아닙니다. 저자는 핑!에 최선을 다했다면 그것만으로 충분하다고 이야기합니다. 이로 인해 타인의 반응에 얽매이지 않게 되는 자유로움과 편안함을 얻게 됩니다.

저자는 핑을 어떻게 해야 하는지도 안내합니다. 핑은 열정적으로 끊임없이 용감하게 현명하게 해야 합니다. 두렵더라도 모험심을 가지고 희망적인 마음으로 즐겁게 꾸준히 착하게 침착하게 해야 합니다. 온 마음으로 핑을 하며 열린 마음으로 퐁을 기다릴 것을 권합니다. 우리는 살면서 많은 '퐁'을 받길 원합니다. SNS의 '좋아요'의 개수를 확인하고 댓글이 없음에 좌절하기도 합니다. 하지만 퐁만 하는 사람은 없으며 핑만 하는 사람도 없습니다. 저자는 많은 퐁을 받으려면 나 역시 많은 핑을 해야 한다고 말합니다. 그리고 핑을 할 수 있도록 용기와 위로를 전합니다.

지금 이 글을 읽고 있는 여러분의 다음 '핑'은 무엇인가요? 저의 다음 핑은 이 책을 학생들과 함께 나눈 것입니다. 그리고 핑퐁으로 인한 고민을 가지고 있는 학생들에게 이 책에서 주는 것처럼 위로를 전하고, 핑퐁에 대한 용기를 불어넣어 주는 것입니다.

토크볼 3·6·9

상담을 진행하기에 앞서 학생들이 자연스럽게 자신의 이야기를 꺼내며 즐겁게 놀이를 하는 시간을 갖도록 '토크볼[32] 3·6·9'를 진행했습니다. 토크볼 3·6·9는 모둠별로 진행하는 게임입니다. 먼저 모둠원을 무작위로 배정하기 위해서 반 전체 학생들을 큰 원 형태로 앉게 합니다. 모둠원을 무작위로 배정하면 기존에 친밀했던 친구들과 분리되어 자신의 이야기를 오히려 좀 더 솔직하게 할 수도 있고, 새로운 친구와 관계를 맺을 수 있게 됩니다. 보통은 학생들에게 큰 원으로 앉으라고 하면 친한 학생끼리 모여서 앉는 경향이 있습니다. 기존 관계에 상관없이 골고루 모

---

32 학지사에서 제공한 토크볼 활용 방법을 참고하여 진행함. 학지사의 인사이트심리상담연구소에서 상담 도구로 개발한 토크볼을 이용함.

둠을 배정하기 위해 모두 원으로 앉은 후 한 학생을 지목하여 그 학생으로부터 오른쪽으로 돌아가면서 1~8의 숫자를 반복해서 하나씩 외치게 합니다. 그리고 자신이 외친 숫자를 기억하도록 안내합니다. 반 학생 모두 숫자를 외치고 나면 같은 숫자를 외친 학생끼리 같은 모둠으로 만나게 합니다. 외치는 숫자의 범위는 반 전체 학생 수에 따라서 적절하게 조정하는데, 한 모둠에 4명 정도가 될 수 있도록 숫자의 범위를 정합니다. 예를 들면, 32명의 학생과 진행할 경우 1~8까지의 수를 외치도록 합니다. 교사가 만들고 싶은 모둠의 수만큼 수를 외치게 하면 됩니다.

모둠이 정해지면 같은 모둠의 학생끼리 모여서 게임을 진행합니다. 기존의 3·6·9 게임의 규칙에서 3, 6, 9 차례에 손뼉을 치는 것 대신 토크볼을 던지게 합니다. 예를 들면, 첫 번째 학생이 1을 외치고, 그다음 학생이 2를 외친 후 세 번째 학생은 3을 외칠 차례이므로 3을 외치는 대신 토크볼을 던집니다. 이때 토크볼을 위로 던져서 받았을 때 왼쪽 엄지가 가리키는 질문을 말하고 그 질문에 답을 합니다.

토크볼은 총 7종으로 '감정볼, 공신볼, 관계볼, 웜업볼, 함께볼, 행복볼, 흥미볼'이 있습니다. 그중에서 모둠원들이 자연스럽게 자신의 이야기와 주변 친구들의 이야기를 할 수 있는 질문으로 구성된 공을 선택하면 됩니다. 이 중 '함께볼, 행복볼, 상상볼'을 활용하여 모둠별로 하나씩 배부하여 진행했습니다. '함께볼'에는 '재미있는 친구는? 맡은 일을 열심히 하는 친구는? 이야기를 잘 들어주는 친구는?'과 같이 친구에 대한 이야기를 이어나갈 수 있는 질문으로 구성되어 있습니다. '행복볼'에는 '즐거운 삶을 위해 내가 실천해야 할 것은? 어려움을 극복하는 나만의 방법은? 적극적으로 노력했던 경험은?'과 같이 자신의 경험에 대한 이야기를 할 수 있는 질문으로 구성되어 있습니다. '상상볼'에는 '내 삶이 24시

간만 남았다면? 원하는 동물의 능력을 가질 수 있다면? 하루 동안 영화 주인공이 될 수 있다면?' 과 같이 즐거운 상상을 해볼 수 있는 질문들로 구성되어 있습니다. 학생들은 토크볼 3·6·9를 하면서 즐겁게 자신의 이야기를 나누며 모둠원들과 연결되는 시간을 가졌습니다.

핑! 경험과 퐁! 경험 나누기[33]

놀이가 끝난 후 모둠별로 『핑!』을 한 권씩 나눠주고 읽게 합니다. 이때

---

33 한국NVC센터의 'NVC 1'에 나오는 '느낌과 욕구 추측하기 게임'을 참고함.

'토크볼 3·6·9'에서 가장 많은 질문에 대답한 학생이 그림책을 모둠원에게 읽어줍니다. 이때 교사는 모둠별로 공감 대화 카드를 한 세트씩 나눠줍니다. 공감 대화 카드는 감정 카드와 바람 카드 각각 1세트로 구성되어 있습니다. 공감 카드는 스톰 앤 스톰 연구의 감정 단어 5개 군집 분류(분노, 혐오, 슬픔, 두려움, 기쁨)를 참고로 하여 학생들이 많이 쓰는 감정 단어 136장으로 구성되어 있습니다. 감정을 표현하는 말에 익숙하지 않은 학생도 감정을 이해할 수 있게 상황이나 표정을 나타내는 그림이 그려져 있습니다. 바람 카드는 글라서의 5가지 욕구(생존의 욕구, 사랑과 소속의 욕구, 힘과 성취의 욕구, 자유의 욕구, 즐거움의 욕구)와 비폭력대화의 욕구목록을 참고하여 질문형으로 바람이 제시되어 있습니다. 카드에 적힌 질문을 읽으며 자연스럽게 카드를 건네도록 제작되었습니다. 총 120장의 카드에 바람이 적혀 있습니다.

그림책을 다 읽은 후 다음과 같은 순서로 진행합니다.

1. '핑퐁이 잘 됐을 때의 경험' 또는 '핑퐁이 잘 안 됐을 때의 경험'을 떠올립니다.
2. 모둠원 모두 생각이 정리되면 한 사람이 감정 카드와 바람 카드를 다른 사람들에게 골고루 나눠줍니다.
3. 카드를 나눠준 사람이 '핑퐁이 잘 됐을 때의 경험' 또는 '핑퐁이 잘 안 됐을 때의 경험'을 간단히 이야기합니다. 이때 판단이나 평가를 하지 않고 있는 그대로 이야기합니다.
4. 이야기가 끝나면 다른 사람들은 각자 들고 있는 감정 카드를 훑어보면서 말하는 사람의 감정을 추측하여 그에 해당하는 카드를 뽑습니다. 한 사람씩 돌아가며 "그때 감정이 ~~~~였니?"라고 물어보면서 말한 사람 앞에 감정 카드를 한 장씩 내려놓습니다. 자기 차례에 내려놓을 카드가 없을 때는 '없다'라고 말합니다.

5. 전체가 2~3번 돌아가거나 모두 해당 카드가 없을 때까지 진행합니다. 이때 말한 사람은 조용히 듣습니다.

6. 말한 사람은 모둠원들이 추측하여 놓은 카드 중에서 자신의 느낌과 맞는 카드를 2~3장 선택합니다. 카드를 선택한 후 그 카드를 고른 이유를 이야기합니다.

7. 이야기가 끝나면 이번에는 바람 카드로 활동을 진행합니다. 감정 카드를 고른 이유를 들은 것을 바탕으로 모둠원들은 바람 카드를 훑어보고 말한 사람의 바람이라고 생각되는 카드를 찾습니다.

8. 한 사람씩 돌아가며 바람 카드에 적혀 있는 질문을 읽어주면서 말한 사람 앞에 바람 카드를 한 장씩 내려놓습니다. 자기 차례에 내려놓을 카드가 없을 때는 없다고 말합니다.

9. 전체가 2~3번 돌아가거나 모두 해당 바람 카드가 없을 때까지 반복합니다. 마찬가지로 말한 사람은 조용히 듣습니다.

10. 말한 사람은 자기 앞에 놓인 바람 카드를 보고 자신의 마음이 가장 잘 표현되는 카드 2~3장을 고르고 나서 그것에 대해 이야기합니다.

11. 이 과정을 통해서 새롭게 알게 된 것 및 배운 점을 간단하게 나눕니다.

12. 다음 사람이 처음부터 동일한 방식으로 진행합니다. 모둠원 4명이 돌아가면서 다 하게 되면 끝납니다.

다음은 학생들이 모둠 안에서 나눈 대화입니다.

학생 A   내가 먼저 해도 될까? 나는 핑퐁이 잘 안 됐을 때가 생각이 났어.

학생 B   응, 먼저 해봐.

학생 A   엄마랑 있었던 일인데. 우리 엄마는 무뚝뚝하시고 일하느라 바쁘시거든. 나는 엄마랑 주말에는 쇼핑도 가고 싶고, 이런저런 얘길 나누고 싶은데 엄마는 항상 바쁘셔. 지난 주말에도 엄마랑 오랜만에 이런저런 얘길 하고 있었는데, 갑자기 엄마께 전화가 와서 엄마가 한동안 전화만 하시는 거야. 나는 엄마 전화가 끝날 때까지 기다리다가 전화가 너무 길어져서 그냥 내 방에 들어와 버렸어. 그럼 이제 내가 감정 카드를 나눠줄게.

(A가 감정 카드를 3등분하여 자신을 제외한 3명의 모둠원에게 나눠준다.)

학생 B   그때 엄마한테 섭섭했어?

학생 C   음…. 속상했어?

학생 D   쓸쓸했어?

(이때 카드를 내는 속도가 너무 빠르면 조금 천천히 진행하도록 합니다. A가 카드에 쓰인 감정에 충분히 머무를 수 있도록 적당히 천천히 할 수 있도록 안내합니다. A는 조용히 들으며 그때의 감정을 떠올려봅니다.)

학생 B   외로웠어?

학생 B   서러웠어?

학생 D   마음이 아팠어?

학생 B   음, 난 이제 없는 것 같아. 패스할게.

학생 C   나도 없네. 패스.

학생 D   답답했어? 이제 나도 없어. 이게 마지막.

(모든 사람이 내려놓을 카드가 없을 때까지 진행합니다.)

학생 A   그럼 이제 내 감정과 가장 잘 맞는 카드를 골라볼게.('마음 아프다'와 '속상하다'를 골랐다)

교사   왜 '마음 아프다'와 '속상하다'를 골랐어요?

학생 A   저는 엄마한테 자꾸 다가가고 싶은데 엄마는 너무 바빠서

서 제가 엄마랑 함께했으면 하는 것들을 하지 못할 때가 많아서 마음이 아팠어요. 그리고 엄마가 바쁘신 것도 우리 가족을 위한 거니까 이해가 되긴 하지만 그래도 속상했어요.

교사 그랬구나. 그럼 지금 A에게 들은 내용을 바탕으로 이번에는 모둠원들이 함께 바람 카드로 A의 바람을 추측해보자. 방금처럼 A는 모둠원들에게 바람 카드를 나눠주세요.

(감정 카드를 고른 이유를 들으면 그때 A가 느꼈던 감정에 대해서 모둠원들이 이해할 수 있게 되고 그 이야기를 바탕으로 A의 바람을 조금 더 잘 추측할 수 있습니다.)

학생 B 엄마랑 잘 어울리기를 바라나요?

학생 C 엄마에게 관심을 받고 싶은 건가요?

학생 D 엄마와 사랑을 받거나 주고 싶나요?

학생 B 엄마랑 서로 소통하고 싶나요?

학생 C 엄마에게 보살핌을 받고 싶나요?

학생 D 엄마가 나의 상황을 이해해주길 바라나요?

학생 B   엄마와 친하고 가깝게 지내길 바라나요? 난 이게 마지막이야.

학생 C   이제 나는 없는 것 같아.

학생 D   나도 없네.

(이때 엄마의 바람이 아니라 A의 바람을 찾는 것임을 안내합니다. 감정 카드를 내려놓는 과정과 마찬가지로 카드를 내려놓는 과정이 천천히 진행되도록 합니다. A는 모둠원들이 내려놓은 카드에 적힌 바람에 충분히 머물며 그때 자신의 바람을 찾도록 합니다.)

학생 A   그때 나의 바람과 가장 가까운 카드는 '소통, 사랑'인 것 같아. 엄마랑 이런저런 이야기를 나누면서 소통을 하고 싶었나 봐. 그게 잘 안되니까 속상했던 것 같고… 엄마한테 좀 더 사랑받고 싶었는데 같이 있는 시간이 없으니까 마음이 아팠어.

(A가 나눈 것처럼 바람을 찾는 과정 전에 골랐던 감정 카드와 바람 카드를 연결하여 이야기하면 자신의 감정이 무엇 때문에 생긴 건지 좀 더 이해하기 쉽습니다. 가능하다면 상황을 이야기한 학생이 감정 카드와 바람 카드를 연결하여 자신의 이야기를 할 수 있도록 안내합니다.)

교사   바람 카드까지 다 찾았으면 모둠 안에서 이야기를 나누면서 새롭게 알게 된 것이나 배운 점을 이야기해봅시다.

학생 A   나는 엄마랑 있었던 일에 대해서 속상한 감정 정도만 느끼고 그냥 마음 한편에 둔 채로 지냈거든. 그래도 엄마랑 잘 지낼 때도 많아서 내가 이렇게 속상해하고 마음 아파하는지 모르고 지낸 것 같아. 그런데 너희랑 같이 얘기를 하다 보니까 내 감정이 어땠는지도 알게 되었고. 내가 필요한 게 뭔지도 알게 되어서 좋았어.

학생 B   처음에는 이야기만 듣고 감정을 추측하는 게 어려웠는데, 모둠원들이랑 같이하니까 좀 그래도 마음이 놓였어.

학생 C   나도 A랑 비슷하게 아빠랑 이럴 때가 좀 있었는데 나도 그때 그냥 넘겼거든. 근데 그때 나도 아빠랑 소통하고 싶어서 그랬다는 걸 알게 되었어.

학생 D   나는 평소에 친구들 상담을 잘 못해준다고 생각했는데, 감정 카드랑 바람 카드가 있으니까 같이 얘기하기가 편했던 것 같아.

교사   이야기를 다 나눴으면 이제 다음 모둠원과 동일한 방식으로 진행하세요. 모둠원 4명이 모두 돌아가면서 다 할 수 있도록 합니다.

모둠별로 과정이 끝나면 이제 반 전체 학생이 원으로 앉습니다. 오늘 활동에 대한 소감을 나눕니다.

교사   오늘 솔직하게 자신의 경험을 이야기하고 모둠원들의 감정과 바람을 함께 찾고 공감하는 과정에 적극적으로 참여한 모두에게 고마움을 전합니다. 오늘 그림책 『핑!』을 읽고 모둠원들과 핑퐁이 잘 됐던 경험 또는 핑퐁이 잘 안 됐던 경험을 나눴습니다. 마지막으로 오늘 함께했던 시간이 어땠는지 소감을 듣겠습니다. 이 과정에서 새롭게 알게 된 것 또는 배운 점이 무엇인지 이야기를 해봅시다. 먼저 말할 준비가 된 학생부터 이야기를 시작해볼게요.

학생 E   저는 제가 평소에 했던 고민이 나만 하는 고민이 아니라는 걸 알게 되어서 위로를 받았어요. 그리고 그림책 『핑!』 너무 좋았어요.

학생 F   제가 핑퐁이 잘 안 됐던 경험을 이야기했는데 모둠원들이 제 이야기를 잘 들어주고 공감해줘서 고마웠어요.

학생 G   고민을 툭 터놓고 이야기해서 속이 시원했어요.

학생 H   이렇게 서로 고민 상담해주는 시간을 또 가지면 좋겠어요.

학생 I   오늘 처음으로 얘기해본 애들도 있는데 친해진 것 같아서 좋았어요.

더 나은 활동을 위한 도움말

'핑! 경험과 퐁! 경험 나누기'에서 사용한 공감 대화 카드 대신에 그로그 카드를 사용해도 됩니다. 공감 대화 카드가 감정 카드와 바람 카드로 구성된 것처럼 그로그 카드는 느낌 카드와 욕구 카드로 구성되어 있습니다. 여기서 감정 카드는 느낌 카드와 상응하고, 바람 카드는 욕구 카드와 상응합니다. 실제로 그로그 카드로 해보니 비슷한 상담 효과를 볼 수 있었습니다. 어떤 카드를 사용할지는 학생의 어휘력과 감정표현 정도를 보고 결정하면 좋습니다. 때로는 어휘력이 부족하여 자신의 감정을 표현하지 못하기도 하고 또는 느낌과 욕구를 표현하는 것 자체를 어려워하여 상담을 진행하기 힘들어하는 학생을 만나기도 합니다. 이런 학생과 상담을 할 때는 공감 대화 카드가 더 도움이 됩니다. 공감 대화 카드의 감정 카드는 감정에 대한 그림이 함께 있어서 학생이 카드에 적힌 감정을 좀 더 쉽게 이해할 수 있습니다.

또한, '핑! 경험 나누기와 퐁! 경험 나누기'에서 경험을 나눈 학생의 욕구를 추측할 때 모둠 내 대화 자체가 질문 형식으로 진행됩니다. 대부분의 학생이 이 형식에 익숙하지 않은데, 공감 대화 카드의 바람 카드에는 바람이 질문 형식이어서 카드에 있는 질문을 그대로 읽기만 해도 상담을 할 수 있어 욕구를 추측하는 과정에 대한 부담을 덜 수 있다는 장점이 있습니다.

 함께 읽으면 좋은 그림책

『두 사람』, 이보나 흐미엘레프스카 글·그림, 이지원 옮김, 사계절, 2008
『라고 말했다』, 이혜정 글·그림, 길벗어린이, 2020
『시소』, 고정순 글·그림, 길벗어린이, 2020

초등 그림책 수업

그림책사랑교사모임 지음

한 해의 주제 수업을 고민하는 교사들에게 달마다 만나는 주제 수업부터 범교과 주제 수업까지, 주제에 꼭 맞는 그림책과 창의적인 체험 활동의 경험을 생생하게 소개한다.

초등 그림책 문해력 수업

그림책사랑교사모임 지음

교실에서 날마다 그림책을 읽어 주고, 마음도 학습 능력도 각기 다른 학생들을 아우르며 열정적으로 수업해 온 그림책사랑교사모임이 이에 대한 해답으로 내놓은 책이다. 문해력의 결손과 격차가 심한 교실에서 모든 학생들의 문해력을 동시에 높일 수 있는 그림책 활동 수업을 제안한다.

그림책, 교사의 삶으로 다가오다

김준호 지음

삶에 지쳐 힘들 때 그림책을 펼쳐보자. 그림책은 삶에 지친 우리의 마음에 지금 충분히 잘하고 있다고, 억지로 무엇을 더 할 필요가 없다고 위로와 위안을 건네줄 것이다.

그림책 성교육

김경란, 신석희 지음

어떻게 하면 아이들과 자연스럽게 성에 대해 이야기 할 수 있을까? 성교육의 중요성과 필요성은 누구나 공감하지만, 다양한 가치관 앞에서 무엇을 어떻게 가르쳐야 할지 고민이 생긴다. '성교육'을 그림책을 통해 편안하고 친근하게 접근할 수 있게 안내한다.

그림책으로 펼치는 회복적 생활교육

황진희 지음

1년 동안 학급에서 아이들과 함께 24권의 그림책을 읽으며 '회복적 생활교육'을 실천한 사례를 담았다. 이 책에는 아이들이 그림책을 읽고 얻은 깨달음이 일상의 학교생활로 이어지도록 한 일련의 과정이 자연스럽게 드러나 있다.

회복적 생활교육으로 학급을 운영하다

강현경, 김승아, 김준호, 노슬기, 박수미, 이현주, 전안나, 한득재 지음

학급운영과 생활지도를 '회복적 생활교육'의 철학과 관점에서 풀어낸 책이다. 일 년 동안 학급을 운영하면서 적용할 수 있는 구체적인 시나리오와 다양한 사례를 담고 있다.

토론이 수업이 되려면

경기도토론교육연구회 지음

교실에서 가장 많이 활용되는 찬반 토론, 소크라틱 세미나, 하브루타, 에르티아 토론, 그림책 토론의 이론적인 토대와 어떻게 수업에 적용할 수 있는지를 여러 교과의 적용 사례로 보여준다.

교사의 시선

김태현 지음

'교사의 시선'으로 교사가 매일 경험하는 일상, 그 보통의 하루가 가지는 가치를 깊이 들여다본다. 그리고 교사이기 이전에 한 인간으로서 겪어야 하는 보편적인 고통에 대해서도 생각해본다.

격려수업＋격려수업 워크북

김성환 옮김

새로운 사람처럼 생각하고 느끼고 행동하게 하는 아들러 심리학에 기반한 8주간의 '격려 상담' 당신이 겪고 있는 문제와 관련된 정보를 찾고 그로부터 그 문제를 해결하도록 돕는다.

아마도 난 위로가 필요했나보다

이의진 지음

'학교'라는 직장으로 출근하는 교사이며, 가족들의 끼니를 걱정하고 집안일을 챙기고 자녀의 육아에 힘쓰는 엄마와 아내이기도 하며, 또 때때로 딸과 며느리로 살아가는 당신의 이야기

민주학교란 무엇인가

이대성, 이병희, 이지명, 이진희, 최종철, 홍석노 지음

민주학교의 길을 먼저 걸어간 저자들이 민주적인 구조와 과정을 실천하는 학교문화 속에서 민주시민교육을 핵심 교육과정으로 민주시민을 양성하는 '민주학교'가 무엇인지를 보여준다.

그림책 놀이 82

성은숙, 이미영, 이은주, 한혜전, 홍표선 지음

상상놀이에서 인성놀이, 자연놀이, 문제해결놀이까지 그림책을 읽고 아이들과 함께 쉽고 재미있게 할 수 있는 다양한 놀이를 소개한다.

지랄발광 사춘기, 흔들리는 사십춘기

김지영, 김신실 지음

아이의 성장을 응원하고 자기만의 색을 찾아가는 엄마들을 위한 따뜻한 관계심리학. 전문상담교사이자 상담심리전문가인 두 저자가 아이와 함께 읽던 그림책을 통해 나를 지키며 아이와 공감하는 최고의 비법을 알려준다.

제라드의 우주쉼터, 소피아의 화를 푸는 방법

제인 넬슨 지음, 빌 쇼어 그림, 김성환 옮김

'긍정의 훈육'의 창시자인 제인 넬슨은 이 두 책에서, 아이 스스로 감정을 조절할 수 있는 '긍정의 타임아웃'과 다른 사람에게 해를 끼치지 않고 화를 건강하고 안전하게 풀어내는 방법을 알려준다.